安徽大学欧盟研究 第一辑

安徽打造内陆开放新高地的路径研究

尹建龙 ◎ 主编

图书在版编目(CIP)数据

安徽打造内陆开放新高地的路径研究/尹建龙主编. —合肥：安徽大学出版社，2020.11(2023.5重印)

(安徽大学欧盟研究.第一辑)

ISBN 978-7-5664-2135-7

Ⅰ.①安… Ⅱ.①尹… Ⅲ.①区域经济发展－研究－安徽 Ⅳ.①F127.54

中国版本图书馆 CIP 数据核字(2020)第 218559 号

《安徽大学欧盟研究》第一辑：安徽打造内陆开放新高地的路径研究　尹建龙　主编

出版发行：	北京师范大学出版集团 安　徽　大　学　出　版　社 (安徽省合肥市肥西路 3 号　邮编 230039) www.bnupg.com www.ahupress.com.cn
印　　刷：	合肥图腾数字快印有限公司
经　　销：	全国新华书店
开　　本：	710 mm×1010 mm　1/16
印　　张：	12.75
字　　数：	230 千字
版　　次：	2020 年 11 月第 1 版
印　　次：	2023 年 5 月第 2 次印刷
定　　价：	49.00 元

ISBN 978-7-5664-2135-7

策划编辑：吴泽宇		装帧设计：李　军	
责任编辑：吴泽宇		美术编辑：李　军	
责任校对：范文娟		责任印制：陈　如	

版权所有　侵权必究

反盗版、侵权举报电话：0551－65106311

外埠邮购电话：0551－65107716

本书如有印装质量问题，请与印制管理部联系调换。

印制管理部电话：0551－65106311

序 言

(南京大学历史学院教授、南京大学欧盟研究中心主任)

陈晓律

得知安大欧盟研究中心成立,不禁百感交集。自15年前欧洲联盟出资1700万欧元资助,在中国成立17所欧盟研究中心以来,似乎很少听到有学校或机构大张旗鼓地成立类似的学术机构了。

十五年,是一个巨大变化的十五年。那时候的欧盟气势如虹,以"硬的是软的,软的是硬的"为口号,大力输出欧洲文化,在一定程度上争得了世界发展方向的话语权。美国尽管国力超群,却四处挥舞大棒,不招人待见。相比之下,欧洲绅士的风度,提供的种种化解人类冲突、实现和谐发展的设想,确有代表人类未来发展方向的味道。而当时的中国,刚刚加入世界贸易组织不久,又遇到"非典"等灾难,尽管口袋里开始有了几个钱,但对未来的期许还是懵懵懂懂的。因此欧盟大方撒钱,支持中国进行欧洲研究,并以自己为榜样,而中方当然也想充分吸取欧洲的先进经验,尽快地赶上发达国家的步伐,所以双方一拍即合,随即在中国掀起了一场欧洲研究的热潮。

然而,2008年金融危机之后,欧洲和中国的位置已经悄然发生了微妙的变化。欧洲遇到的麻烦越来越多,而中国虽然麻烦不断,但仍在跌跌撞撞地前行。这一复杂的局面反映在欧洲研究方面,就是十多年前的热潮似乎已经过去,欧洲研究进入了一个不冷不热的状态。在这样的情况下,安徽大学成立欧盟研究中心,就是一件可喜可贺的事情了。

毋庸讳言,目前的欧洲遇到了一系列麻烦:无论是欧元的,还是难民的,以及部分国家如英国等的退欧举动,都使人无法开心。然而,我们仍然要说,欧洲值得我们学习的东西太多了,绝不能在研究欧洲的问题上计较一城一地的得失,而应该有更为长远的眼光,来看待欧洲和欧洲研究的前景。

欧洲是人类现代化摇篮,这既是欧洲的幸运,也是欧洲承继了无数人类优秀遗产的结果。欧洲既从古代两河流域、尼罗河流域乃至古代印度文明那里吸取了大量的人类文明成果,又从阿拉伯人和中国人那里进一步丰富了自己的宝库,最终在合适的激发机制下,启动了现代化的进程。源自欧洲的文明成果,如议会制度、福利制度一类的制度建设,经济方面的工业革命、科技创新等等,无一不给人留下深刻印象,这些经验,有些是即时性的,有些则是永恒的。因此,对欧洲研究的持之以恒是一件有意义的事情,因为它不仅是对欧洲经验的研究,也是对人类文明遗产的研究,甚至也是对我国影响了人类历史进程的中华文明的优秀基因的更高层次的研究。安徽大学能有如此远见卓识,实在令人欣慰不已。

安徽是中国一块神奇的土地,其地理位置之好,物产之丰富,交通之便利,很少有省份能有如此得天独厚的条件。而当中国经济面临转型的机遇,"一带一路"又提供了足以充分调动安徽潜力的政策空间之时,欧洲研究显然就不仅仅是一种纯学术研究了。欧洲发展的成败得失,欧洲至今在各个工业领域和高科技领域,乃至文化教育方面的优质资源,对正在构建一个中等发达程度以上的新安徽而言,都将发挥难以估量的作用。

更令人欣慰的是,安徽大学新成立的这个欧洲中心,其成员主要由中青年构成,尽管在国内名气还不是十分显赫,但这群年轻人虎虎有生气并经过扎实的学术训练,只要给予足够的关照,相信数年之后,必能成才,挑起安大欧盟研究的重担。

对这样的前景,我十分期待,并预祝数年后这样的期望能够梦想成真。

以此为寄语并代序。

目 录

1 / 序言 …………………………………………………………… 陈晓律

1 / 导论：安徽大学欧盟研究的起步与发展 …………………… 尹建龙

6 / 皖南国际文化旅游示范区国际宣传路径研究 ……… 尹建龙 张惠宁

18 / 安徽省对接欧盟相关国家（匈牙利、罗马尼亚）产能合作的法制与经济环境研究 ………………………………………………… 魏孝稷 秦柳

37 / 安徽跨国企业全球竞争优势的培育路径与政策研究 ……………… 肖鹏

79 / 欧盟内部气候协定谈判研究 ………………………………………… 李孜

105 / 欧盟集体救济机制构建对我国集体诉讼完善的启示研究 ………… 范晓亮

169 / 外国人眼中的安徽旅游——对在皖外籍人士的调查与分析 ……… 徐刚

导论:安徽大学欧盟研究的起步与发展

尹建龙[①]

一

随着中国对外开放程度的提高和"走出去"战略的推进实施,特别是在"一带一路"倡议的推动下,为服务于国家外交战略,提高中国的国别和区域研究水平,建设中国特色的新型智库成为一项重大而紧迫的国家任务。

2014年10月27日中共中央审议通过了《关于加强中国特色新型智库建设的意见》,习近平总书记在讲话中要求从战略高度出发,抓好中国特色新型智库建设任务。

为具体推动实施中央的这一战略,并根据2012年至2014年间教育部在北京大学等著名高校设立推动第一批37个"区域和国别研究培育基地"的建设经验,2015年1月教育部印发了《国别和区域研究基地培育和建设暂行办法》,要求各地"深刻认识国别和区域研究的重要意义,积极发挥所在区域和有关高校的优势,扎实推进研究基地的培育和建设工作,努力为国家改革发展提供智力支持和人才保障"。

为贯彻落实中央决策、教育部指导意见和安徽省委省政府《关于加强安徽省新型智库建设的实施意见》,2015年8月安徽省教育厅印发了《安徽高校智库建设计划》,要求依托和发挥我省高校人才、学科、平台和科研等方面的优势,重点培育建设一批定位准确、特色鲜明、制度创新、规模适度、引领发展的安徽高校智库,培养造就一支坚持正确政治方向、德才兼备、富有创新精神的公共政策研究和决策咨询队伍,为深化改革、促进发展建言献策,为党委政府决策提供智力支撑。

结合"一带一路"倡议和中央建设中国特色新型智库的任务要求,加强"国别与区域"研究已经在一定程度上成为21世纪大学的新使命,是大学主动服务国

[①] 尹建龙,安徽大学历史学院副院长。

家战略的迫切需要。大学应该根据国家需要和学校实际选择确定区域国别研究的领域,建立相应的学科平台或研究机构,广泛开展师生国际交流,助推文化交流和国别区域研究的开展和深化。

二

2000年前,产自中国的丝绸,从大汉王朝的首都长安出发,一路向西,跋涉万里,成为古罗马帝国王公贵族的衮衮华服。今天,"一带一路"犹如两条跨越大陆与海洋的彩虹桥,将活跃的东亚经济圈和发达的欧洲经济圈紧密联系起来。

以中国为主体的东亚经济圈是全球市场规模最大、投资盈利率最高、创新创业活力最足的发展中区域;以欧洲联盟28国为主体的欧洲经济圈是全球最大经济体和最大的进出口贸易经济体。中国与欧洲特别是欧洲联盟既在经贸、投资、技术、市场等领域互补性强,合作空间非常广泛,发展潜力巨大。

欧洲联盟是中国的第一大贸易伙伴、第一大进口市场,中国则是欧洲联盟的第一大进口市场、第二大贸易伙伴。2014年中国和欧盟双边贸易额增长了8.9%,达到3.78万亿美元,超出中美双边贸易额(3.41万亿)0.37万亿美元。

欧洲联盟是中国第一大技术供应方、第四大外资来源地,也是中国企业践行"走出去"战略的主要对外投资地区。截至2013年底,欧盟对华累计投资超过900亿美元,大量拥有先进技术、先进管理经验的大型跨国企业进入中国投资办厂。欧盟也是中国企业"走出去"的主要投资地区。欧洲庞大的消费市场、多样化的产业结构、与中国产业间的较强互补性,以及由区域整合所创造的基础设施等因素为中国企业发展提供了广阔的空间,至2014年底,中国对欧洲联盟各国的累计直接投资超过500亿美元,涉及制造业、能源、电力、农业、房地产和服务业等多个领域,仅2014年中国对欧洲联盟的非金融类直接投资就达到120.98亿欧元,反超欧盟对华投资额(91.39亿欧元),这意味着中国开始成为对欧盟的净资本输出国。

欧洲联盟成员国是中国出国留学人员的主要目的国。欧洲各国文教发达,拥有大量历史悠久的全球一流大学和研究机构,吸引了大量中国留学人员。据教育部发布的统计数据,2014年出国留学人员达45.98万,其中赴欧盟各国留学人数超过18万人,约占留学生总数的40%。

欧洲是中国游客出国旅游主要目的地,也是除亚洲之外的最大入境游客来源地。据中国国家旅游局发布的调查监测数据显示,2014年中国公民赴欧洲旅游人数超过400万人次,超过赴美国旅游的240万人次,其中赴法国和意大利旅游人数都超过150万人次。另据国家旅游局政策法规司发布的《2014年1—12月入境旅游外国人人数》(按目的分)与《2014年1—12月来华旅游入境人数》

(按入境方式分)统计,2014年度欧洲来华旅游人数达到548.41万人次,其中欧洲联盟国家来华旅游人数达到340万人次,比美国来华游客人数(210万人)多出130万人次。

作为长三角经济圈的重要组成部分和长江经济带的核心区域,安徽省正在努力打造中部开放的"高地",与欧洲联盟建立了非常密切的经贸文化联系。早在清朝乾隆年间,产自安徽的茶叶便大量销往欧洲,受到欧洲上流社会的追捧。1745年载有大量茶叶的"瑞典哥德堡"号商船从中国广州启程回国,在离瑞典歌德堡港口800米处触礁沉没。240多年后瑞典的海洋考古专家对这艘古商船进行打捞,从中发现了一种名贵绿茶。通过考证,这种古茶就是产于中国安徽南部的极品名茶雾里青。

现在安徽与欧盟各国的友好关系通过"友城"建设提升到了更高的层次。目前安徽与欧盟成员国的8个省(州、大区)结成友好关系,安徽省内城市与欧盟成员国的25个城市结成友好城市,中国黄山与瑞士少女峰结成"友好山"。

安徽虽然是一个内陆省份,但凭借长江黄金水道开展"江海联运"和"合新欧"中欧班列,大力发展对欧盟各国的贸易,与欧盟之间的经贸发展合作势头非常强劲。现在欧洲联盟是安徽省最大的进出口贸易伙伴,也是安徽省最大的商品出口市场。据合肥海关发布的数据,2015年前8个月安徽省进出口商品总值为135.2亿美元,其中与欧盟(27国)的进出口总额最高,为42.73亿美元,占31.61%;其中安徽出口欧盟商品价值33.97亿美元,从欧盟进口商品价值为8.76亿美元。当前欧洲联盟已经成为安徽省主要的"外资来源地、先进技术来源地、人才引进来源地、游客来源地、企业走出去目的地",是安徽省开展国际产能合作、经贸交往和文化交流的最重要区域之一。因此,依托安徽大学已有学科平台,成立欧洲联盟研究中心,整合不同学科领域的研究人员,加强对欧盟的研究,具有紧迫性和必要性。

三

2016年3月份由安徽省人民政府外事办公室和安徽大学共建的新型跨学科研究咨询智库——安徽大学欧洲联盟研究中心正式成立。欧盟研究中心以服务国家总体外交、安徽对外开放为主题,以国家和安徽省的国际化战略部署为导向,以契约研究型智库为基本形式,以安徽大学人才智力资源为依托,探索理论研究与应用研究相结合、学术研究与决策咨询相结合的合作机制,努力把欧盟研究中心打造成国别和区域研究的资源汇聚平台、政策研究储备中心、决策咨询智库和人才培养基地,为安徽省委省政府的对外工作决策提供咨询服务,为安徽走出去提供更好的服务。

自成立以来,欧盟研究中心按照"开放"原则团结汇聚校内校外人才智力资源,按照"合作"原则开展跨学科基础理论研究与应用对策研究,汇聚包括来自安徽大学、安徽师范大学、安徽省社会科学院等省内高校和科研院所的近20位80后青年才俊,大多数人具有博士学位,6人具有在欧洲著名高校1年以上的留学经历,其中有3人是在法国或德国获得学位。

在科研方面,欧盟研究中心在2016年和2017年分别申报承接了安徽省人民政府外事办公室的4项重点委托课题,2017年成功申报2项教育部国别和区域研究专项课题。这些课题的申报成功和研究工作,帮助欧盟研究中心的各位研究人员逐渐适应采用跨学科方法进行国别和区域研究的方式方法。

在对外学术交流方面,欧盟研究中心主动与中国社会科学院欧洲研究所、中国现代国际关系研究院以及清华大学、北京大学、南京大学、复旦大学等机构合作,聘请国务院学科评议组成员、北京大学高毅教授担任中心学术委员会主任、聘请南京大学欧洲研究中心主任陈晓律教授担任中心主任,并先后邀请中国社会科学院学部委员中国欧洲学会会长周弘研究员、长江学者清华大学张国刚教授、清华大学梅雪琴教授、南京大学陈晓律教授、中国社会科学院俞金尧研究员、维也纳大学David Ferguson教授等国内外著名专家学者来安徽大学讲学交流,有效促进了欧盟研究中心的学术发展。2017年4月14－15日安大欧盟研究中心与南京大学欧洲研究中心合作承办的"《罗马条约》60周年:欧洲一体化的困境与挑战学术研讨会暨中国欧洲学会2017年学术年会"在安徽大学磬苑校区召开,外交部、商务部派代表莅会致辞。来自中国社会科学院、国务院发展研究中心、中国国际问题研究院、中国现代国际关系研究院以及北大、清华、复旦、南大、南开、人大、安大等国内一流科研院所的100多位专家学者参会。安徽大学党委书记李仁群、副校长程雁雷、安徽文史馆馆长黄德宽接见参会重要专家,安徽大学副书记兼常务副校长王群京出席开幕式并致辞。会议各项安排妥当有序,获得与会专家学者的一致好评。

经过1年多的建设,安徽大学欧盟研究中心的各项工作步入正轨渐入佳境,其学术影响力不断扩大。2017年6月,安大欧盟研究中心通过教育部的评估认证,正式列入教育部国别和区域研究(备案)基地并获得教育部国别和区域研究专项经费支持,这为安大欧盟研究中心的发展提供了强大的动力。

四

为更好地服务于国家总体外交战略,打造安徽省"内陆开放新高地"的经济社会发展需要,根据安徽大学欧洲联盟研究中心的平台建设和科研工作安排,2016年6月安大欧盟研究中心通过学校人文与社会科学处发布公告,开展2016

年度委托课题公开招标工作。2016年6月22日欧盟研究中心邀请安徽省社会科学院副院长施立业研究员、安徽省外事办彭传武处长、安徽大学商学院吴成颂教授等5位省内著名专家学者和安徽省直部门领导对2016年度招标课题进行评审。对通过评审的项目给予1万元人民币的经费支持。经过1年半的课题研究工作,到2017年12月,有6项课题完成了既定的研究目标,向欧盟研究中心提交了项目结项报告。呈现在大家面前的这本小书,就是所有结项报告的论文集。

将欧盟研究中心委托项目的研究成果汇总出版,这是安徽大学国别和区域研究的第一次尝试,作为第一个吃螃蟹的人,总是要负担探索未知的风险,但我们更希望这种勇敢的创新能获得社会与学术界的认可。

合抱之木,生于毫末;九层之台,起于累土;千里之行,始于足下!

在安徽大学和安徽省外事办的大力支持下,借助教育部国别和区域研究(备案)基地申报成功的东风,安徽大学欧洲联盟研究中心一定能发展成为国内有重要影响力的研究智库。

我们有信心!

皖南国际文化旅游示范区国际宣传路径研究

尹建龙　张惠宁①

一、引言：徽文化是皖南文化的底色

自2014年"皖南国际文化旅游示范区"（下称"皖南示范区"）正式上升为国家战略以来，各项建设顺利推进，取得了可喜的成就，如2015年皖南示范区实现旅游总收入2200.97亿元、接待入境游客361.49万人次。但与2020年要达到旅游总收入突破7000亿元、入境游客总量突破800万人次的目标差距较大，亟需在国际宣传方面推陈出新、取得突破，迅速提高皖南示范区的国际知名度和影响力，吸引更多来自优质客源地的入境游客。

第一，"金碧徽黄"是皖南国际文化旅游示范区的突出特色和开发重点。

"金"是指以地藏菩萨金身为代表的具有国际影响力的皖南佛教、道教宗教文化和旅游资源，重点突出九华山佛教祈福旅游和齐云山道教祈福养生旅游；"碧"是指青山碧水、山清水秀的皖南优美的自然环境，以及由此应当大力推广的天柱山生态养生游、皖江黄金水道休闲游、皖南最美乡村游、"三山三湖"精致山水游、新安江山水画廊游、最美高铁浪漫游等；"徽"是指享誉世界的徽文化，以古徽州的建筑、村落、社会习俗、美食、文学等丰富内容承载起来的人文旅游；"黄"是指全球知名的黄山风景区。

第二，徽文化是安徽省的文化名片。

习近平总书记在中央政治局第十二次集体学习时指出，提高国家文化软实力，关系我国在世界文化格局中的定位，关系我国国际地位和国际影响力，关系"两个一百年"奋斗目标和中华民族伟大复兴中国梦的实现。作为中国传统文化重要组成部分的徽文化在国际上的影响力不断增强，是展示安徽魅力、增强国际文化旅游吸引力的重要抓手。

---

① 尹建龙，安徽大学历史学院副院长。
张惠宁，安徽大学外语学院法语系讲师。

徽文化的核心区是古徽州的一府六县,但其辐射区包括整个皖南,所影响的区域波及吴越大地、齐鲁大地、荆楚大地、岭南地区和云贵高原,远涉日本、韩国、越南等,这显示出徽文化对内有极强的凝聚张力,对外有极大的辐射扩张力。徽文化既是安徽省向全世界展示自己文化软实力的重要窗口,更是一张重要的文化名片,我们应该充满信心地打好这张名片,为安徽早日实现中部崛起服务。

1. 具有800年历史的徽文化是中国传统社会的典型标本,是中国传统文化的典型缩影。

徽文化崛起于南宋、鼎盛于明清,延续保持了800年,在精神文化领域和物质文化方面,都有非凡的创造和突出表现,形成了具有世界影响力的新安理学、新安医学、新安画派、徽派建筑、徽派园林、徽商、徽菜、徽剧、徽漆、徽州文房四宝等成就,体现了徽文化的系统性、丰富性、辉煌性,体现出它是宋代以后中国传统社会与文化发展的整体投影;同时,又由于其内容的深刻性、典型性和全国影响性,决定了它是宋代以后中国传统文化发展的典型标本。

正如日本京都是中国唐代都城建设的域外标本一样,感受徽文化,便是感受中国传统社会与传统文化,这体现徽文化的文化研究价值和旅游开发价值。

2. 徽文化是中国传统国学的重要补充和重要组成部分,重视和加强徽文化的研究对推动中国传统文化的现代化具有独特的意义。

中国的国学研究源远流长、成果巨厚,却存在两个致命的弱点。其一是或缺了对"群众"的研究,一部二十四史主要是关于帝王将相和有关国家层面、统治政权层面、上层社会层面的历史,很少问及乡村社会和基层百姓。其二是或缺了对"实践"的研究。

徽文化是由徽州山区农村的老百姓在自己实实在在的生产、生活和社会交往等实践过程中产生的乡村文化、民间布衣文化,体现了"知与行"的统一,弥补了中国传统国学偏重官宦文化与学院文化的缺憾与不足。

3. 徽文化是拥有大量文化遗存的活生生的现实文化。

徽文化之所以在现代社会具有极大的魅力,其因为它不是废墟遗址文化、考古挖掘文化、历史传说文化,而是有着很强现实性的文化,集中地体现在有大量的文化遗存。在物质文化遗存方面,据全国文物普查所提供的资料,全省范围内目前还保存的属于徽文化范畴的地面文物有7000多处,其中黟县的西递、宏村在2000年11月被联合国教科文组织列入世界文化遗产名录;属于国家级重点文物保护单位的有30多处。在非物质文化遗存方面,共有非物质文化遗产2000多项,其中已经列入国家级非物质文化遗产保护名录的有近30项。

20世纪80年代以来,一批承载着厚重历史文化的徽州古村落开始被人们关注,以徽文化为特色的人文旅游事业得以兴起,人们通过旅游亲身感受活生生的徽文化,感受中国传统社会文化、习俗的鲜活魅力,这一方面促进了徽州传统文化遗产的保护,另一方面也有助于徽文化这种区域社会文化的传承与发展。

三、皖南国际文化旅游示范区发展现状

1.政策支持

十八大以来,随着经济改革进入新常态,我省产业结构调整阵痛显现,经济下行压力加大,迫切需要加快第三产业发展,迫切需要培养新的增长点。在此情况下,充分发掘安徽省丰富的旅游资源,大力发展文化旅游产业,具有重要意义。

2014年2月12日,经国务院同意,国家发展改革委批复了《皖南国际文化旅游示范区建设发展规划纲要(2013—2020)》,皖南国际文化旅游示范区正式上升为国家战略。

2014年7月,安徽省政府办公厅下发《实施皖南国际文化旅游示范区建设发展规划纲要任务分工》(皖政办秘〔2014〕109号),将示范区建设的79项任务分解到示范区各市和省直相关部门,并据此制定了细化实施方案。

2014年12月,安徽省政府出台《关于促进旅游业改革发展的实施意见》(皖政〔2014〕88号),就全面推进皖南国际文化旅游示范区建设作出专门部署。意见明确提出,要加快构建以文化旅游为特色的现代产业体系,全面提升发展质量和国际化水平,这是努力打造美丽皖南、幸福皖南、和谐皖南的重要支撑。

为贯彻省委省政府推进区域发展的重大战略决策,加快皖南国际文化旅游示范区"十三五"时期建设和国际化进程,2016年7月安徽省政府办公厅下发了《皖南国际文化旅游示范区建设"五个一"行动计划》(皖政办〔2016〕36号),提出要以积极探索建立大黄山国家公园体制为引领,开发一批国际水准旅游精品景区,发展一批具有国际竞争力的特色旅游商品,打造一批国际化旅游精品线路,创造一批顺应世界潮流的旅游业态,培育一批具有国际经营实力的领军企业。到2020年,"五个一"行动计划项目投资突破6000亿元,国内外游客接待量突破4.6亿人次,入境游客突破800万人次,培育5至10个世界级文化旅游品牌,皖南示范区旅游总收入突破7000亿元。

2.实施状况

从2014年皖南国际文化旅游示范区建设启动以来的3年间,在省委省政府的大力支持和正确领导下,皖南示范区各地和省直各有关部门紧紧围绕《皖南国际文化旅游示范区建设发展规划纲要》的实施,按照省政府制定的《任务分工》,全力推进示范区建设和发展工作,取得了积极成效。示范区覆盖的7市47县(市、区)在示范区战略平台上加快推进文化旅游业发展,取得了可喜的成绩。2015年皖南示范区各项指标发展良好,全年实现旅游总收2200.97亿元,接待入境游客361.49万人次、国内游客2.27亿人次,分别增长18.2%、10.6%和

15.7%,占全省总量分别达到53.4%、81.3%和51.13%,特别是皖南示范区吸引的入境游客占比超过全省入境游客总量的八成,标志着皖南示范区的国际吸引力逐步增大。

进入2016年后,皖南示范区在推动国际旅游宣传、扩大国际知名度方面提升行动级别、加大支持力度,取得了良好效果。

(1)安徽省各级领导亲自率队出访,在国际市场推介安徽旅游

2016年,我省与国外及港澳地区经贸文化旅游交流互动频繁,旅游宣传促销的层次不断提高。

2016年5月24日至6月2日省政协主席王明方同志率安徽省政协友好代表团对英国、瑞士和埃及进行了友好访问。代表团在英国考察了英国侨情,拜会了英国伦敦华埠商会主席、安徽省海外交流协会名誉会长邓柱廷,访问了英国中华总商会和英国安徽商会,听取他们对加强安徽省与英国合作的建议,商谈如何更有效率地利用华人华侨资源推进安徽省与英国的合作。代表团第二站访问了瑞士的因特拉肯市(这是瑞士少女峰所在地,2002年黄山与少女峰结为"友好山"),受到当地高度重视和热情友好接待,就进一步深化城市间友好关系,探索山地旅游合作发展模式进行深入探讨。代表团在瑞士苏黎世还拜会了瑞士瑞中协会会长托马斯·瓦格纳等,在座谈中表示希望通过瑞中协会、瑞中商会牵线搭桥,推动安徽和瑞士间进一步提升友好交往,拓展合作领域,推动务实合作,并诚挚邀请瓦格纳先生出席"2016黄山国际旅游节"。

为配合"中美旅游文化年"活动,2016年5月省委常委、统战部长、安徽海外联谊会会长沈素琍同志率省海外联谊友好代表团访问美国西海岸的加利福尼亚州,出席了在旧金山举办的"魅力安徽——走进美国加州亚裔文化节"开幕式暨旅游推介会、"魅力安徽"摄影展,观看了"黄梅香飘美利坚"慰问演出。在"魅力安徽"旅游推介会上,沈素琍同志向来自加州的100多位对华业务重点旅行社和20多家中美相关主流媒体代表介绍了安徽的地理环境、历史文化、旅游资源和发展现状,鼓励美国游客到安徽旅游。"魅力安徽"旅游推介会重点推出了皖南世界遗产之旅、九华宗教朝圣之旅、皖江黄金水道之旅和皖北历史文化之旅四条线路。相关活动加深了加州人民对安徽的了解,拉近了加州人民与安徽人民的友谊。

2016年比较重要的领导出访活动还包括:省政府党组成员、省促进旅游业改革发展领导小组副组长陈强同志亲自率队前往印尼、马来西亚和斯里兰卡,开展安徽旅游宣传活动;省政府办公厅副秘书长汪莹纯同志率团赴德国开展中德(安徽)经贸合作推介活动,将安徽旅游推介作为重要内容进行重点推介。

安徽省旅游局也积极参与旅游推介活动。2015年和2016年安徽省旅游局连续两次派团访问墨西哥尤卡坦州,推进旅游交往。2015年3月和2016年9

月,安徽省旅游局主要领导率团访问德国、西班牙和葡萄牙,在德国举办了安徽旅游推介会,在西班牙与世界旅游组织、西班牙乡村旅游协会进行业务洽谈,推动安徽旅游走进西拔牙。

安徽省各级领导亲自率队出访,推介安徽旅游,促使安徽旅游特别是皖南示范区的国际影响力迅速提升。

(2)打造"省内联动、部门联合、政企联手"的旅游国际宣传工作格局,成效显著

① 推进省内联动赴境外宣传促销的机制。安徽旅游局在参加国家旅游局双跨团组或自行组织团组赴境外促销时,均针对所赴境外客源市场,推出安徽精品国际旅游线路产品,有重点、有选择地精心组织省内各市及旅游部门人员联合赴境外促销推广;各有关单位积极响应,热心参与,旅游境外促销宣传成果得显著。

② 努力推进部门联合携手节会促销。2016年10月,安徽省旅游局与黄山市政府联合举办2016黄山旅游节暨第五届国际旅行商大会,副省长张曙光出席开幕式,国家旅游局新闻发言人、综合协调司巡视员薛亚平等分别致辞。来自美国、加拿大、德国、英国、荷兰、俄罗斯等18个国家和地区的300多名境外旅行商代表,国内重点旅行商、旅游集团和省重点旅游景区代表共530余人参加。与会人员观看了"发现别样安徽"形象片;我省各市市长通过"1分钟视频推介"形式介绍了丰富多彩的安徽风情;省旅游局视频发布了"游安徽不得不"系列;境内外旅行商和投资商代表分别与省内各市代表进行了项目签约。

2016年10月18日下午,徽商大会安徽旅游推介会隆重召开。副省长张曙光、国家旅游局副局长王晓峰等出席推介会。来自境内外的旅行商、旅游集团、自驾游俱乐部、省促进旅游业改革发展领导小组相关成员单位,各市政府、各市旅游局(委)、重点旅游景区代表、媒体代表近400人参加本次大会。会上,安徽16市市长推介旅游资源,为本市旅游代言。外国友人、旅游达人、行业代表登台,别开生面的推介安徽旅游。《2016年安徽旅游市场大数据报告》同时发布。

2016年安徽省外办在省旅游局的协助下,相继邀请韩国庆尚北道代表团、布隆迪驻华大使馆等代表团在肥开展旅游及宣传活动;完成了哈萨克斯坦旅游推介会、巴基斯坦省情推介会、安徽—中东欧合作机遇与展望对话会、21世纪海上丝绸之路、太平洋岛国联合记者团访皖省情推介会等多项外事活动。

2016年11月,安徽省旅游代表团参加第十一届海峡两岸台北旅游展和2016年中国国际旅游交易会(上海)。由于精心的准备和出色的组织,安徽旅游在两个展会上均取得了丰硕成果,分别获得最佳设计奖和最佳组织奖。

三、皖南国际文化旅游示范区国际宣传中存在的问题

1. 皖南示范区的国际宣传业务没有专门机构负责

2015年为加强对皖南示范区建设的协调领导工作,安徽省人民政府成立了"安徽省促进旅游业改革发展领导小组"(皖政秘〔2015〕58号),领导小组办公室设在省旅游局。领导小组在充分发挥综合协调职能,加大省级层面的统筹力度,加强省有关单位的协调联动,落实市县政府主体责任,切实强化组织领导,推进一体化建设方面发挥了重要作用。但由于领导小组依托省旅游局负责日常事务,省旅游局没有设立专门部门和人员负责皖南示范区的相关工作。特别是在国际宣传方面,相关工作着眼于安徽全省旅游资源的国际宣传、推介,对皖南示范区旅游资源的推介不够突出。此外,在省发改委设立了皖南文化旅游发展处,负责与皖南旅游相关规划的组织实施、政策协调和督查落实等工作。组织力量相对分散,协调性和专门性有待提高。

2. 皖南示范区的网络宣传建设非常薄弱

皖南示范区没有专门的旅游宣传网站,相关信息分散在示范区所辖各地市的旅游政务网上,让国外游客无法便捷迅速地查找到皖南示范区内具有地方特色但缺乏知名度的相关旅游线路和景点。皖南示范区对外宣传需要通过多渠道开展。网络宣传成本低、覆盖面广的特点,决定了网站的重要性。但从目前来看,由于皖南示范区建设缺乏一个权责统一明确的行政主体,进而导致尚未建设一个统一的网络平台。目前皖南示范区所辖地市的旅游宣传各自为政,导致作为一个整体的皖南文化旅游资源的对外宣传无法统筹资源、协调规划,在网络上无法迅速有效地获得与皖南示范区相关的旅游景点、线路、资源信息。

推介安徽旅游的部分外文网站内容相对陈旧、单一,宣传形式比较呆板,且语言翻译的准确性、规范性存在较大问题。据我们调查掌握的资料,已经开通的安徽旅游外文网站包括:

英语网站 http://www.anhui.travel/en/
日语网站 http://e.ahta.com.cn/jp/
韩语网站 http://e.ahta.com.cn/kr/
西班牙语网站 http://e.ahta.com.cn/wst/es/,
俄语网站 http://e.ahta.com.cn/wst/ru/
德语网站 http://e.ahta.com.cn/wst/de/

在这些外文网站上播出的宣传短片没有把握住宣传对象的旅游文化心理,例如针对韩国,就要大书特书九华山与金地藏,且所有宣传短片的字母语言是中文与英文,没有韩文,短片语音是汉语普通话,而不是韩语。另外缺乏阿拉伯语

的网站。

3.忽视新媒体在皖南示范区国际宣传中的潜在作用

新媒体、自媒体的兴起颠覆了传统信息传播的范式,对世界各地特别是经济发达地区人们的信息获取与互动方式产生了革命性变化,形成了与传统媒体完全不同的舆论场、文化圈,进而影响了社会生活的方方面面。例如在刚刚结束的美国总统大选中,美国共和党候选人特朗普凭借对 twitter、facebook 等自媒体的熟练应用,在竞选期间发了 43000 条 twitter,吸纳了 1700 万粉丝的关注,相比之下,美国民主党候选人希拉里仅仅发表了 9800 条 twitter,虽然美国的主流媒体力挺希拉里,但最终没有新媒体和自媒体的力量大,特朗普获得选举的胜利。

在皖南示范区的国际旅游宣传中新媒体作用缺失,没有开设微博公众号、微信公众号,更没有使用国外的社交网站平台进行宣传,例如没有使用在国外特别是西方发达国家的民众中非常流行的 facebook、twitter、instagram 等,也没有通过 youtube 视屏网站发布有关皖南示范区旅游的推介视屏资料等。

四、皖南国际文化旅游示范区加强国际宣传的对策建议

1.皖南示范区的国际宣传首先要"摸清家底、备好菜单",对国外旅游客源地的宣传既要"因人而异",更要"投其所好"。

所谓"摸清家底、备好菜单",即对皖南特色文化旅游资源进行模块化分类与整理。"皖南国际文化旅游示范区"覆盖八百里皖江南岸的 7 市 47 县,包括了徽州文化的"文"、三山三湖的"景"、皖江城市特有的休闲养生的"休闲"等非常广泛的内容。如何将博大精深、内涵丰富的皖南文化加以分类、定位、提炼包装,即将皖南国际文化旅游示范区内有代表性的文化旅游资源,加以分门别类的整理和翻译介绍,形成各自独立完整的宣传资料模块,例如黄山自然景观模块、西递宏村徽文化模块、九华山佛教文化模块、齐云山道教文化模块、长江黄金水道模块等。对每一个模块都制作中文与外文的宣传介绍资料、影像视频及照片资料等。

对国外旅游客源地的宣传既要"因人而异",更要"投其所好"。在开展国际旅游宣传的过程中,针对国外旅游客源地所属不同区域、不同文化圈、不同宗教圈的宗教禁忌、文化习俗及旅游消费倾向,灵活的搭配整合模块化的旅游宣传资料,既要"因人而异",更要"投其所好",要根据国外游客的审美品位、旅游喜好,因人而异、因地制宜的设计国际文化旅游宣传的"套餐"。用外国游客能听得懂的语言、喜闻乐见的宣传方式将皖南文化旅游的"大菜"呈现在世界各国旅游人士面前,并激发起他(她)们来中国、来皖南旅游的迫切愿望。

例如针对东亚地区的韩国、日本、泰国、缅甸、老挝、越南等受中华文明和佛教文化影响比较因的国家和地区,以及针对海外的华人华侨,可以全面推介皖南

的风土人情、宗教文化等旅游资源,特别是针对韩国应当大力推介九华山金地藏佛教文化;但针对诸如东南亚的马来西亚、印尼、文莱以及中东北非的伊斯兰教国家,则应尊重其宗教信仰以及旅游喜好,侧重推介皖南的自然景观、风土人情,避免推介佛教文化、道教文化等内容,避免引发其反感与不适;针对欧美发达国家和地区则可侧重推介皖南原生态的传统文化和风土人情等。

2. 借助承办重大国际会议、国际体育赛事等活动向世界推介皖南

通过举办重大国际会议和各种体育文化赛事、各类型展览等,能在一定时效范围内吸引全球主流媒体的关注,对提高主办城市全球旅游知名度、增强国际旅游吸引力发挥重要影响。

近年来比较成功的例子包括2016年浙江杭州承办G20峰会、海南博鳌从2001年开始承办"博鳌亚洲论坛"、江苏无锡灵山从2005年起承办"世界佛教论坛"。皖南示范区所辖各地市交通方便、景色秀丽、经济相对发达、宗教文化底蕴深厚,在硬件上不逊于上述任何一地,建议安徽省委省政府向国家争取支持,在皖南示范区内择地承办重大国际会议和各种体育文化赛事、国际展览等,以此增强皖南示范区的全球旅游知名度,为皖南示范区的国际宣传提供宝贵的机遇和强大的动力。

(1) 承办G20峰会让杭州成为国际旅游宣传的"最大赢家"

2016年9月4日至9月5日在浙江杭州召开的G20第11次领导人峰会,包括美国、俄罗斯、英国、法国、德国、日本、加拿大、澳大利亚、巴西等全球19个重要国家的领导人齐聚美丽的杭州西子湖畔,吸引了全世界的关注目光。G20峰会不但向世界展示了美丽中国的形象,而且为中国旅游特别是杭州旅游带了史无前例的发展机遇。会议的承办城市杭州成为"最大赢家":

①新闻曝光率高。在峰会召开前后的几天,杭州的名字登上世界所有主流媒体的头条,可谓"一会爆红",全世界各地的人从报纸上读到杭州的名字、从电视里看到杭州的风景、从广播里听到杭州的声音。

②名人效应大。G20会议的主持人、中国国家主席习近平亲自担任中国旅游的"代言人",在讲话和致辞中如数家珍地介绍杭州的人文历史和秀山丽水,娓娓动听地讲述"中国故事",告诉世界"像杭州这样美丽的城市,中国还有很多"。

③体验效果好。从峰会的接待、会议、宴请、晚会,到贵宾们的游览、品茶、美食、购物体验,再到会议的会标、礼品、饰件无不融入和凝聚着杭州的地方元素和中国的文化元素,展示着中国的山水美景,让世界关注、喝彩。

在成功举办G20峰会后,杭州的国际知名度大大提升,这一次国际会议所带来的影响力远远超过了过去几十年的积累。杭州正朝着成为国际会议目的地城市和国际旅游休闲中心方向努力,必将以其优良的会议设施、美丽的自然风景

和浓郁的文化氛围,吸引越来越多的中外宾客慕名前来。

(2)举办"博鳌亚洲论坛"让海南小镇一跃成为"亚洲会都"

位于海南省琼海市万泉河入海口的博鳌镇原本是一个偏远落后的渔村,但从2001年2月承办第一届"博鳌亚洲论坛"(英文:Boao Forum for Asia,缩写:BFA)开始,迅速发展成为瞄准国际会展市场的"亚洲会都"。

博鳌亚洲论坛是由25个亚洲国家和澳大利亚发起成立非官方、非营利性国际组织,为亚太地区各国政府、企业及专家学者等提供一个共商经济、社会、环境及其他相关问题的高层对话平台,论坛每年举办一次,海南博鳌为论坛总部的永久所在地。

博鳌亚洲论坛参会人员层次高、范围广,品牌效应强,在国际上形成了很大的影响力。海南省政府也大力拓展博鳌亚洲论坛效应,以博鳌亚洲论坛为龙头,以海口、三亚为重要基地,积极引进各类国际性、区域性会议、论坛等,吸引国内外大型企业、行业组织来海南召开年会、专题会议;同时建立健全会展业规范发展的体制机制,积极引进国际顶级专业会展公司,大力培育国际会展企业,提升会展专业化水平。从2001年以来的15年间,博鳌亚洲论坛带动海南会展业迅速发展。例如2002年海南全省仅举办了8个展会,展览面积共计3万多平方米,而到2011年,在海南举办的各类型重大会展活动超过80个,协议和意向成交贸易额500多亿元,展会参观人数100万人次,展会使用面积160多万平方米。如"海南国际热带农产品冬季交易会""海南国际汽车工业展览会""海南房地产展示交易会"等一批展会项目已日趋成熟。2015年12月在北京召开的第八届中国会议产业大会(CMIC 2015)授予博鳌亚洲论坛国际会议中心"2015年中国最受关注会议会展中心"奖项。会展业已经成为拉动海南经济发展的新引擎,成为国际旅游岛建设的重要推动力量。

(3)承办"世界佛教论坛"让无锡灵山成为国际佛教旅游焦点

位于太湖之滨的无锡市小灵山祥符寺本来已经荒废多年,但在1990年代,由中国佛教协会、无锡马山太湖国家旅游度假区发起,重修古刹,并在寺后的小灵山上修建了一座高达88米的灵山大佛,方便了佛教文化的交流、满足海内外广大佛教信众宗教生活的需要,同样在促进无锡佛教文化旅游事业的发展中发挥了重要地位。

从2005年起,由海峡两岸暨香港佛教共同发起的"世界佛教论坛"在无锡灵山召开第一届大会,为全世界热爱世界、关爱生命、护持佛教、慈悲为怀的有识之士搭建一个平等、多元、开放的高层次对话、交流、合作的平台。自首届起,每三年举办一次。迄今已经分别于2005年、2009年、2012年、2015年在江苏省无锡灵山举办了4届大会。在2012年第三届世界佛教论坛上,无锡灵山被确定为世界佛教论坛永久会址,为江苏佛教文化对外交流搭建了新平台。

"世界佛教论坛"的国际影响力很大,每届大会都有来自全球50个国家和地区的数千名高僧大德、佛教学者、政要等各界人士出席,并受到党和国家领导人的亲切会见。例如2015年10月24日中共中央政治局委员、中央统战部部长孙春兰出席并在第四届世界佛教论坛开幕式上致辞,来自50多个国家的高僧大德、宗教领袖、专家学者、社会贤达和媒体人士1000余人云集太湖之滨。

"世界佛教论坛"已经逐渐成为全世界佛教徒三年一度的盛会。同样也带动了无锡市和江苏省旅游业的迅速发展。例如围绕着佛教文化,无锡从2013年起举办"太湖国际佛教旅游文化博览会",旅游和经济效益非常好,此后成为每年固定的国际佛教旅游盛世。在2013年的第一届太湖佛博会上,有中外400余家生产佛像、佛文化用品、旅游用品、纪念品、素食产品的相关企业前来参展,展位达到1000个,展览面积15000平方米,参观人数超过10万。

3. 与国际知名纪录片频道合作,拍摄展现皖南文化旅游之美的纪录片,扩大皖南示范区宣传的受众范围和时效持久性

根据今天国际大众传媒的发展趋势,通过影视视频作品的传播能够提高受众的兴趣、扩大传播范围、延长传播时效,增强宣传效果。而且,影视视频作品具有一次投资、长期收益的特点,投入产出比高,经济价值大。建议皖南示范区相关部门同中央电视台、英国广播公司(BBC)、美国Discovery探索频道等合作,仿效《舌尖上的中国》《云之南》《荒野求生》等著名纪录片风格,拍摄展示皖南示范区风土人情、自然风景、文化传统的高质量纪录片,并在全球各大电视台、视频网站播出,极大地扩大皖南示范区国际宣传的受众群体和宣传效果。

看过《舌尖上的中国》的人都能感受到一部制作精美的纪录片对观众的吸引力和冲击力有多大。这部纪录片在国内60多个地方拍摄,全方位展示了博大精深的中华美食文化,展示中华大地上千差万别的饮食习惯和独特的味觉审美,并进而从饮食引申出东方独具神秘魅力的生活智慧与价值观。许多名不见经传的地方传统美食,通过这部纪录片变得家喻户晓,也成为旅游者不可错过的"舌尖上的体验"。例如芜湖的"虾子面"在合肥并不出名,也较少有人品尝过,但在《舌尖上的中国:第二季》(第三集:时节)通过短短三分钟的展示,"一举成名天下知",成为到芜湖旅游不得不吃的"美食"。

(1) 英国BBC纪录片《云之南》与云南丽江的国际旅游宣传

英国广播公司(BBC)是世界最大的新闻广播机构之一,其纪录片的制作水平极高,全球影响力举世无双。特别是在自然科学类和人文艺术类纪录片领域,BBC追求极致完美的画面和深厚的人文关怀,赢得了全世界观众的认可。BBC曾经拍摄过一些中国题材的纪录片,在国际上影响很大,并使被纪录片所记录的中国城市一举成名天下知,成为国际旅游的热点。其中扩大中国城市的国际知名度、推介国际旅游发展最为成功的纪录片是1990年代初由国际著名纪录片导

演、英国独立制片人菲尔·阿格兰德(Phil Agland)指导拍摄的 7 集纪录片《云之南》(Beyond The Clouds,每集 60 分钟)。

《云之南》不是中国民俗风情的旅游猎奇,更不是西方人"香格里拉"式的东方想象,在菲尔·阿格兰德细腻而克制的镜头里,以故事片式的手法记录了既要保存古老传统的生活方式,同时又面临快速启动中的现代化冲击的丽江社会——统中国小区中人与人紧密、温暖的关联,急剧变化时代中青少年的失业与犯罪、毒品对中国的渗透、拐卖妇女、教育医疗法律体制等等,都通过生活在丽江的普通人物的真实生活一一呈现。

从某种程度上说,《云之南》展现的不仅仅是中国西南边陲的纳西族聚居小城,而是纪录 1990 年代转型期中国印迹的最佳样本。在云南大学西南边疆少数民族研究中心 2010 年 4 月举办的 2010 年"重视的边疆"暨首届社会学/人类学纪录影像年度论坛上,与会学者们高度评价《云之南》,认为这部纪录片是认识中国现实、年度认识西南边疆的坐标。

1994 年《云之南》开始在欧美各大电视台放映,全世界有 80 多个国家和地区购买了它的播映权,让生活在现代化社会中的无数外国人领略了中国西南边陲小城里美丽的风景与传统文化,以及并未因政治变迁而被撼动的充满人情味的社群关系,让他们回忆起在欧美等国已经消逝了的"美好旧时光"(good old days)。凡是看过这部纪录片的人无不为之倾倒,无不为丽江所感动。许多西方人竟然不相信世界上还会有这样美好的地方,更不相信片中的故事是真实的。包括挪威国王和王后在内,全世界有成千上万的人寻着《云之南》的故事来到了丽江,认识了丽江,也认识了中国。

一部纪录片变成了一次完全免费的义务宣传,它为丽江、为云南、也为中国对外宣传所带来的影响和利益则是无法用金钱来估量的。同样,这部纪录片也直接帮助丽江古城成功申报世界文化遗产,在申遗投票的现场,它被放映给评委们看,直接影响了评委的投票结果。

《云之南》在欧美国家的热播,极大地促进了云南省,特别是丽江的国际旅游知名度,让无数西方旅游者渴望到传说中的东方"香格里拉"参观访问,使得丽江接待境外游客的数量激增。1995 年丽江游客为 50 万人次,1996 游客人数达到了 110 万人次。2015 年丽江接待海内外游客达到 3053 万人次,旅游业总收入达 443.2 亿元人民币,其中,2015 年累计接待海外入境游客 114.54 万人次,占云南全省接待入境游客总量的 13%(云南全省接待海外入境游客数量为 1075.32 万人次)。(数据来源:云南省旅游发展委员会:2015 年云南省旅游经济运行情况综述,发布日期:2016 年 02 月 14 日,http://www.ynta.gov.cn/Item/25059.aspx)

(2)美国探索频道

美国 Discovery 探索频道是 Discovery 传播公司旗下的主打电视频道。1985年创办,1994年在亚太地区开播。目前在全球的160多个国家和地区拥有4亿5千多万订户,以35种不同语言播出节目。

Discovery 探索频道瞄准较为富裕的成年观众(略倾向男性),致力于打造全球最高品质的纪实节目,引领观众深入洞察我们周边世界的内在奥秘,其纪实片内容涵盖自然、科技、古今历史、探险、文化和时事等领域。在中国大陆地区较为有影响力的节目包括《荒野求生》《大真探》等。

4.高质量的多语种旅游翻译是外国游客深入了解皖南风景之美、文化之美的桥梁,应当予以高度重视

旅游翻译虽然是小事,但影响非常大。对于慕名而来的外国游客来说,旅游翻译质量的优劣直接影响着他们对景区的观感和对其文化信息的吸收理解。建议相关部门高度重视旅游宣传资料的外文翻译的准确性、规范性。旅游翻译的主要功能是为国外游客提供景点的各种相关信息,帮助游客了解景点的特点、文化、相关背景等,更好地吸引国外游客,引起他们对中国文化及自然景色的兴趣。但是由于中西方文化方面的差异,在进行宣传介绍时总会产生翻译方面的困难,这也就要求译者能够对文化的差异以及两种语言都有相当程度的了解。

近些年来,国外游览者的数量有了很大的增长,2010年时世界旅游组织对此进行过预测,十年后中国将会成为世界第一大旅游目的国,同时也会成为第四大客源输出国,每年来中国大陆旅游的境外游客将达到上亿人次。为了吸引国外客源,树立品牌形象,皖南示范区一方面需要加强旅游资源的建设和维护,提升景观形象和特色;另一方面则要加大投入,提升国际旅游服务的水平,其中很重要的一个方面是需要高度重视旅游手册、指示牌、解说词的外文翻译版本的准确性、地道性,以高质量的旅游翻译,让外国游客真正地能够领略到皖南的景色之美、文化之美。

安徽省对接欧盟相关国家(匈牙利、罗马尼亚)产能合作的法制与经济环境研究

魏孝稷、秦柳[①]

一、安徽省与匈牙利、罗马尼亚产业合作与交流现状

2016年11月份,匈牙利外交和贸易部长西雅尔访华,将中匈双边关系提升为"全面战略伙伴关系"。据统计,2016年1—11月,中匈双边贸易额到达80.8亿美元,同比增长11.3%,反映了两国经贸往来加速的现实。近年来,一些安徽企业在"走出去"的形势下,在匈牙利投资办厂,一部分企业也有投资匈牙利的意愿,同时,匈牙利的技术和资金也被引入了安徽。2014年9月,安徽丰原集团在匈牙利索尔诺克工业园投资,成立6万吨/年柠檬酸生产线。2016年,旅匈的安徽籍华侨马良投资建设的皖农鹅业科技(六安)有限公司被列为安徽首批挂牌上市的侨资企业、首家鹅业企业,该企业与匈牙利霍尔多巴吉鹅业总公司存在资金和技术上的合作。2017年1月5日,匈牙利Silvanus集团公司总裁Jeno Nemeth先生到访安徽泓森高科林业股份有限公司。根据两公司达成的协议,安徽泓森高科林业股份有限公司将从匈牙利Silvanus集团引进7个刺槐新品种进行试验性种植。Silvanus作为匈牙利最大的林业集团,双方将全面搭建中国和匈牙利的林业合作示范和技术转移服务交流平台,建立规模化种植基地。

中国与罗马尼亚自1949年10月5日建交以来,一直保持良好合作关系。自20世纪90年代中期以来,中罗两国政府签订《关于鼓励和相互保护投资协定》《关于避免双重征税的协定》《经济合作协定》《关于加强基础设施领域合作协定》等,构筑了双边经贸关系的法律框架。近年,两国经贸关系发展势头良好。2014年,双边贸易额为47.5亿美元,同比增长47.8%。安徽中烟在罗马尼亚本

[①] 魏孝稷,安徽大学历史系讲师。
秦柳,安徽省社科院副研究员。

土市场深耕细作,稳扎稳打,2014年自有"都宝"品牌实现销售11.2万件,同比增长146%,并呈持续快速发展的良好态势。安徽与罗马尼亚文化交流也较为频繁。比如,2016年12月,在安徽文旅集团邀请下,罗马尼亚艺术团一行17人,来合肥进行交流、演出,加深了安徽与罗马尼亚的友谊合作关系,有利于安徽文化走出去。

综上可见,安徽与匈罗两国的产能合作已经展开,并取得一定的成效。但是,目前安徽省与两国开展产能和技术合作的企业偏少,这也显示双方产能合作的空间非常广阔。

二、匈牙利的法制与经济环境分析

(一)匈牙利的法制环境

1. 关于投资贸易的相关法律法规

在对投资方面,匈牙利发布的《外商投资法》规定对国内外投资者权益进行法律保护,国内外投资企业适用统一法律法规,外国企业和其他经济组织和个人可以在法律允许范围内从事大部分经济活动,但也有一些例外,如:铁路、公路、水运等须获得政府批准,对企业或个人购买匈牙利耕地和作为第二居住地的不动产有严格规定。在贸易方面,匈牙利贸易政策和法规与欧盟基本一致,匈牙利自2004年加入欧盟后,开始实施欧盟统一的贸易政策,货物和服务可以自由进出口。另外,对涉及公共秩序、公共道德、公共安全以及人类、动植物生命和健康保护等方面,匈牙利政府可不受欧盟内部市场和进口规定,采取相应的措施。匈牙利执行欧盟海关法规,包括欧盟关税标准法令、海关统计制度、欧盟关税税率和海关免税法令等。在欧盟任何一国清关后,货物进入匈牙利不必再缴纳关税。

自20世纪末以来,中国与匈牙利相继签署《中华人民共和国和匈牙利共和国关于鼓励和相互保护贸易协定》《中华人民共和国和匈牙利共和国关于对所得避免双重征税和防止偷漏税的协定》《中华人民共和国和匈牙利共和国政府经济合作协定》等贸易法规,中国企业的合法权益能够得到有效的保护。

2. 关于环境保护的相关法律法规

匈牙利环保主管部门为地区发展部。匈牙利实施与欧盟相符的环保法律法规。主要有:《环境保护法案》《关于环保产品费法案》《关于环境污染费法案》《森林保护和管理法案》、《关于环境使用许可程序实施细则的法令》。这些法律法规对匈牙利动植物保护、空气保护、水土保持、环境污染评价和处罚等都作了详细规定。总体上来说,匈牙利关于环境保护的法律较为严格,标准比国内的标准高,程序繁多,违法的惩罚力度大。

3. 关于劳动就业的法律法规

匈牙利相关法律以限制外国人在匈牙利工作,保证本国公民优先就业为原则。匈牙利2011年修订的《劳动法典》和2004年开始实施的《反歧视法》对劳动关系的内容、劳资双方权利、义务、福利和报酬、就业保护、解雇与解聘等作了具体规定。雇佣合同必须依据《劳动法典》规定以书面形式签署。

4. 关于土地使用及获得的法律法规

匈牙利实行土地私有制。匈牙利《土地法》对土地的所有权和使用权、土地利用和买卖、土地和土地占有的优先购买权,以及土地保护等方面作了全面统一的规定。《农用地保护法》就农业用地的保护作了具体规定。匈牙利土地都属于永久产权。外资企业或外国人可以以个人名义或在匈牙利注册公司购买土地,但耕地和保护用地除外。外国人或公司购买土地必须首先获得匈牙利政府的许可证,同时提交由在匈牙利注册的律师或公证人签署的文件。在匈牙利注册的公司(包括外商独资企业)购买地产,则无须申请许可。

5. 外国投资优惠政策

为吸引外国投资,匈牙利政府根据欧盟法律制定了一系列的优惠政策,涵盖税收优惠、就业补贴、培训补贴、匈牙利政府或欧盟专项补贴等。根据匈牙利的投资优惠政策,企业可以获得的投资补贴最多可达投资总额的一半。

(二)匈牙利的经济环境

1. 基础设施完善

匈牙利的基础设施基础较好,近些年来匈牙利政府又大力支持基础设施建设,已经形成了交通、电力、通信等各领域都比较完备的基础设施体系。

截至2015年末,匈牙利公路总里程为3.17万公里,路网密度在欧洲仅次于比利时、荷兰。公路运输在匈牙利交通运输中占据主导地位,约占货物运输总量的66.5%,占城际旅客运输总量的77.6%。匈牙利高速公路总里程达1510公里,高速公路路网密度达14.63米/平方公里,接近欧盟平均水平,在中东欧地区列第二位。截至2014年末,匈牙利铁路总里程达7892公里,路网密度在欧盟成员国中居第五位,仅次于卢森堡、捷克、比利时和德国。匈牙利现有机场43个,其中国际机场5个。匈牙利最大的机场为布达佩斯李斯特·费伦茨国际机场。法国航空、意大利航空、汉莎航空、芬兰航空等欧洲主要航空公司均有通往布达佩斯的航线。

匈牙利通信基础设施完善,通信市场完全自由化,外资企业在该国通信市场中占据支配地位。据匈牙利中央统计局统计,2015年底,匈牙利固定电话用户数为308.6万户,普及率65.3%;移动电话用户数为1186.5万户,普及率120.2%;互联网用户为811.8万,同比增长11%。

匈牙利电力设施完善，电力供给较为充裕，能够满足经济发展需求。2015年发电量为300.5亿度，其中核能发电约占52.7%，煤、石油及天然气发电约占41.7%，可再生能源发电约占5.58%。电力进口137亿度，总供给437.4亿度。电力市场近几年逐步放开，消费者选择趋于多元。另外，匈牙利电网与奥地利、斯洛伐克电网相连，能够根据电力生产成本，灵活调整电力进出口。

2.经济形势良好

近年来，在欧盟资金推动、青民盟政府一系列"非常规"经济政策和惠民举措影响下，匈牙利经济步入稳步增长通道。2015年，匈牙利投资、消费和出口占GDP的比重分别是14.7%、29.1%和56.2%。第一、二、三产业所占比重分别为2.8%、26.7和54.6%，产业结构也较为合理。

财政收支基本平衡，债务规模控制在合理范围。2015年，匈牙利中央财政赤字为25.3亿美元，占GDP比重为1.9，低于欧盟3%的规定。国际评级机构给出的信用评级展望为稳定。截至2016年3月18日，国际评级机构标普对匈牙利主权信用评级为BB+/B，展望为稳定。2016年1月底，匈牙利外汇储备为338亿美元。2015年全年平均通胀率为0.1%。

3.产业优势明显

匈牙利在汽车、电子、通讯、生物制药、酿酒等行业拥有独特优势，许多技术和工艺极具特色。匈牙利制造业在国民经济中占有重要地位，2015年制造业产值为930亿美元，在工业中占比高达91%。其中，汽车工业是匈牙利支柱产业，2015年产值达280亿美元，在制造业中占比高达31%，匈牙利共有740多家汽车及零部件生产企业，从业人数达15万人。该行业90%产值面向出口，半数销往德国。完善的本地供应商体系加上优越的地理位置和丰富的人力资源，使匈牙利汽车产业极具吸引力。外资在匈牙利汽车工业中占据举足轻重的地位，乘用车和发动机生产企业基本为外资所控制。

匈牙利制药业是该国最富竞争力的产业之一。匈牙利也是中东欧地区第一大药品生产和出口国，2015年产值达3亿美元，出口额占该地区30%左右。目前，匈牙利登记注册的制药企业有70余家，从业人员约1.5万人，药品生产种类1400种左右。

匈牙利的生物技术产业发展迅速。近年来，在政府的大力扶持下，匈牙利生物技术产业取得迅速发展，规模及技术水平已跃居欧盟新成员国前列。目前，匈牙利约有60家核心生物科技企业，从业人员约900人，研发领域包括：土壤和水污染处理、生物质能的生产和处理、再生处理、基因工程、纳米技术、分子化学等。

匈牙利是中东欧地区最大的电子产品生产国和世界电子工业主要生产基地，近年年产值保持在100亿欧元左右，占中东欧和欧盟电子工业总产值的30%和4.5%，2015年，电子工业产值达140亿美元，创造11万个就业岗位。

世界知名原始设备制造商和电子产品代工企业均在匈设立生产基地和研发中心。外资企业在该国电子工业中占据主导地位,产值占80%以上。匈牙利生产的电子产品主要包括手机、电视机、电脑、电冰箱、电工器材、小家电、汽车电子配件等。

4. 劳动力性价比高

匈牙利劳动人口约三分之二受过中等教育、技术培训或职业教育,受过高等教育的工程、IT、制药、经济、数学、物理等专业人才尤为丰富。据匈牙利投资促进局统计,匈牙利单位GDP的劳动力成本在中东欧地区是最低的,平均工资比西欧国家要低三分之一左右。

5. 土地价格合理,但浮动较大

2008年金融危机以来,房地产市场基本处于供大于求的状况,写字楼、商铺和住宅空置率一度很高。2015年随着经济状况的大幅好转,房地产市场迅速恢复,目前匈全国平均房价31万福林每平方米,布达佩斯均价43万福林。布达佩斯办公楼平均租金10欧元/平方米/月,管理费(含能源费)4欧元/平方米/月。仓库(物流园、工业园)平均房租3欧元/平方米/月,管理费0.5欧元/平方米/月。匈牙利工业地产主要集中在大布达佩斯地区(布达佩斯市中心周边30公里范围内),2014年春季,布达佩斯地区仓库月租金为5欧元/平方米(不含增值税),月物业费为租金的8%,开发商要求的租赁期限通常为3~5年。首都以外其他地区,租金水平根据项目情况浮动较大。

6. 未来经济发展战略

2011年1月,匈牙利政府推出面向2020年的中长期经济发展计划——"新塞切尼计划",致力于扩大就业、促进经济可持续增长、提升匈牙利国际竞争力,政府重点鼓励医疗健康、绿色经济、住房、商业环境、科技创新、就业、交通等领域发展。

2016年,经济部又发布"伊里尼计划",宗旨是为国家经济长期发展创造动力,到2020年使匈牙利成为欧盟工业化程度最高的国家之一。主要方向:强化工业、建筑业和创新能力,创造更多就业岗位,增强本土企业竞争力,扩大出口规模,完成工业结构转型升级,提升制造业附加值,以创新引领经济增长,加强工业技术、研发、高等教育和专业技能培训的支持力度,逐步消除地区发展不平衡。重点发展行业为汽车制造、专业机械、健康产业、旅游业、食品加工、绿色经济、电子通信和军工。

匈牙利根据欧盟要求制定了2014—2020年基础设施发展规划,主要涉及铁路新建和升级改造、高速公路建设等领域。匈牙利2015—2020年交通发展政策的三个突出特点:重视发展国内落后的通往欧盟的基础设施;完全采纳欧盟交通标准;建立环保的交通系统。根据以上政策,匈牙利铁路主要发展方向为:(1)

重新修建主干线(120～160公里/小时)(泛欧洲通道 IV，V 和 V/b 等)；(2)发展郊区铁路网，改善车站条件、建立现代交通控制系统等；(3)翻新和增加客车数量，主要是在郊区；(4)发展热点旅游线路列车(如巴拉顿湖方向等)；(5)发展铁路组合交通和物流中心服务；(6)改善布达佩斯北部铁路桥；(7)建立安全的铁路信息和乘客信息及票务系统。近年来，匈牙利获得的基础设施建设资金有"欧盟团结基金(EU Cohesion Fund)""结构基金(Structural Fund)""欧洲投资银行(EIB)贷款""欧盟发展援助基金"及欧洲复兴开发银行等相关金融机构，但金额不大，远远不能满足需求。

(三)存在的问题

1. 匈牙利对欧盟离心力不断加强，带来了政策和法律的不确定性风险

匈牙利人在民族和语言上与其他欧盟国家差异较大，国内的民族主义力量始终比较强大，执政党青年民主主义者联盟(青民盟)带有明显的民族主义色彩。在难民问题上，欧盟与匈牙利争执不断，欧委会多次批评匈牙利不断蔓延的民粹主义运动和日益强烈的反欧情绪。加上整个西方政治不断右翼化的趋势，匈牙利存在脱欧的可能性，这样匈牙利的法律和政策将会出现较大的变动，将对外资带来不同程度的负面影响。

2. 金融受到国外因素影响较大，存在一定风险

匈牙利法定货币为福林(HUF，Hungarian forint)，可自由兑换。2016 年 3 月 31 日，福林兑欧元和美元的汇率如下：1 欧元＝313.642 福林，1 美元＝277.855 福林。近 3 年来，美元兑换福林汇率变动较大。目前，人民币与福林不能直接兑换。

自 1990 年推行私有化以来，匈牙利 2/3 以上的银行由外资控股，银行部门总资产的 80%、市场份额的 85% 均集中在 10 家最大的商业银行手中。这些银行主要有：国民储蓄银行(OTP)、K&H 商业信贷银行、CIB、RAIFFEISEN、Erste、HVB、花旗和 Union Crdied 等。银行对外国企业开立账户并无特别限制。

3. 劳动力资源不足，遭遇了严重的用工荒

根据相关数据统计，传统劳动力资源丰富的匈牙利正遭遇历史上最严重的劳动力短缺危机，当地超过一半的公司无法填补其职位空缺。根据 2016 年度调查显示，约 57% 的匈牙利公司很难招募到工人，相比去年比例飙升了 10%。这是由于多年来东欧民众向西欧移民造成的，这使得各类企业很难招募到人才。

4. 工人工资面临上涨趋势，增加了企业的生产成本

匈牙利政府为了解决人才资源不足的困境，在政策上支持增加工人工资。2016 年 11 月 3 日，匈牙利总理办公室主任亚诺什·拉扎尔(JánosLázár)在他每

周例行的新闻发布会上说,在未来几年内,工资增长将是匈牙利政府的首要任务之一。他相信未来五年内实际工资上涨 30%～40%是可以实现的目标。12 月 30 日,匈牙利经济部长瓦尔高·米哈伊对《匈牙利时报》声明:目前的工资谈判具有划时代的重要意义,匈牙利以此结束了低工资的时代。经济部长上周四签署了最低工资协议,并评价为改制以来雇主方、政府和工会首次签署具有长远影响的协议,所有可能性开放。根据该协议,明年起,最低工资将增长 15%,保障性最低工资提高 25%。雇主公共赋税降低 5%。2018 年最低工资将继续增长 8%,保障性最低工资增长 12%,雇主公共赋税继续降低 2 个百分点。工资增长和公共赋税降低的趋势在接下来 4 年内还将持续。而实际上,据可见数据显示,匈牙利 2016 年经济增速约为 2.5%～3%,今年的 1－8 月实际工资增长了 7.5%。工资增速明显高于经济增长速度。

5. 缺少针对性的交流平台

安徽省企业与匈牙利企业的合作与交流大多通过政府渠道或者一些非政府机构,比如中匈人民友好交流协会(会长是安徽籍华侨马良)、匈中文化交流协会,但是,缺少适用于针对安徽企业和匈牙利企业合作的商贸平台,不利于集中力量协调双方的经贸往来和产能合作。

三、罗马尼亚的法制与经济环境分析

(一)法制环境

1. 对外贸易的法规和政策规定

(1)贸易法规体系

罗马尼亚 2007 年加入欧盟后,不再拥有单独规定海关税率和制定贸易政策的权力,必须执行欧盟统一对外关税和共同贸易政策。欧盟对外实施的反倾销措施、配额和技术标准在罗马尼亚同样适用。

(2)贸易管理的相关规定

除协议配额规定的或危害人类健康及环境的少数产品外,罗马尼亚对进出口商品一般不实行许可制度。另外,对于具有双重用途的敏感产品(如军民两用产品),罗马尼亚也采取一些非关税管制措施,由经济部负责发放进出口许可证。对于实施非关税监管措施的敏感产品,其进出口由外交部下属的出口管制总局负责审批。

(3)海关管理规章制度

为适应入盟要求,罗马尼亚新的《海关法典》(86/2006 号法)于 2007 年 1 月 1 日生效。在关税同盟条件下,原产于欧盟国家的货物实现在罗马尼亚的自由流动。同时,罗马尼亚政府在欧盟和本国两个层面,充分利用贸易政策和海关监管手段打击欺诈行为,包括进行强制性实物检查。特许主体(指经认可有资信的通关代理及企业等)可享受便利化通关待遇。目前,罗马尼亚有此类特许主体约900家,特许资格在欧盟成员国范围内互相承认。罗马尼亚还按照欧盟标准对优惠原产地规则和非优惠原产地规则进行了区分,并允许建立保税仓库,在保税仓库内存放货物不需履行清关手续,也不需缴纳关税。

按照欧盟规范,罗马尼亚关税实行从价税。2007年1月1日起,罗马尼亚实行欧盟统一关税。按照新修订的《海关法典》,进出口加工货物、出口加工货物以及保税仓库内的货物不要求缴纳关税,但需提交与相关货物关税金额相当的银行担保。进出口货物还应按海关价格的0.5%缴纳清关费。来自与罗马尼亚有贸易优惠安排的地区和国家的进口货物则不需缴纳清关费,来自马其顿的进口货物缴纳0.25%清关费。

2.关于外资准入的规定

(1)投资行业的规定

外国投资需满足以下3个条件:不违背环境保护法律法规,不触犯罗马尼亚国防和国家安全利益,不危害公共秩序、健康和道德。在此前提下,投资者可进入工业、自然资源勘探和开发、农业、基础设施和通信、民用和工业建筑、科学研究和技术开发、贸易、运输、旅游、银行和保险服务等领域。

(2)投资方式的规定

罗马尼亚政府对外国企业在合资公司中的持股比例没有要求,允许成立100%的外商独资企业。目前,需政府审批的外商投资领域包括国防、国家垄断行业和涉及国家安全产业。外资企业可在罗马尼亚买卖不动产,但尚不允许外商个人买卖不动产。除非公众利益特别需要,罗马尼亚不对外商投资实行国有化、没收、征用等措施。特别情况下采取上述措施的,国家将给予合理补偿。

罗马尼亚现行《竞争法》规定,市场份额在40%以下的公司不被认为具有市场支配地位,其签署的新合同不再由罗马尼亚竞争理事会调查,这可为所有相关方节省时间和成本。无论各方市场份额大小,禁止转售价格维持和市场及客户共享。对收购或兼并案件无条件审查通过的费用以2.5万欧元为上限。

中资企业可就收购兼并业务咨询外国投资和公私合营促进署的外资处,也可咨询当地主要的会计师、律师事务所。2012年以来,拜耳能源、昱辉阳光能源等中资企业在罗马尼亚成功收购了几个太阳能电站项目。截至目前,中资企业在罗马尼亚开展并购尚无遭遇障碍的案例。

(3)BOT方式

罗马尼亚并无BOT的单独法律规定,BOT可作为PPP的一种具体实施形式在罗马尼亚《公私合营法》(PPP法)框架下实施,外资企业可依据该法平等参与罗马尼亚公私合营项目,包括项目的设计、建设、改造、运营、维护和融资等具体内容。企业通过公私合营形式参与项目投资需满足的条件包括：银行担保书、过去三年在项目相关领域的营业额、合作意向、预计投资额及合作方的协议等。公私合营项目由私人投资者负责提供融资，公共机构和私人投资者的权责划分以及风险分担在合同中具体标明。PPP方式主要适用于交通、能源和自然资源等领域的基础设施项目。特许经营年限通常为30～50年。近年来，罗马尼亚政府大力推行PPP方式，在当地开展PPP的外资企业主要来自西欧和美国等西方发达经济体。

3. 关于企业税收的规定

2003年年底，罗马尼亚完成其税收体系规范化。税收方面的法律法规主要有《2003年第571号关于税收准则的法律》《2003年第92号关于税收程序准则的政府令》《2003年第1753号关于税收检查准则公共财政部部令》。2006年9月，罗马尼亚颁布重新修订的《财税法》。2013年1月，罗马尼亚通过第8号政府令再次修订了《财税法》，2013年2月1日起正式实施。企业在罗马尼亚按年度缴纳所得税，但需按季度预先支付，金额为上年度应纳税额的1/4，并按财政部公布的通胀率进行调整，支付时间为本季度结束后下个月25日前。应税所得按16%征收企业所得税；酒吧、夜总会、舞厅、赌场、体育博彩等行业按其总收入的5%或利润的16%中较高者征收企业所得税。罗马尼亚是中东欧国家税率最低的地区之一，税制具有很高的竞争力。

4. 外国投资优惠政策

(1) 投资促进法

2008年6月底，罗马尼亚出台了《投资促进法》，其核心原则是对内外资实行无差别非歧视性的待遇。享受投资优惠的外国及本国投资者需满足以下条件：促进地区发展，保护环境，提高能效以及利用可再生能源，研发、创新以及高技术投资，增加就业及对员工进行培训，支持政府经济社会政策的其他领域。罗马尼亚政府主要以国家资助形式向投资者提供优惠，对购买有形和无形资产提供无偿补助。对在首都布加勒斯特及伊尔福夫县之外欠发达以及失业率较高地区的投资支持力度更大。目前，罗马尼亚政府主要对经济可持续发展、国家发展、地区发展、可再生能源、减排等领域实施补贴计划。

(2) 行业优惠政策

《投资促进法》确定可给予优惠的投资领域主要包括：加工工业，供电、供气、供暖和空调业，供水、清洁、垃圾回收及有害物质无害化处理，电信及信息服务业，职业培训、科技创新及研发活动，行政及其相关服务，环保项目。此外还对在经济欠发达地区及失业率较高地区的投资提供支持。

(3) 税收优惠政策

罗马尼亚入盟后，对国税税收优惠进行了清理，只有经济特区或工业园区内的企业方可享受部分税收优惠。国家资助成为投资者可享受的投资优惠的主要形式。地方议会可根据需要,对工业园区内投资者减免征收部分税种,这些税种主要是指建筑物税、土地税和交通工具税等,减免程度和期限由地方根据《2006年第117号政府紧急法令》决定。另外,为促进经济复苏,罗马尼亚政府还采取多项措施鼓励创造就业、扶持中小企业、扶持年轻人创业等。

(4)地区鼓励政策

罗马尼亚地方政府自主决策权较大,很多优惠政策均由县议会确定。经济发展水平和发达程度不同,各个地方提供优惠措施也不同,首都及周边以及西部发达县区的优惠政策相对较小,而东北和南部等相对落后地区的优惠政策则相对较多,力度相对较大。罗马尼亚地方对投资的鼓励措施主要包括:减征、免征或缓征地产税等地方税种;向投资者提供优惠的土地价格;提供各类投资信息,以及改善相关基础设施等。

为了缓解贫困地区的严重失业现象和鼓励国内外的投资活动,促进经济发展,罗马尼亚政府颁布了对贫困地区投资的优惠政策:①为实现自己在这一地区的生产所必须进口的原材料、部件免征关税。②改变原有用途或旨在实现投资所占用的农田免征相关费用。③政府每年从年度特别发展基金中提取部分专款用于该地区经国家批准的专项规划。

5.关于外国人在当地工作的规定

罗马尼亚移民部门规定,劳动岗位优先面向本地劳动力市场,只有本地无法雇佣到的职位方可从外国引进。赴罗马尼亚工作的外国人需申请工作许可。获得工作许可的外国公民只可在罗马尼亚为特定雇主工作12个月,工作许可到期后通常可以延期,更换雇主需申领新的工作许可。2008年金融危机后,罗马尼亚失业率上升,政府减少外籍劳务配额。虽然目前经济复苏使得罗马尼亚对外籍劳务的需求有所增加,但外国人近期赴罗马尼亚务工仍存在一定的政策风险,申请工作许可获准的难度较大,办理时间较长。

6.关于外资企业获得土地的规定

罗马尼亚允许土地在国家政策调控下合法流通。罗马尼亚保护土地私有产权,没有年限限制,不得随意征用土地。罗马尼亚不允许欧盟之外的个人或法人购买本国土地。非欧盟公民和法人仅可根据国际条约和对等原则在罗马尼亚获得土地,且条件不得优于欧盟和罗马尼亚本国公民及法人。外国企业在罗马尼亚购买土地最便捷的方式是在罗马尼亚注册特殊目的载体(SPV),成为罗马尼亚法人。

2013年下半年,罗马尼亚出台了自然人购买罗马尼亚农业用地的法律草案,规定罗马尼亚人、欧盟成员国居民,以及在罗马尼亚和欧盟成员国居住的无国籍人员最多可以购买100公顷农业用地,且必须出示证明其在农业种植方面的经验或从事农业活动5年以上。购买的农业用地一般不允许更改用途,只能用于种植农作物。如要在自己购买的农业用地上建造农场或农庄,必须申请后方可施工。根据罗马尼亚现有法律规定,欧盟外国家公民在罗马尼亚注册的法人可以购买罗马尼亚私有林地,可以租赁林地使用权。

7.关于环境保护方面的规定

根据罗马尼亚法律规定,企业开展对环境有影响的活动之前,必须获得环境许可。如改变或终止对环境影响的活动,或公司进行出售资产、合并、分立、特许、解散、清算等交易时,必须进行环境评估,对受影响区域环境复原的义务和成本做出规定,并获得环境许可证。目前罗马尼亚有两种类型的环境许可,一种为环境许可证,适用于拟开发实施的项目(包括地区发展规划),以及改变或延长进行中的活动。获得环境许可证的难易程度取决于对环境的影响程度。如项目可能对环境造成较大影响,必须由环境和气候变化部认可的第三方认证机构出具环境影响评估报告。另一种为环境授权书,主要对公司的排放标准进行规定。环境许可证在项目实施期内有效,环境授权书的有效期为10年。负责发放环境许可的机构为当地的环境保护署。

(二)经济环境

1.自然资源概况

罗马尼亚拥有丰富的自然资源。主要矿藏有石油、天然气、煤和铝土矿,还有金、银、铁、锰、锑、盐、铀、铅、矿泉水等。现已探明的石油储量为5880万吨,主要分布在喀尔巴阡山外侧的丘陵地带,近年来在康斯坦察港以东200公里黑海里也发现了较丰富的石油。天然气储量约1092亿立方米,主要分布在喀尔巴阡山内侧,即特兰西瓦尼亚高原的第三系沉积岩层中。在喀尔巴阡山和西部高原上有许多盐山,岩盐储量达30亿立方米。此外,罗马尼亚水力资源蕴藏量为565万千瓦,森林面积630万公顷,约占全国面积的28%。农用土地约1477万公顷,其中耕地约945万公顷,占国土面积的40%。草原、牧场465万公顷,约占国土面积的20%。内河和沿海产多种鱼类。

2.基础设施状况

(1)公路

截至2015年底,罗马尼亚公路总长86080公里,其中国家级公路17606公里,占比20.5%;县级公路35316公里,占比41.0%;乡级公路33158公里,占比38.5%。国家公路中共有6193公里为欧洲公路,占比35.2%。高速公路总长747公里,较2014年增加64公里。泛欧洲四号走廊(公路)通过罗马尼亚境内,向西与匈牙利、斯洛伐克、奥地利、捷克和德国相连,向西南方向与保加利亚、土耳其和希腊相连。泛欧洲九号走廊(公路)通过罗马尼亚境内,向北与摩尔多瓦、乌克兰、白俄罗斯、俄罗斯、立陶宛和芬兰相连,向南与保加利亚和希腊相连。罗马尼亚计划于2030年前建成1300公里高速公路、925公里快速路、2870公里跨地区公路以及343公里跨欧公路。拟优先建设2000公里高速和快速公路,重点路段包括科马尼亚—布拉索夫段、锡比乌—布拉索夫段、皮特什蒂—克拉约瓦段以及布加勒斯特环城高速公路南段等。政府还拟对部分国道进行改造。

(2)铁路

罗马尼亚目前使用的铁路总长1.08万公里,2015年铁路货运量5074万吨、客运量6476万人次。泛欧洲四号走廊(铁路)通过罗马尼亚境内,向西与匈牙利、斯洛伐克、奥地利、捷克和德国相连,向西南方向与保加利亚、土耳其和希腊相连。泛欧洲九号走廊(铁路)通过罗马尼亚境内,向北与摩尔多瓦、乌克兰、白俄罗斯、俄罗斯、立陶宛和芬兰相连,向南与保加利亚和希腊相连。2015年3月罗马尼亚政府批准通过的交通运输总体规划拟修复2800公里铁路线路,并对489公里铁路线路进行电气化改造。罗马尼亚政府中长期规划中还拟建设布达佩斯—布加勒斯特—康斯坦察高速铁路。

罗马尼亚目前仅首都布加勒斯特建有4条地铁线路和3条轻轨线路,地铁线路总长72.5公里,建有51座车站。2014年,罗马尼亚地铁项目财政预算约1.6亿欧元,用于延长布加勒斯特地铁4号线,修建地铁5号线以及购买新的地铁车厢。罗马尼亚政府计划在布拉索夫、克鲁日-纳波卡等大城市修建地铁线路。

(3)空运

罗马尼亚已开通连接首都和国内17个城市、欧洲大多数国家的航线。主要航空公司为罗马尼亚航空公司(TAROM)。目前有25个铺设跑道的机场、36个未铺设跑道的机场和2个直升机场。其中,有6个国际机场,最重要的是布加勒斯特的广达国际机场,年货物处理量占全国航空运输货物的80%,还有康斯坦察、蒂米什瓦拉、阿拉德、锡比乌、苏恰瓦等机场。中国去往罗马尼亚的主要航线包括:北京—巴黎—布加勒斯特、北京—法兰克福—布加勒斯特、北京—维也纳—布加勒斯特、北京—阿姆斯特丹—布加勒斯特、北京—伊斯坦布尔—布加勒斯特。

(4)水运

罗马尼亚水运航线长1779公里,拥有港口35个、海港3个。2014年,内河货运量为2783.3万吨,客运量16.7万人次;海运货运量为4370.7万吨,客运量6.3万人次。康斯坦察港现有156个泊位,是黑海第一大港,吞吐量为5000多万吨,是西欧发达国家和中东欧新兴市场间的货物中转站。泛欧洲七号走廊(水路)将罗马尼亚与多瑙河沿岸的其他13个欧洲国家相连。位于黑海的港口与外高加索地区、中亚和东亚等地区相连。

(5)通信

近年来,罗马尼亚通讯业发展迅速。截至 2015 年底,罗马尼亚固定电话接入 410 万户,每百人占有率约为 25%。罗马尼亚电信市场对外全面开放,移动运营商主要为 Orange、Vodafone、Cosmote、罗马尼亚电信公司(Romtelecom)和 RCS&RDS 公司等。罗马尼亚电信公司开通并提供 4G 网络服务。

2003—2012 年,罗马尼亚投资 60 亿欧元用于互联网建设。截至 2015 年,罗马尼亚固定宽带用户约为 410 万,同比增长 6.6%;移动宽带用户约为 1270 万,同比增长 22%。每百户家庭网络普及率约为 46.9%。

(6)电力

罗马尼亚电力资源相对充裕。2015 年,罗马尼亚总发电量为 693.7 亿千瓦时,同比增长 7.8%。罗马尼亚输电网络是欧洲电网的组成部分。欧洲电网是世界上最大的同步互联网之一,系统频率 50 赫兹,以 400 千伏(380 千伏)交流电网为主网架,覆盖欧洲大陆大部分国家以及英国、爱尔兰和北欧等国,也可与土耳其以及地中海西南部的摩洛哥、阿尔及利亚和突尼斯等国实现联网。目前,罗马尼亚减少了对风能、太阳能等可再生能源发展的鼓励力度。

总体而言,罗马尼亚的公路、铁路、河道、港口等基础设施落后,成为经济发展的障碍,亟须更新换代。欧盟委员会 2015 年 11 月发布的成员国交通系统状况报告显示,在包括铁路、港口、航空、公路以及欧洲跨境交通网络(普通铁路、高速铁路、内河运输)的建设方面,罗马尼亚排名倒数第 1 位。罗马尼亚对公路、运河、灌溉系统、桥梁、电网甚至机场和港口的扩建都有大量需求,这为安徽相关企业"走出去"带来机遇。

3. 劳动力素质较高

罗马尼亚全国人口约为 2144 万人,在欧盟中排名第七,其中劳动力人口约为 900 万人。由于文化和技术教育发达,罗马尼亚劳动力素质相对较高,外语优势明显,IT 和软件人才享誉海内外。高校众多,每年有大量毕业生进入劳动力市场。与其他欧盟成员国相比,罗马尼亚劳动力价格成本相对低廉,不到德国的 1/3。统计数据显示,2016 年 3 月罗马尼亚月平均净工资仅约 2829 列伊,合 631 欧元。在世界银行《2015 营商环境报告》公布的 189 个国家和地区中,罗马尼亚排名第 48 位。

4. 宏观经济运行情况

(1)经济增长率

罗马尼亚经济在经济危机前保持快速增长势头。2006—2008 年,罗马尼亚国内生产总值的增长速度分别为 7.7%、6% 和 7.1%。受国际金融危机影响,2009 年和 2010 年,罗马尼亚经济连续负增长,国内生产总值增速分别为:−7.1%、−1.3%。2011 年后,罗马尼亚经济逐步走出衰退,止滑回升。到 2015

年,罗马尼亚国内生产总值达1580亿欧元,同比实际增长3.7%;人均国内生产总值达7832欧元。

(2)产业结构

2015年,罗马尼亚农业、工业和服务业占国内生产总值的比重分别为4.8%、34.9%和60.3%。可见,罗马尼亚经济中服务业占据主导地位,农业占比较低。罗马尼亚重点/特色产业包括石油化工、机械、汽车、医药、软件、纺织服装、食品加工、葡萄酒酿制、生态农业等。

(3)对外贸易

2015年,罗马尼亚货物贸易进出口总额为1175.6亿欧元,同比增长5.9%。其中,出口545.97亿欧元,同比增长4.1;进口629.66亿欧元,同比增长7.6%。罗马尼亚货物贸易逆差为83.68亿欧元,同比增长38%。其中,同欧盟内国家贸易逆差为83.4亿欧元,同比增长22.4%;同欧盟外国家贸易逆差为0.24亿欧元,同比下降103.2%。罗马尼亚主要的进出口货物大类为运输设备和机动车(分别占同期总出口的44.5%和总进口的37.3)%以及其他加工类产品(分别占同期总出口的32.8%和总进口的31.0%)。

(4)利用外资

2015年,罗马尼亚吸引外商直接投资总额30.35亿欧元,同比增长25%。罗马尼亚前五大外资来源地为荷兰、奥地利、德国、塞浦路斯和法国,分别占外资总额的21.25%、12.3%、11.51%、9.58%和6.15%。主要的外资企业有ErsteBank(奥地利)、OMV(奥地利)、GazdeFrance(法国)、Orange(法国)、Vodafone(英国)、Ford(美国)、MOL(匈牙利)、ENEL(意大利)、E.ON(德国)等。截至2015年末,中国对罗马尼亚直接投资存量3.65亿美元。据罗马尼亚国家商业注册办公室公布的数字,截至2015年8底,中国在罗马尼亚注册企业总数11753家,注册资本总额4.02亿美元,在罗马尼亚外资来源国中排名第18位,占比为0.74%。从行业看,90%以上的中国投资投向批发零售和餐饮领域。

5. 金融环境

(1)当地货币

罗马尼亚货币列伊(Leu)为可自由兑换货币,可在罗马尼亚任何金融机构、兑换点与美元、欧元等西方主要货币互相兑换。人民币不可与当地货币直接结算。2015年12月31日,罗马尼亚国家银行公布的美元和欧元兑列伊的比价分别是1:4.15和1:4.52。

(2)外汇管理

2003年年底,罗马尼亚开始放开资本账户的外汇长期流通业务。按外汇制度规定,除国家银行有特殊规定外,居民和非居民之间可自由开展经常项目和资本项目外汇业务。非居民有权获得、持有、使用以外汇表示的金融资产,可在罗马尼亚银行开设外汇和本币账户,所持有的列伊和外汇可以在外汇市场上兑换。在罗马尼亚工作的外国人合法税后收入可全部汇往国外。携带超过 1 万欧元或等值外币出入境须向海关进行申报。

(3)银行机构

罗马尼亚国家银行为中央银行,负责发行货币,并通过货币政策和汇率政策来维持物价稳定。最大的商业银行是罗马尼亚商业银行(BCR),管理资产超过 160 亿欧元,在全国有 667 个分行网点、48 家面向企业客户的商务中心。罗马尼亚另外一家比较大的商业银行为储蓄银行(CEC),该行在全国有 1400 多个网点。罗马尼亚的主要外资银行有 ALPHABANK、RAIFFEISENBANK、INGBANK、CITIBANK 等。目前罗马尼亚尚无中资银行。罗马尼亚信用卡使用比较普遍,中国发行的 VISA 卡和万事达卡在当地可以使用。

(4)信贷融资

在融资方面,外资企业与当地企业享受同等待遇。银行贷款一般分为短期贷款、中短期贷款和长期贷款。短期贷款期限不超过 1 年,主要满足企业营运资本需求。中短期贷款一般用于具体项目,贷款额度不超过项目投资总额的 75%,贷款可以本币和外币形式发放。商业银行提供的中短期融资工具包括信用证、托收、银行担保和贷款。长期贷款主要用于支持企业购买设备等固定资产,或者开发房地产等长期项目,贷款额度一般不超过项目投资额的 75%。

(5)未来经济发展预测和规划

根据罗马尼亚国家预测委员会公布的中期经济发展指标预测,未来一段时期罗马尼亚经济将保持稳步增长,通胀率将基本保持稳定,失业率将逐年下降。投资方面,由于大量欧盟资金进入,投资增长率将会由 2015 年的 4.5% 上升到 2018 年的 6.8%。如果按照既定目标发展,2018 年罗马尼亚的人均 GDP 将达到欧盟平均水平的 65%,2020 年达到其 70%。

2015 年,罗马尼亚在欧盟指导下制定了《交通总体规划》,计划总投资约 436 亿欧元,内容涵盖公路、铁路、水运和航空。其中公路总投资达 262 亿欧元,包括新建 1220 公里高速公路,1910 公里快速路;铁路总投资 137 亿欧元,重点进行电气化改造和更新,提升速度和运力;水运总投资 20 亿欧元,重点在港口和河道改造;空运投资 13 亿欧元,重点在机场实施更新。罗马尼亚非常欢迎外国投资者以 PPP 方式参与投资其基础设施建设和运营。

(三)存在的问题

1. 吸引外资的传统优势,如熟练劳动力和低廉的成本(主要是人工和土地成本)正在逐步丧失。多年来罗马尼亚人口均为负增长,人口老龄化现象严重,且人口移出很多,流出者多为年轻人。官方估计合法海外侨民为 120 万人,而民间的一种估计为不少于340万。劳动力大量进入欧盟其他成员国,约有300万人在西欧和以色列等国打工。如今罗马尼亚国内劳动力严重短缺,缺口在50万人左右。

2.银行及汇率体系不稳定。罗马尼亚在市场机制建设尚不完善的情况下放开资本市场,对汇率体系以至宏观经济的影响将是复杂且长期的。安徽企业应密切关注罗马尼亚金融环境变化,应对由此带来的投资风险。

3.审批时间长,环保标准高。作为欧盟国家成员,罗马尼亚投资项目特别是基础设施建设方面的项目需要欧盟有关机构审批,审批时间周期长,进程相对缓慢,甚至出现未获审批的情况。罗马尼亚的环保标准采用欧盟的标准,要求严格,增加了企业的生产成本。

4.政府腐败问题颇为严重。罗马尼亚政府部门的官僚主义和腐败问题比较突出,寻租现象较为普遍,办事效率低下,在一定程度上加大了投资成本。地方政府对外来投资的态度并不积极,在发生纠纷时,司法部门偏袒倾向明显。在2013年全球清廉指数排行榜上,罗马尼亚得分43分,排名第69位。

5.周边安全问题变数增加。罗马尼亚北侧与乌克兰接壤,周边局势的不稳定性和区域局势的复杂性可能影响罗马尼亚国内政治社会的稳定。此外,东欧、中东等地区复杂的政治局势以及黑海地区的各类民族运动使部分难民涌入罗马尼亚,甚至有恐怖分子与组织牵涉其中。

四、安徽省对接相关欧盟国家(匈牙利、罗马尼亚)产能合作的政策建议

(一)政府层面建议

1.加大企业"走出去"支持力度

匈牙利和罗马尼亚是中东欧重要国家、欧盟成员,也是安徽省参与"一带一路"建设中重点对接国家,加强安徽省与这两个国家的产能合作,既有利于安徽化解过剩产能,也有利于安徽企业将产品顺利打入欧盟。安徽与匈牙利和罗马尼亚在汽车产业、家电产业、医药产业、农业、能源、基础设施建设等领域合作前景广阔,要加强政策支持,省财政可设立专项资金,支持更多省内企业赴这两个国家投资,对带动相关企业"抱团"出海的重点企业,给予政策和资金支持。比如,基础设施建设是两国未来发展重点,需要大量外来资金,大力支持安徽企业参与两国基础设施建设。又如,创新是安徽与匈牙利未来共同的战略取向,两地要加强科技创新方面的合作,鼓励安徽企业在匈牙利设立研发中心,充分利用当地低成本高素质的人才优势,占据产业发展制高点。鼓励丰原等已"走出去"企业利用人脉资源和网络,带动省内相关企业构建"走出去战略联盟",共同开展对

外投资。积极引导"走出去"企业用足、用好国家"一带一路"有关政策,争取中央在财政、税收、金融方面的支持,充分借助"亚投行"与"丝路基金"的资金支持。鼓励安徽金融机构为企业"走出去"创新金融产品,探索境外资产、境外应收账款、出口退税单等融资抵押方式。

2. 完善服务保障体系

在安徽省对接相关欧盟国家(匈牙利、罗马尼亚)产能合作中,政府不仅要充当引路人、推动者,还要做好服务,建立健全政府层面公共信息平台,为企业提供两国法律和政策咨询、市场开拓、品牌推广、融资支持、投资信息、资信管理、风险预警、国际商事仲裁等公益性服务。建立安徽"走出去"重点企业、重点项目跟踪服务制度,帮助企业协调解决对外投资和经济合作中有关审批、融资、保险、招商、人才培训等问题,增强企业"走出去"信心和发展能力。大力培育服务于"走出去"企业的资产评估、法律服务、会计服务、投资顾问、设计咨询、风险评估等相关中介机构。支持相关行业商(协)会在促进企业"走出去"过程中积极发挥服务和促进作用。

3. 健全合作机制

加强安徽与两国地方政府间的交流合作,大力发展友好省州经贸合作伙伴关系;积极与境外商协会对接,开展合作交流,完善多层次、多渠道的沟通与协商机制。利用政府间各层级对话磋商机制,帮助安徽"走出去"企业协调好与东道国政府的关系,为企业参与境外项目创造良好环境;指导和协助安徽企业妥善处理重大国别风险和突发安全事件,维护企业海外合法权益。依托已"走出去"企业,建立安徽省驻外贸促机构和商(协)会,为省内"走出去"企业提供信息服务和法律保障,最大限地规避企业在与境外投资风险。

(二)企业层面建议

1. 防范投资合作风险

企业要熟悉匈牙利和罗马尼亚投资、税收、就业等方面的法律规定,合理评估企业经营成本;对项目所在地的基础设施、交通物流、优惠政策等进行详尽了解,慎选投资项目。比如罗马尼亚将很多关闭或即将倒闭的国有企业私有化,虽然开价金额很低,但附加条件不容忽视,如必须聘用全部工人,投资者负责偿还一切债务等。在开展投资、承包工程过程中,要特别注意事前调查、分析、评估相关风险,事中做好风险规避和管理工作,包括对项目及相关方的资信调查和评估,对项目所在地的政治风险和商业风险分析和规避,对项目本身实施的可行性分析等。企业要积极利用保险、担保、银行等机构和其他专业风险管理机构的相关业务,包括贸易、投资、承包工程和劳务类信用保险、财产保险、人身安全保险等,银行的保理业务和福费庭业务,各类担保业务(政府担保、商业担保、保函等,保障自身利益。鼓励政策性保险机构、商业性保险机构为安徽企业的海外投资、国际项目合作等提供信用保险。如果在没有有效风险规避情况下发生了风险损失,也要根据损失情况尽快通过自身或相关手段追偿损失。

2. 建立和谐关系

(1)处理好与政府和议会的关系。企业在匈牙利和罗马尼亚投资合作过程中,要与两国中央和地方主管经济事务的部门建立良好关系,主动配合政府部门的行业监管和纳税政策,寻求所在地政府更多的支持。同时要积极发展与国会的关系,与所在辖区尤其是对经济、产业和就业事务有影响力的议员保持沟通,报告公司发展动态和对当地经济社会所作贡献,反映企业发展中遇到的问题和困难。对企业可能在两国当地产生重大影响的事务,要听取议员的意见,取得议员的支持。

(2)妥善处理与工会的关系。安徽企业要实现合理控制工薪成本,减少劳资摩擦,维护企业正常经营,就必须学会妥善处理与当地工会的关系。企业要严格遵守两国关于雇佣、解聘、社会保障方面的规定,依法签订雇佣合同,按时足额发放员工工资,缴纳退休保险、残疾补贴保险、病假补贴保险、劳动基金和职工福利保障基金等,并对员工进行必要的技能培训。如解除雇佣合同,企业应按规定提前通知员工,并支付解聘补偿金。企业还需要认真了解所在地工会的组织发展情况,掌握工会组织活动的特点;积极参加当地雇主协会尤其是本行业的雇主协会,了解业内工资待遇水平和处理工会问题的常规办法。日常生产经营中,企业要与工会组织保持必要的沟通,了解员工的思想动态,进行必要的疏导,发现问题及时解决。

(3)密切与当地居民的联系。要了解当地文化,尊重当地的文化习俗、文化禁忌、宗教信仰。企业可以聘用当地人员参与企业管理,更好地融入当地社会,并借助他们向当地居民传递中国文化。在中国传统节日向当地居民开放企业,邀请居民到企业参观,向当地人展示企业设施和工作环境,使当地居民更好了解企业意图和中国文化,与两国人民建立更加积极和谐的关系。把企业当作社区的一员,投入一定的人力和资源关注当地民众关心的热点问题,参与社区的公共事业活动,拉近与当地居民的距离。

(4)依法保护生态环境。要了解两国环境保护法规,实时跟踪当地环保标准。如果企业在生产经营中可能产生废气、废水和其他环保影响,应事先进行科学评估,在规划设计过程中选好解决方案。企业在投资合作中,要做好环保预算,根据规划方案选取适当专业环保企业解决环保问题。

(5)承担必要的社会责任。企业在两国投资合作获得发展后,要在自己能力范围内,通过各种形式回报当地社会,积极参加人道主义和公益事业活动,扩大企业的社会影响,争取当地社会的认同。如企业向孤儿院捐献财物,赞助一些当地的体育赛事等。企业要关注业务发展带来的资源、环境、劳工、安全以及社会治理等问题,以免引起当地居民反感和抵制。其中,劳工问题不仅涉及薪金待遇问题,还包括工作环境、加班时限等;环境问题包括工业生产造成的环境问题,也包括开发资源引起的生态问题。此外,企业不应做有违当地法律和社会公德的事情,对民族形象、企业声誉与品牌建设负责。

安徽跨国企业全球竞争优势的培育路径与政策研究

肖 鹏[①]

一、跨国企业竞争优势的理论研究现状与未来展望

自波特于20世纪80年代提出竞争优势理论以来,国内外学者纷纷关注企业竞争优势领域,进而,国际生产折衷理论、资源基础理论、组织学习理论和动态能力理论等均从各自不同视角,提出了跨国企业如何树立和培育竞争优势。然而众所周知,管理理论并不是永久不变,总是由于经济与社会环境的变幻,甚至是伴随技术环境的变化而不断演变的。而这些理论只是从某一维度来解释企业竞争优势的构成,并基于其特定角度静态地提出的政策建议,可能导致企业的经营管理实践无法适应日益复杂的动态环境。因此,根据已有成果,考虑环境的动态性,综合评述目前比较零散、不够系统的竞争优势理论显得尤为必要。

通过对大量文献的搜寻和阅读,选取了近15年SCI、EI、CSSCI刊载的中外文文献进行研究总结,将学者们对跨国企业竞争优势的研究区分为五个模块,分别是跨国企业竞争优势的来源、识别、构建、培育和演化。我们认为,按照竞争优势存在与发展的逻辑关系来解读跨国企业竞争优势,有助于丰富该领域的理论研究,也有利于推动跨国企业理清在动态环境下,如何系统形成与提升竞争优势的战略思路。

(一)跨国企业竞争优势主流观点的综述

1. 优势来源

(1)营销网络

21世纪初,很多学者表明跨国企业竞争优势主要来源于营销网络。伴随着信息时代的来临,营销渠道中的电子商务渠道获得了发展,电子商务使跨国企业重构价值链,特别是改善了供应链,减少了营运成本,增进了跨国企业与下游客

[①] 肖鹏,安徽大学商学院副教授。

户间的联系,增多了其全球范围内的客户,提升了产品的差异化,以上都深刻巩固了跨国企业的全球竞争优势(如,周毓萍、韩金红,2003);进而,"渠道策略"的创新成为企业竞争优势来源的关注重点,学者认为企业应该考虑费用、资本、控制、市场覆盖度、特点及连续性6个方面,并提出企业可以通过供应链的再造、代理商的选取、渠道关系的经营和网络系统的运用等方面进行渠道创新;Patrick Barthel,Vera Ivanaj(2007)回答了跨国企业的可持续发展是否是营销问题的提问,认为可持续发展意味着营销方式向更负责任的方向发展,主要侧重于将可持续发展的价值转化为可能带来持久竞争优势的客户利益。

营销网络是跨国企业竞争优势的来源之一,学者们很早就认识到营销的重要性,但是营销网络的打造并非易事,不仅要根据外部环境的现状和其他企业的营销策略,而且要结合企业实际情况,不能千篇一律,导致无法形成竞争优势。国内学者逐渐寻求渠道创新,而国外学者注重在通过创新营销方式丰富企业自身能力的同时,更加关注营销方式的接受者即给企业带来更多利益的客户,来寻求持续性的竞争优势。

(2)资源

东道国共享性高级资源是跨国企业取得竞争优势的重要来源。然而,对东道国共享性高级资源的选择还未形成完整的理论架构,有必要对跨国经营企业如何通过东道国共享性高级资源来获取竞争优势的机理展开更深入的研究。就资源的实质与虚化,组织文化作为虚拟化资源,特别是跨文化管理,即跨国企业与当地企业交流文化理念并达到互融,来提升自身的国际竞争优势(王宏新、毛中根,2006);此外,人力资源是任何企业文化资源中无法替代的一种资源,Aitziber Lertxundi(2008)认为评估人力资源管理系统的效率具有很大价值,并且根据人力资源质量函数得出最优战略选择取决于系统的有效性,从而以人力资源系统作为竞争优势的来源;很长一段时间,学者们都是利用跨国企业子公司的人力资源管理实践,并以此作为研究对象,如 Satwinder Singh,A. Fattaah Mohamed,Tamer Darwish(2013)研究了如何评估的人力资源,在把控国内企业和跨国企业以及解释他们在本质上是如何相似或不同的基础上,最后得出跨国企业激励和奖励系统更遵循市场理念和原则。Mike Mingqiong Zhang,Di Fan(2014)基于社会学习理论,通过深度访谈分析了中国跨国企业外派培训,探讨中国跨国企业如何在发达经济体(如澳大利亚)提高外派培训的技能,强调了发生在公司以外的培训即对国际任务的学习,并且认为子公司是重要的培训基地,同时也在企业层面上论证了中国企业在跨国经营中如何利用本土知识获取竞争优势途径和方式。

正如同上述学者的观点,资源作为跨国企业竞争优势的重要来源普遍取得了认同,跨国经营能力的展现需要资源的依托,资源是竞争优势的基础,无论是东道国的物质资源,母国与东道国之间的共享高级资源,还是企业文化资源,都会影响到跨国企业的全球竞争优势。

(3)子公司

随着学者们研究的深入,对于跨国企业竞争优势来源的分析逐渐拓宽到母公司和子公司的视角,有学者跳出对单个企业分析的视角,深入企业群体中研究,提出集群中体现的网络优势不但作为跨国企业关键的战略性区位优势源泉,而且会影响到跨国企业获取规模优势的途径和固有的内部化优势;进而指出集群内子公司是跨国企业竞争优势的源泉之一;越来越多的学者尝试从不同角度研究跨国子公司所带来的竞争优势,比如,有学者从在跨国公司折衷理论"三优势范式"理论高度的基础上,提出了一种新生优势——子公司特定优势,并通过对资源理论的学习,剖析了子公司特定优势的产生与成长历程;国外学者相对于国内学者则更加注重创新能力,更善于用前瞻性的眼光来看问题,他们认为跨国企业利用在全球范围内分散子公司的创新能力是越来越有价值的竞争优势来源,Ram Mudambi,Susan M. Mudambi,Pietro Navarra(2007)认为随着跨国企业转向利用外国子公司研究和开发产品,母子公司是全球创新的最有效的组织结构,子公司的决心和团队合作显著影响着知识输出;我国学者(赵福厚、赵景华,2007)也开始从战略性的高度探索子公司所带来的竞争优势,从跨国子公司竞争优势和战略性作用关系的视角着手分析。赵福厚认为子公司竞争优势有内部和外部来源,分别为公司自身的能动性与国家或行业因素和经营网络,并且认为两者的关系是相辅相成的;而赵景华是对国外跨国企业在我国的子公司进行研究,认为他们在我国的竞争优势主要表现为三个方面即质量管理、企业形象和管理团队素质,这是否表明我国部分企业正缺乏这三个方面的优势,而且在这三方面我国跨国企业子公司是否处于劣势等问题值得深思;然而,对子公司的理论研究很多,但实证的研究偏少,崔浩、武常岐(2009)总结性地从理论和实证方面分析了海外子公司竞争优势研究的演化,并提出在指出子公司的特有优势的同时,对其形成影响的环境要素的类型有更深入细分的潜质。

对子公司也有很多资源方面的研究,学者们的研究从母子公司的资源扩展到母国衍生而来的优势,王长义(2010)提出资源扩展对子公司竞争优势的发展和保持尤为重要,子公司资源扩展来源于母公司与子公司这两个方面,并认为跨国企业的履行社会责任有助于子公司资源扩展与竞争优势的获取,跨国企业社会责任的三种效应(网络效应、学习效应和创新效应)既能够独自对子公司的资源扩展产生效用,又能对子公司竞争优势的形成具有重大影响;柴忠东、刘厚俊(2014)阐明了母国一部分"非市场资源"的垄断与控制,和政府干涉给予企业参加国际市场竞争初始能力的情形,认为新兴市场大国企业的所有权优势关键体现在母国基础上衍生得来的比较优势,并且进而转化为竞争优势。学者们对子公司资源的研究不仅仅局限于资源表面,更深入地洞悉资源通过资源自身以外的各种因素而带来的优势。

子公司是跨国企业海外生涯的命脉,是跨国企业成长的优势依托。对子公司的研究颇多,从基础理论的分析到定量的实证研究,学者们对此也作出了很多贡献,但对子公司的研究,仍然缺乏实际探索能力,很难深入到子公司的内部,来真正了解在国外发展的子公司竞争实力的状况。

2. 优势识别

上个世纪末,有学者根据对现有跨国公司理论和竞争优势理论的研究和借鉴的基础上,提出对跨国企业竞争优势采取分层识别的思想,即从跨国企业参与母国、东道国和第三国市场竞争的视角来分析跨国企业在最终产品竞争市场的竞争优势和跨国企业特定竞争优势影响因素,也有学者认为已经具备竞争优势的跨国企业总有其必要条件和因素的。21世纪以来,学者们突破了通过传统理论来识别竞争优势的方法,王连森、王兴元(2009)建立有关竞争位势概念的数学模型,对影响竞争位势变动的各因素分别从资源域和环境域来分析,提出了跨国企业海外子公司竞争优势来源因素的判断标准,并根据与东道国企业特性比较的基础上作出判断。两者分别通过理论和模型的方法对竞争优势的影响因素进行识别,后者主要研究的是跨国企业海外子公司在东道国的资源和环境下竞争优势的来源,可以引入前者的分析逻辑,从母国、东道国和第三国市场三个角度来研究,并进行比较,分析跨国企业在不同市场中最主要的竞争优势来源,这也使得研究难度增加了。

还有学者通过利用价值链理论与建立钻石模型来辨别跨国企业对竞争优势。学者(如,陈晓曼,2010)以案例的形式,通过价值链分析方法进行分析,识别出竞争优势,并认为应在不同阶段对其价值链战略采取适当的调节,来适应外部变幻的环境,这种通过理论和案例相结合的分析方法具有说服力度,但是,案例的数量和质量都会影响说服力,因此必然存有局限性。进而,有学者在微笑曲线的基础上,结合了价值链理论、企业竞争优势理论和国家竞争优势理论等,创建一个基于国家竞争优势的跨国企业竞争优势的剖析框架,提出我国正处于价值链的低端,应提升全球分工地位。Fernando Ribeiro Serra、Manuel Portugal Ferreir(2010)通过文献及跨国企业案例的研究得出企业成功的支柱,并从资源基础观为出发点对企业的战略资源进行识别,这加深了我们对跨国企业竞争优势识别的领会;Richard Li—Hua, Lucy Lu(2013)指出从"模仿"到"创新"是我国跨国企业建立核心竞争力的有效途径,识别出中国企业认为技术战略在企业中很有作用,同时,也印证了技术创新战略对中国企业竞争优势构建的重要作用,为跨国企业通过技术创新战略构建竞争优势提供了思路借鉴。

Tariq Malik(2012)探讨了企业是否能成为先驱者与东道国企业通过战略联盟进入中国市场,这就向外国竞争者提供了竞争优势,通过对战略联盟进入中国市场的样本企业进行分析,认为早期先入者的具有先发的竞争优势,并对后期进入者的优势有识别效果。国外学者注重的是先入企业对后者竞争优势的识别过程,这观点也存在一定的片面性,后人者进入市场前或许同样会对市场内企业进行识别研究,这是跨国企业之间一个相互识别的过程,需要进一步去验证,他们通过国外在华子公司样本的研究来探讨这一问题,值得我国学者借鉴学习。另外,跨国企业留住人才对维持竞争优势具有重要意义,Hayfaa A. Tlaiss (2017)等探讨了跨国企业在法国是如何识别和保留人才。

对于跨国企业竞争优势的识别研究,从简单的分类识别研究到运用模型进行研究,其中,现有研究对波特的价值链分析方法和钻石理论的运用比较普遍,再结合竞争优势相关理论构建框架来对跨国企业的竞争优势进行识别和研究。

3. 优势构建

企业竞争优势的构建必须着眼于目前的环境与发展现状,特别是我国的跨国经营企业必须适应国外的市场环境,实现规模经营,选择合理的投资区位,整合各区资源,以确立我国跨国企业的全球竞争优势。根据我国跨国企业经营的特点与我国的历史条件,李占祥(2003)基于对欠缺竞争优势的原因探究的基础上,对构建竞争优势的策略给予了建议。这些为跨国企业竞争优势的构建奠定了基础,我国的历史背景环境和国外特定的环境,要求我国跨国企业因地制宜,选择适当的经营模式以便达到事半功倍的效果。

但环境处于不断变化之中,竞争优势也不是一成不变的,市场竞争中既有对抗也有合作,故有学者(许庆瑞、蒋键,2005)研究了跨国企业竞争优势以及关联理论的演化逻辑,认为现存理论皆是将竞争优势建立在企业对立的基础上,而疏忽了企业之间的协作,应当着手探讨在自身优势和他人竞争优势相融合的基础上构建竞争优势的方式。学者们对企业相互通过协作提升各自竞争优势的探索仍有不足。随着20世纪90年代战略联盟的兴起,在集群思想的深入下,可以进一步对集群内企业的合作或者区位内的企业合作进行有力探讨。

研发技术能力也成为学者们研究竞争优势构建过程中争相关注的重点领域,学者部分观点认为大型跨国企业能够形成明显的竞争优势,主要是因为这些公司拥有先进的技术和极强的研究与开发能力;就我国跨国企业而言,与(薛求知,2006)国外的跨国企业和东道国企业相比,我国企业技术实力相对较弱,应考虑技术竞争优势范式,通过在全球环境下获取各种资源并进行相互交织与调和,以实现动态的创新效果,然而也更加适合选取特定的某一国家或者地区市场以便采用部分创新的技术竞争优势范式;在技术日新月异的时代,企业越来越倾向于经过工艺技术、人力资源、信息资源和组织间的整合以及相互间交融,来创建出动态的技术整合优势。

技术之发展也使得对知识的学习成为当今企业构建竞争优势的重点,学习能力与动态能力相辅相成,基于动态能力理论的观点,借鉴国际竞争优势理论的分析,有学者认为拥有并有效协调能力拥有、能力创新、能力整合和组织学习这四项要素是跨国企业维持国际竞争优势的必要条件;在全球知识经济时代,全球学习相较于传统跨国企业理论更具解释力,基于企业知识观,我国跨国企业要规定清晰的组织学习方向,有战略地融合于跨国企业网络之中,注重资源和能力的全球布局,利用协作、学习与知识的吸收和消化,来构建持续竞争优势;在薛求知研究了跨国知识流动的基本方式并提到支持企业全球学习活动的组织选择的是跨国网络架构的基础上,有学者(黄建康,2011)从网络的角度将学习知识贯穿在整个组织之中,他认为网络组织是当今跨国企业取得竞争优势而必要的组织创新,提出当与跨国企业的竞争和合作过程中,我国企业应采取网络进入——合作学习——战略竞争以提高吸收全球知识的本领。学者们从单纯的学习能力的分析开始,深入整个网络组织中,黄健康也呼应了许庆瑞等学者认为企业合作构建竞争优势的研究方向。也有学者通过实证分析了动态能力的正向调节作用和竞争优势的中介作用使学习导向对提高企业绩效有明显的正向效果,并指出通过学习导向以促进企业竞争优势的改善,增强组织的柔性扩展,使企业的动态能力不断提高;Donald Lessard,David J. Teece,Sohvi Leih(2016)利用战略管理中一个关键框架——动态能力框架对跨国企业进行分析,得出跨国企业的能力塑造和适应不断变化的环境,是跨国企业成功的必要。Torbj•rn H. Netland,Arild Aspelund(2013)指出为了在全球范围内提高竞争力,越来越多的跨国企业开发了一个公司特定的生产系统来部署全球的业务,通过调查沃尔沃集团在全球范围内实现的旨在改善全球制造过程的沃尔沃生产系统,来探索它是如何构建竞争优势的。由此可以看出,国外学者更倾向于构建系统或模型,使企业大范围地联系在一起,进而探求跨国企业的竞争优势。

通过资源基础观和组织学习理论为出发点,单蒙蒙、李元旭、张志国(2013)采用中国移动的案例,并深刻意识到新兴市场跨国企业在全球资源逐渐紧缺和遭到克制的条件下,企业在渴望可持续发展同时,建立独具特色的绿色竞争优势的机制是尤为迫切和重要的;很多跨国企业都在努力得到具有环保意识的认可,Dina Abdelzaher,William Newburry(2016)结合了企业社会责任和环境管理的重要数据,实证检验了环境绩效的调节作用,绿色政策对绿色信誉的显著正相关,为跨国企业建立更成熟的绿色竞争优势机制提供了依据,这也符合当代社会所呼吁的可持续发展观念。

4. 优势培育

学者们都是在对竞争优势的来源、识别、构建等分析的基础上,考虑到研究目标聚焦,大都是选择某一个方面切入,展开研究。比如,营销是竞争优势的来源之一,有学者通过对营销环境的特点分析,指出跨国企业应立足自身情况,通过结合文化、产品、品牌、技术、管理、人员等方面培育整合优势。

进而随着研究的深入,单一角度来分析如何培育跨国企业竞争优势,存在着与企业管理实践的必然差别。有学者在分析区域经济发展的基础上,从竞争优势培育、海外区位选择以及海外进入模式等角度分析培育跨国企业竞争优势的路径选择,这是对安徽省跨国企业的研究,样本选取的典范性不够强,另外安徽省跨国企业相对于江浙沪粤等经济发达省份,数量和规模仍然较小,借鉴意义有待商榷,但是研究结果仍然具有积极意义,为竞争优势培育领域的研究开拓了新空间。还有学者(曾剑云、李石新,2011)按照跨国企业的分类以及企业竞争优势的来源,将现有国外研究结果分为竞争优势培育型 FDI 战略竞争理论、战略资源获取理论以及后来者行为理论,并指出我国应将技术等战略资源纳入竞争优势培育型 FDI 战略竞争理论的研究范围,来总结我国海外资产获取和影响我国获取绩效的关键因素,这只是从理论角度提出培育的大体方向,但具体培育举措,仍然处于薄弱状况,有待进一步研究。

5. 优势演化

随着时代的变迁以及竞争环境的变化,跨国企业想要在行业内保持持续的领先地位,应该建立动态的发展观念。Barnett 等(1994)曾提出绩效演化模型,认为经受市场竞争考验的企业,更多地表现出明显的绩效优势,这种绩效优势通过管理设计和战略变迁,特别是适应性学习(Barnett,1996),会使组织更为强大,形成战略演化机制。部分学者基于时代变迁带来的影响,认为折衷范式提出的三方面即所有权、区位与内部化优势,针对的是科层资本主义时期跨国企业独有的竞争优势,伴随联盟资本主义时期的来临,企业间协作网络和非股权合作逐步于跨国企业竞争方式内占领主导地位,旧有的竞争优势定会随之产生很大的改变以体现跨国企业技术合作和战略联盟的作用;D'Aveni(1994)曾在超强竞争理论中也提到,企业竞争优势并不是静态和固定的,于高速变动的环境中,优势地位巩固时间逐渐变短,企业有必要找寻到下一个优势,才能使自身继续获得相对超越地位。但是,该理论并没有提出找寻下一个优势的路径和方法。随之,Christensen(1997)从市场需求变化角度,分析了磁盘驱动机、糖尿病患者护理与管理教育等部分行业,察觉需求轨迹与技术轨迹的动态关系是促进竞争演进的本质机制,表现为市场层次上竞争基础会随需求轨迹与技术轨迹的动态演化而展示为演进的趋向,进而揭示出竞争优势的市场演进路径。而 Helfat,Raubitschek(2000)则认为企业不完全是通过市场演进推动竞争优势的提升,应该通过新产品、知识学习和能力推动竞争优势演化。

考虑到动态环境的影响,国内学者通过对跨国企业竞争优势历史变迁过程和特点的分析,基于中国跨国企业样本,对照了初级与高级竞争优势并分析两者的异同之处,提出竞争优势的动态涵义,也佐证了跨国企业应按照竞争环境的变幻逐步调节和改进自身竞争优势以实现发展的观点。刘昊、张月友、刘华伟(2013)遵循"决定条件——竞争优势——发展路径"的研究方式,建立涵盖了海内外生产要素,需求条件,公司战略、结构与同业竞争,相关及支持产业的四维度八因子的双钻石模型,以探索我国跨国企业获取竞争优势的途径。该研究认为实现快速成长和发展,必须以国内的需求市场为基础,再追踪国外需求市场的变动,有效通过国内外高级要素条件,提升与厂商和客户间的协同与互助能力,踊跃地加入海内外市场竞争。刘昊等给予我们一个跨国企业利用多因素的动态性视角,在跨国企业发展的过程中,立足于国内外市场需求的变化情况,来实现每个阶段的发展,但是,理论模型并没有分析各要素条件如何影响发展路径。随之,在对新兴市场跨国企业如何走向发达市场形成竞争优势的路径领域的研究,Masaaki Kotabe,Tanvi Kothari(2016)对来自主要新兴市场(中国、印度)的多家公司进行历史纵向分析,发现从建立国内市场到建立发达国家市场的竞争优势的进化路径,主要通过掌握新兴跨国企业获资源的能力,吸收并建立自己的优势,另一方面,新兴跨国企业通过新市场的庞大需求提升创新能力的方式,从而树立竞争优势。

(二)总结与展望

总的来看,学者对跨国企业竞争优势的研究从静态研究企业应如何获取,发展到跨国企业要如何构建持续的竞争优势,从跨国企业竞争优势来源的单维度解构,逐步拓展到全球环境下的动态学习、系统培育等领域。

现有对跨国企业竞争优势来源的研究主要集中于营销网络、资源和子公司三个方面,后续仍有进一步拓展的空间。全球的营销网络趋于成熟,近年来,资源也是学者们普遍的研究方向,对跨国企业子公司的研究逐渐增多。也有部分学者对子公司管理层等的用人方式进行研究,或是国内派遣,或是东道国聘用,研究出何种人才选用方式是适合特定跨国企业的。正如 Luiz F. Mesquita(2016)所指出的,可将企业国际化定义为区位、时间和空间上的国际化,从而让企业获取竞争优势的隐性来源,未来的研究工作应该回答跨国企业如何塑造自身的进入外国环境以及该动机和过程中的涉及资源和(动态)能力。

对跨国企业竞争优势识别的现有研究并不多,多通过理论模型分析识别跨国企业的竞争优势,与企业经营管理实践有一定出入。鉴于企业总是存在与集群或者经济圈内,我们可以通过多个相关联的企业进行横向的案例总结,增强对多个企业整体竞争优势的识别。或者在借鉴国外学者研究的基础上,可以对先进入全球市场的企业和后入者之间是否存在着优势差异,进行识别的比较研究。

学习能力与动态能力如何持续形成跨国企业竞争优势,仍然是目前研究的热点和重点。最近的研究已指出学习导向是竞争优势构建的重要组成部分,学习能力对于形成动态能力以作用于竞争优势具有明显的正相关效果。据此,可以就组织学习理论和动态能力理论领域展开更深入的研究,例如在创新网络中组织学习能力的影响因素、动态能力的形成与成长路径、母子公司间知识交流与学习能力相互影响等领域可以进一步探索。

虽然跨国企业竞争优势的培育与构建有相通之处,但有针对性的如何培育跨国企业竞争优势的研究成果较少。我们认为对构建与发展两个角度的研究从更广泛意义上解读可以归属于培育角度,但如果缩小范畴,仔细区分,构建、发展与培育尚有些许不同,企业的成长路径、发展方向与培育路径在视角和战略上也是不能完全等同。如何系统分析我国跨国企业竞争优势的培育路径,目前仍然处于薄弱状态。因此,从企业内外环境着手,以多个行业典型跨国企业为研究对象,全面地综合地来探讨我国跨国企业竞争优势的影响因素,提炼出我国跨国企业竞争优势的培育路径,对于探索跨国企业竞争优势领域的研究具有一定的学术价值。

演化视角下的跨国企业竞争优势研究成果颇多,侧重点各不相同,但缺乏统一理论分析框架。正如王迎军(2010)所指出的,绩效演化当然是竞争结果的动态表现,能力发展、学习、战略变化能显著影响企业绩效,但是绩效的演化是否就等同于竞争优势之演化呢?并且跨越企业提供的产品或者服务等价值载体,绩效演化有空谈之嫌疑。而且在价值演化领域,即使如同 Kim,Mauborgne(1997)所提出的企业通过对顾客价值要素上主动取舍,提供差别化的价值曲线来增加顾客价值以形成竞争优势,但是,如何连接企业内部优势与市场优势的动态关系仍然处于空白区域。我们认为,需要整合价值和绩效,结合动态环境,放置在同一理论模型中加以思量,才有可能较系统地解释竞争优势的演化。

定性研究跨国企业竞争优势的成果较多,但系统性思考竞争优势的影响因素,进行科学的定量研究仍然较少,如何使研究结论具有更广泛的普适性,仍然是下一步研究的重点方向。目前诸多研究,偏重于影响因素和理论模式分析,静态解读跨国企业竞争优势的相对性,取得了较丰硕的成果。然而,环境动态性的客观存在,截面研究与静态研究结论和相较于企业管理实践差异较大,虽然有少数学者(如,Helfat、Peteraf,2003)提出了能力演化的路径,却还只局限在理论推演,仍欠缺实证支撑。因此,考虑到数据来源一致性和有效性,采用定量分析和定性分析相结合的方法,将实证研究与案例研究结合起来,比如 A. B. Sim(2005)对亚洲跨国企业国际化进程、战略、组织和运作进行了有限的实证研究,基于二手资料和数据,具体从12个新兴马来西亚跨国企业的案例研究,分析了包括动机、模式和竞争优势的来源的国际化战略,得出的基本结论就具有较强的典范性和普适性,可能这是推动未来跨国企业竞争优势研究的有效方法之一。

二、江淮集团跨国经营竞争优势的培育策略

对于跨国公司来说,在欧美等市场逐渐饱和的窘境中,我国汽车品牌进入国际市场就变得异常艰难,作为我国汽车品牌中的领头羊,江淮汽车为了自身的发展,必须寻求新的利益增长点。要打破国内竞争压力大的窘境,寻求海外市场将是江淮汽车取得发展机会的突破口。那么在当前越来越大的竞争压力下,怎样正确地识别出当前的问题并加以解决,找到更合适的国外市场进入战略,是江淮汽车目前面临的重要课题。

通过定性分析江淮集团跨国经营发现状,以及在经营过程中暴露出的问题,来探讨培育江淮汽车提高国际竞争优势的策略。

(一)跨国企业竞争优势理论的文献综述

洪银兴从资源角度分析认为在此类产品的出口贸易中,发展中国家在跨国竞争中总是处于不利地位,只靠单纯的由资源禀赋(低廉的劳动力以及自然资源)决定的比较优势在出口贸易中不一定是具有竞争优势的,仅仅根据资源禀赋来确定企业出口贸易的竞争优势,采取以劳动密集型产品打开出口的大门,会跌入"比较利益陷阱"[1];吴先明从对外直接投资角度,针对我国企业跨国经营的动因、发展现状、存在的问题及相应对策等方面的研究,总结了中国企业跨国投资的动机,主要是四个方面:探索新的市场机遇、躲避贸易壁垒、获取先进的科学技术、获取稀缺的原材料,因此竞争优势的获得必然是从这几个方面着手[2];而张汉亚归纳了我国跨国企业经营上出现的一些缺陷,比如缺乏对投资环境和投资方向的选择作出很准确的预估,忽视投资之前的准备工作,也没有很宽广的合作渠道,因此他提出企业在对外投资之前应充分了解东道国的投资环境包括一些相关准入政策的研究等,选准投资的产业定位、确定首先进入的主导产品和选择合适的合作伙伴[3];王晓红从管理角度,针对我国跨国经营企业的发展现状、存在的问题以及发展中国跨国公司的具体方法等方面的研究,认为目前我国企业

---

① 洪银兴. 以创新支持开放模式转换——再论由比较优势转向竞争优势[J]. 经济学动态, 2010,(11):27-32.
② 吴先明,苏志文. 将跨国并购作为技术追赶的杠杆:动态能力视角[J]. 管理世界,2014, (04):146-164.
③ 张汉亚. 我国投资体制的主要问题和深化改革的建议[J]. 管理世界,2000,(02):15-24.
[4]Dani Rodrik,田慧芳. 中国的出口有何独到之处[J]. 世界经济,2006,(3):20-30.

跨国经营一般有以下特点:进行跨国发展的企业经营整体是向上的态势,数量也在逐年递增,但是多数企业的规模较小,这就表示着我国跨国经营的企业总体还处于发展的初级阶段,规模较大的企业在逐年增加,但总体水平仍远远低于发达国家,我国跨国经营企业管理水平和企业治理结构还有待提高[①]。在中国跨国经营企业的具体对策上,学者们侧重于从宏观角度给出相应的解决方案。

(二)江淮汽车跨国经营的现状

1. 出口总额快速增长

从开始贸易出口业务开始,江淮汽车发展迅速,出口额飞速增长,海外的营销公司组织团队实现从最简单的出口贸易型转变为营销服务型的质变,积极应对快速变化的国际市场,这些都迅速为江淮汽车国际化奠定了基础[②]。2009年,由于国际金融危机的冲击,出口增长量相对往年平均增长量下降明显;2011年,江淮汽车出口数量呈开始明显地增长趋势,各车型汽车出口量总量达64836辆,这个增长速度远远领先于行业增长平均水平,约占国内汽车出口10%的份额,出口数量在国内汽车行业中也由2010年的第十名上升到第三名,2011年到2016年江淮汽车每年出口数量总体呈增长趋势,在2012年和2016年相较于上年出口数量有所下降,但是下降幅度很小,这与国家出口政策与国外准入法规的变化有关系。

江淮汽车2011—2016年汽车出口情况

年份	出口数量(万辆)	增长率(%)	金额(亿元)	增长率(%)
2011	40058	—	29	—
2012	38569	−3.71	31	−6.45
2013	46258	19.93	34	9.76
2014	55921	20.89	38	11.77
2015	59774	6.89	61	44.24
2016	56967	−4.70	48	−5.83

2. 出口地区主要集中在发展中国家

江淮汽车集团目前已经建立了营销网点130多个,主要出口市场包括非洲、东南亚和中东等传统的发展中国家市场,目前土耳其、意大利、墨西哥等国家也

---

① 李晓钟,张小蒂.中国汽车产业市场结构与市场绩效研究[J].中国工业经济,2011(3):129—138.

② 李晓钟,张小蒂.中国汽车产业市场结构与市场绩效研究[J].中国工业经济,2011(3):129—138.

开始成为江淮汽车海外的目标市场。由于北美、西欧等发达国家的汽车市场安全以及排放、技术认证等标准较高的限制,江淮汽车向这些发达国家的出口相对较少。

2012 年江淮汽车向主要出口国家出口的情况

国家	出口数量(万辆)
伊朗	4.65
巴西	2.23
阿尔及利亚	2.72
伊拉克	2.5
俄罗斯	2.04
委内瑞拉	1.79
乌克兰	1.40
智利	1.2
乌拉圭	0.62
埃及	0.52
哥伦比亚	0.45
阿根廷	0.43
秘鲁	0.42
沙特	0.19

3. 拥有国际化的组织结构

新的组织结构在已有的各类汽车销售部、市场开发部、技术部上又增加了一些部门,如专门负责运作国际物流和单证的业务支持部、开发具有差异性的国际产品的技术开发部、运营国际业务的营销管理部及市场拓展部和维护发展大客户的大客户组,国际化的组织结构可以更好地迎合国际市场,提高对市场需求的准确定位。

4. 建立了"五层次"研发体系

江淮汽车将位于本部的国家技术研发基地作为开展其他生产活动的基础,并且开发了十分丰富的外部研发资源,在国外建立了两个研发基地,而且开展了与国内在相关领域有深入研究的两所大学(同济大学和合肥工业大学)的合作,共建产学研合作体,也与国外优秀设计公司建立了广泛的战略联盟,在企业的内部各个事业部设立了研发部门。独特的"五层"开发体系,实现高效的全球 24 小时协调发展,满足了市场对产品多样化的需求。

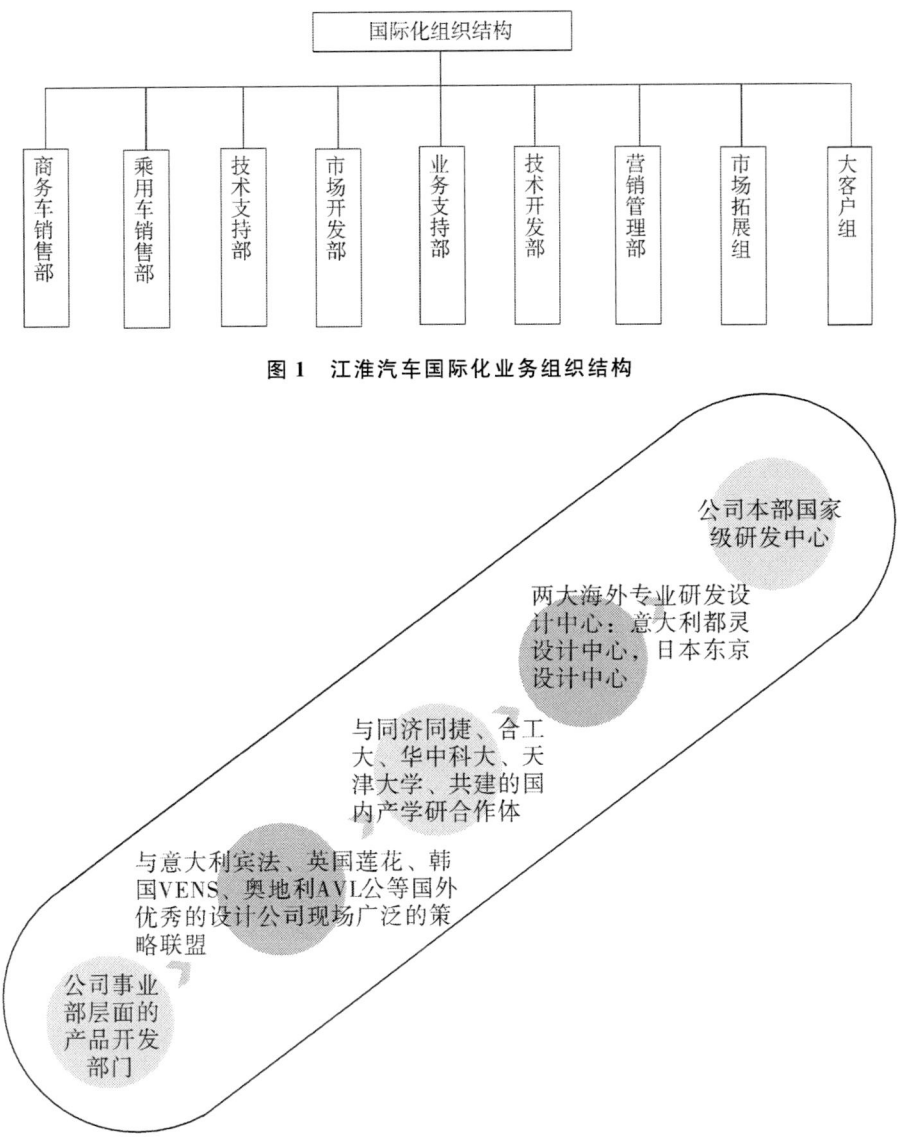

图1 江淮汽车国际化业务组织结构

江淮汽车的"五层次"研发体系

(三)江淮汽车跨国经营的问题分析

1. 出口车型主要集中在中低端

江淮集团起家于卡车,客车则起步较晚,这些直接导致出口海外市场的产品类型发展不平衡。轻卡作为江淮汽车出口的核心产品,占出口总额的81.41%并且始终占据着出口第一的位置。在国际市场上拥有良好的市场份额和声誉。近年来,中重卡产品一直在快速增长,但仍然只占领着较少的市场份额。而乘用车出口数量有限,对公司的贡献更加少之又少。下表可以看出2014—2016年江淮汽车出口车型主要是基本型乘用车、轻型货车和客车这些中低端车型。

2014—2016年各车型出口数量(辆)

年份	运动型多用途乘用车(SUV)	多功能乘用车(MPV)	(轿车)		中型货车	重型货车	客车非完整车辆	客车	多功能商用车
2014	1804	2866	24310	21397	80	3170	146	1604	544
2015	19399	1426	17088	14321	117	5935	17	495	976
2016	28849	746	8059	15550	—	3083	1	289	390

2. 海外研发投入远低于行业领先水平

汽车的研发需要巨额资金投入。新技术的发展和引进,在很大程度上决定了全球汽车市场竞争的结果。世界上最大的汽车公司拥有大量的产品开发部门、开发手段、实验设备和价值数百亿美元的其他资产。一个新的汽车平台可能要花费数亿美元,如果没有这些投入,开发具有国际竞争力的产品是很难的。从下图可以看出,在研发投入上,江淮汽车与世界三大汽车集团之间的差距很大。目前,在江淮汽车研发能力很低的情况下,研发资金投入的差距导致技术差距的恶化。

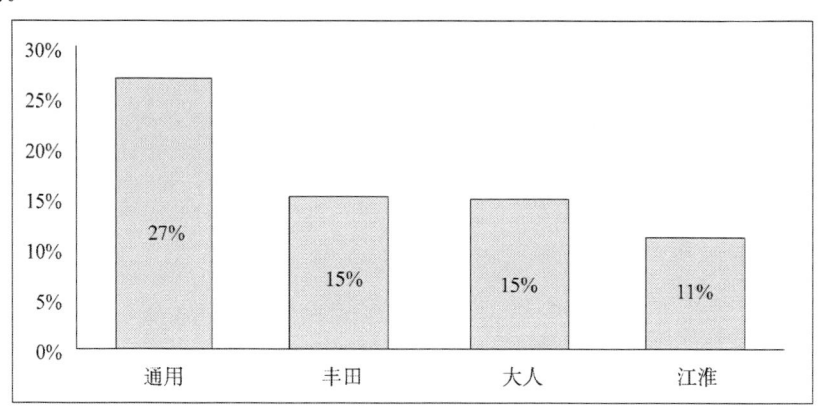

2015年江淮集团与世界三大汽车集团研发投入占销售收入比重的比较

3. 缺乏关键电子技术零部件的研发能力

就江淮汽车目前出口贸易中占据优势的资源来看,主要是成本较低的劳动力和原材料,而汽车产业作为典型的技术密集型和资金密集型产业,仅仅有成本优势不足以在汽车行业产生强大的竞争力。由于起点较低,江淮汽车在技术上与欧美、日本等发达国家相比仍有较大差距。江淮集团在发展过程中过于依赖国外,其研发投入远低于发达国家①。这导致江淮汽车所依赖的一些电子零部件比如电动转向、电子制动、悬挂系统、发动机控制等在很大程度上仍由外资企业或合资企业垄断。

4. 低成本优势难以为继

目前,江淮汽车出口保持着快速发展的势头,但主要依靠低成本优势,尤其是劳动力成本,这主要体现在汽车制造业上,直接依赖于廉价劳动力资源的高效利用,而在原材料和零部件等方面又拥有间接的低成本优势。即使如此,这种比较优势也难以维持,快速增长的劳动力、汇率和原材料价格,致使汽车出口的低成本优势正在逐渐减弱②。同时,作为企业外部优势的低劳动力和低原材料价格的成本优势,是价值链的低端加工制造业环节,江淮汽车企业想要实现站在全球产业高端环节的愿景,仅仅拥有成本优势是很难实现的,更加无法掌握全球产业价值链治理的主动性。可以看出,江淮汽车出口的长期可持续发展,仅靠低成本优势战略是无法支撑的。③

5. 品牌国际化建设不足

虽然江淮汽车已经意识到品牌建设的重要性,比如通过当地媒体宣传和开展本地化的品牌联合经销,参加一些专业的国际车展④,但江淮汽车国际品牌建设目前还有很长的路要走,主要原因是:缺乏系统规划、品牌传播受各国经销商不同环境影响、品牌建设工作重心不同,各地区经销商都将促销作为所开展的品牌传播活动的重点,不利于经销商品牌建设,对于公司整体品牌形象的塑造和建设是无益处的。此外,公司的品牌建设投资还不足以充分调动国际经销商品牌建设的积极性。

(四)竞争优势的培育对策

汽车企业之间仅仅依靠成本竞争是远远不够的,更重要的竞争在于产品质量的提高、优质的服务、领先的核心技术以及有见地的营销策略和品牌规划,通

---

① Schmookler, J. Innovation and economic growth [M]. Cam－bridge, Mass: HarvardUniversityPress, 1966. 34－36.
② Pakes, A., Griliches, Z. Patents and R & D at the firm level [J]. Economic Letters, 1980 (5): 22－26.
③ 林肇宏,薛夏斌,李世杰.企业跨国经营中的人力资源管理模式选择及原因分析[J].管理学报,2015,12(5):702－709.
④ 孙瑶.中国跨国经营企业如何从知识产权资产管理中获益更多[J].科技进步与对策,2015,32(8):89－94.

过这些使得企业拥有长期持续的竞争优势①。

1. 精准定位目标市场,做好市场分析

江淮汽车应该全面的产品规划,市场分析,主要包括市场环境、法律法规、用户习惯和偏好、竞争产品分析,结合自己的产品研究和开发和目前产品现状,研究两者竞争优势的差异,从而锁定产品的目标市场:①建立法规资源库。对全球商业和技术法规进行研究,并建立相应的标准规章制度,根据当地情况促进产品开发。②建立竞争品牌信息库。建立汽车行业的国际知名品牌产品和目标市场竞争品牌资料库,进而能够根据市场需求设计产。要紧密结合不同市场的特点,利用丰富的产品去满足差异化的市场需求。一方面产品要有符合市场环境的适应性②,例如,要制造出符合特殊环境的产品,像高温高寒高原这样一些极端的环境和地区;另一方面,设计基于市场需求的差异化产品组合;例如,在欧洲和美国推广高端产品线;在亚洲推广中端产品;在非洲和其他经济水平落后的地方,推广低端产品。

2. 严格把控产品研发过程,提升产品质量

企业竞争能力的水平需要通过产品来展现,而研发制造能力则是关键,因为它决定了企业是否能取得产品质量竞争优势和成本竞争优势。汽车产品的研发过程包括产品开发的前期分析、研发过程中的事物试验以及投入生产前的质量检测三个方面。①在开发产品的准备工作阶段,要根据市场的需求和技术的限制,设计出符合市场的各种产品。②确保设计出的产品符合物理的合理性。进行严格的物理试验验证,验证样品车的性能和可靠性,包括冲板路、高环路、坏路、山路、滚道等。③加强一致性和控制,确保产品开发的有效性和准确性,严格控制产品质量,打造一流产品③。

3. 加大企业科研投入,提升自主创新能力

汽车产品出口中面临的种种困境究其原因是技术水平没有达到行业领先的标准,这必然导致产品依靠共通的技术导致的同质化明显,同行业中不同企业生产的产品间相互替代性较强。所以掌握核心技术是企业安身立命的唯一出路,提升自主创新能力才是最根本的解决方案,打破目前出口所面临的困境,着力开发出具有竞争力的且附加值较高的产品才是解决问题的关键所在。提升江淮汽

---

① 李元旭,黄竞晶.跨国经营不确定性、客户参与和企业绩效关系研究——基于制度距离的分析[J].财经问题研究,2015,(100):111-118.

② 白晓明,赵曙明,赵宜萱.全球经济一体化对企业可持续发展的影响[J].经济管理,2014,36(100):191-199.

③ 沈国兵,李韵.全球生产网络下中国出口竞争力的变化及其成因——基于增加值市场渗透率的分析[J].财经研究,2017,(3):81-93.

车工业自主创新能力应通过以下几种途径:①资源整合,建立"产学研"合作开发体系,注重关键技术解决汽车零部件产品,努力突破核心技术,形成自主创新的强大能力。②经过资源重组,调整企业在各个地区的资源分配,优化配置,调整产业结构,提高资源利用效率,解决当前汽车零部件产业的小规模、弱电力短缺问题;建立多元化、多渠道的投资体系,解决投资不足的问题。③实施积极的人才战略,加强汽车创新人才的培养和使用,重视人才队伍的建设,为提高江淮汽车产业自主创新能力的建设提供智力支撑①。

4. 建立快速响应的服务系统,提升顾客满意度

①建立质量专家小组,及时、准确地分析和处理市场质量信息,确保客户在24小时内得到反馈;同时,迅速处理客户的投诉,定期开展满意度评估,改进相关问题,并不断提高客户满意度;实施多层次、立体的服务网络布局。②在投放产品的市场就地设立产品售后服务中心,确保能够快速地解决产品出现的各种问题,提高服务质量和效率。例如可以在沙特阿拉伯、埃及、苏丹、哥伦比亚和市场设立服务中心,不定期派遣技术服务团队驻点,确保有效市场的售后服务工作,同时建立紧急服务团队,快速高效地处理市场紧急情况。③建立综合的备件供应系统,选择具有高度专业精神的物流企业,确保零部件的快速高效交付,开放备用绿色通道以满足客户的紧急需求②。

5. 灵活定价塑造国际品牌形象,抢占市场份额

根据不同市场的销售产品和市场特点,结合现有的产品结构分析,进行市场定位,以确保市场产品的终端竞争力;同时,对主流竞争品牌进行深入分析,确保区域销售价格和产品符合多元化的市场;对产品终端的竞争力和产品价格弹性进行深入分析,随着产品的销售量稳步增长,逐步进行价格的维护和推广;对于高端平台产品,通过价格策略决定主要产品的销售结构,通过增加配置和丰富的产品组合,抢占市场份额。

概而言之,江淮汽车跨国竞争优势的培育需要从多个层面进行,包括目标市场的、产品质量、技术研发和经销与售后根据企业目前的实际情况来看,这些竞争优势的培育并不可能多管齐下,只能根据实际情况制定短期计划和长期计划,在技术创新条件匮乏的情况下,先从提高软实力方面着手,如营销能力、组织能力等,同时积极创造条件,积累技术资源,在某项专门技术上形成优势,这样有利于江淮集团较快地培育自己的核心竞争能力。

---

① 廖泽芳,李婷.外贸结构、技术复杂度与中国附加值出口竞争力[J].当代经济科学,2017,(3):48—58.

② 赵靓,吴梅.我国生产性服务业对出口产品竞争优势的影响研究数量经济技术[J].经济研究,2016,(3):112—127.

三、动态能力视角下安徽合力集团的竞争优势研究

企业的成功离不开其发展历程中种种的竞争优势的建立,随着经济全球化的趋势,企业纷纷寻求自身的竞争优势,力求在全球经营中占据一席之地。从哪些方面获取和建立并保持竞争优势成为企业关注的焦点。学术界也积极通过各种的形式研究企业的竞争优势。Michael E. Porter 在《竞争优势》一书中阐述了企业可以选择和推行三种基本战略以创造和保持竞争优势的方法,建立了价值链,此后也提出了钻石理论体系作为企业提升国内国际竞争力重要的理论分析与实践指导工具。这种模型至今仍然会被学术界用来进行案例分析。随着理论的发展,从资源基础理论和能力观的发展来的动态能力理论逐渐成为学者们的研究潮流。

(一)研究综述

20世纪八九十年代,Teece 等人最初提出了改变能力的能力即动态能力的概念,并把动态能力定义为公司整合、构建、重新配置内部和外部能力以应对快速变化环境的能力。Richard. A. D Aveni 在《超越竞争》一书中全面阐述了企业的动态能力理论的框架。在动态的环境下,动态能力必然成为管理领域的研究焦点。学者们对于通过动态能力来分析企业的竞争优势各抒己见,但大都基于能力的角度向外围扩散来探究的。在动态能力战略观的基础上,企业如何动态性地协调能力拥有、能力创新、能力整合和组织学习这四项企业跨国经营必须具备的要素,去形成和保持国际竞争优势,学者构建出了的企业国际竞争优势模型[1]。企业动态模型被分为阶层分类模型、战略整合模型、双重过程模型和组织学习模型四种[2]。同时,有学者提出动态系统模型分析方法,分别从形成基础、跃迁动力和跃迁路径三个维度来解释动态复杂环境下可持续竞争优势的形成,进而对模型中基础要素间的协同互动、跃迁动力要素间的耦合性及跃迁路径要素间的逻辑关系进行分析[3]。

动态能力与企业竞争优势的关联性被学者诵过东风汽车有限公司为案例研究对象,采用"质性研究"方法得到了验证并且研究表明动态能力显著正向影响

---

[1] 代虹,何谦. 基于动态能力观构建企业国际竞争优势模型[J] 科技管理研究,2006,(05):44—50.

[2] 孟晓斌,王重鸣,杨建锋. 企业动态能力理论模型研究综述[J] 外国经济与管理,2007,29(10):09—16.

[3] 霍春辉,安曼,左斌. 构建动态复杂环境下的企业可持续竞争优势——动态战略系统模型分析方法[J] 社会科学辑刊,2008,(04):101—105.

企业竞争优势[1];动态能力视角在当今动态环境下的研究领域的具有非常重要的作用[2],动态能力理论是在资源理论的基础上产生的,资源基础观、能力基础观和动态能力观整合框架被构建出来整合出来,并且动态能力在企业的外部资源识取和资源配置过程与竞争优势的关系中是有中介作用的[3][4];也有在这些理论的基础上,建立了基于系统的定量的竞争优势框架,并能够通过问卷调查的研究,表明企业资源、战略敏捷性和竞争优势之间存在着密切的内部关系[5]。近年来,通过对动态能力与竞争优势的关系研究逐渐拓展开来,有学者指出6年以上的企业,动态能力相当于创业能力对提升企业竞争优势起到了主要作用[6];危机动态能力和企业竞争优势关系中,学者构建了三者的关系模型,揭示了动态能力在应对企业危机过程中重塑企业竞争优势的内在机理,同时,案例的分析也佐证了动态能力可以在企业危机管理过程中发挥重要作用并能够使企业重获竞争优势[7];也有从时间与空间动态演化的新视角演绎能力的动态性,即从能力广度、能力深度、能力演化速度三个维度重构动态能力的主导逻辑框架,并提出这些维度通过对竞争优势的作用而影响企业绩效[8]。

国外学者的典型案例研究,对我国企业也有一定的借鉴意义,三星集团的动态能力是如何运作来提升自身的竞争优势的,学者对案例的演绎研究和模型的

---

[1] 邱钊,黄俊,李传昭,陈明锐,吕心田.动态能力与企业竞争优势——基于东风汽车有限公司的质性研究[J]中国软科学,2008,(10):134—140.

[2] Lidija Breznik,Matej Lahovnik. Dynamic capabilities and competitive advantage:Findings from case studies[J]Management:Journal of Contemporary Management Issues,2016,21:167—185.

[3] 董保宝,李全喜.竞争优势研究脉络梳理与整合研究框架构建——基于资源与能力视角[J]科技管理研究,2013,35(03):02—11.

[4] 董保宝,葛宝山,王侃.资源整合过程、动态能力与竞争优势:机理与路径[J]管理世界,2011,(03):92—101.

[5] Maryam Hemmati,Davood Feiz,Mohammad Reza Jalilvand,Iman Kholghi. Development of fuzzy two-stage DEA model for competitive advantage based on RBV and strategic agility as a dynamic capability[J] Journal of Modelling in Management,2016,11(01):288—308.

[6] 马鸿佳,董保宝,葛宝山. 创业能力、动态能力与企业竞争优势的关系研究[J]科学学研究,2014,32(03):431—440.

[7] 王建军,昝冬平.动态能力、危机管理与企业竞争优势关系研究[J]科研管理,2015,36(07):79—85.

[8] 江积海,刘敏.动态能力重构及其与竞争优势关系实证研究[J]科研管理,2014,35(08):75—82.

发展的研讨,使一种新的竞争优势范式的概念模型脱颖而出[①]。David J. Teece(2017)介绍了一种分析单个公司特征的多学科方法——动态能力框架,以及企业层面竞争优势的来源[②]。

无论是从理论模型角度还是实证角度,企业动态能力对企业获取并保持竞争优势具有重要作用。董保宝等提出未来研究应该从整合、动态的视角去研究企业竞争优势的动态发展问题[③],然而,对于将动态能力模型真正应用于分析实际企业的竞争优势的研究相对不多,因此本文结合以往学者提出的模型和自身的分析对安徽叉车集团的竞争优势进行探讨。

(二)研究设计

1.研究方法

文章旨在基于动态能力理论对企业经营的发展历程的竞争优势进行研究,从而给予我国企业一些启示,大样本的分析研究缺少对企业如何在动态环境中建立自身的竞争优势的详尽探讨,因此这类研究比较适合的单案例纵向研究方法。为了保证文章的客观性,相关研究人员通过资料的反复分析与讨论,提炼出企业发展历程中竞争优势的模型。

2.案例选取

本文选取安徽合力股份有限公司进行单案例研究,主要考虑五点因素:第一,物流业与日常生活休戚相关,叉车在企业的物流系统中扮演着非常重要的角色;第二,安徽合力股份有限公司是国家创新型企业、国家火炬计划重点高新技术企业、安徽省工程机械建设(合肥)基地龙头企业,因此该企业具有案例的典型性;第三,安徽合力股份有限公司作为我国叉车行业的翘楚,其销售量和销售额都位居世界前列,合力产品被评为"中国叉车市场第一品牌"、国家商务部"重点培育和发展的出口名牌",享有"出口免验",凭借"合力牌"叉车国际领先的技术、节能环保的设计理念,保持着中国叉车行业自主品牌出口第一地位,这种竞争优势具有研究价值;第四,合力股份作为上市公司,信息披露机制相对完备;第五,安徽合力股份有限公司总部坐落于安徽合肥,便于我们就地观察和获取所需资料。

---

① Andrejs irjevskis. Designing dynamically "signature business model" that support durable competitive advantage [J] Journal of Open Innovation: Technology, Market, and Complexity,2016,02(01):01—21.

② David J. Teece. Dynamic Capabilities and the MultinationalEnterprise[M]Globalization,2017,(03):105—129.

③ 赵姣云.安徽合力的创新发展之路[J]物流技术与运用,2010,(11):70—73.

3. 资料收集

由于单案例研究不具备大样本的条件,为了避免研究资料的片面性,本文综合运用了各种数据与证据搜集方法。对安徽合力竞争优势的分析资料的取得主要通过如下渠道获得:第一,访问安徽合力股份有限公司的官方网站等各种相关网页;第二,安徽合力股份有限公司的对外年度报告;第三,有关刊物和媒体采访安徽合力领导人的视频和发布的采访报道资料;第四,通过中国知网 cnki 检索的相关学者对安徽合力集团的探讨文献等。

(三)案例分析

1. 安徽合力简介

(1)安徽合力的发展历程

安徽合力股份有限公司的前身为合肥矿机厂新厂,始建于 1958 年。1979 年,中国第一个叉车耐久试验场在公司建成;1983 年,公司实行转轨定向,成为我国 17 个定点专业生产叉车的厂家之一;1985 年,正式引进日本 1~10 吨内燃平衡重式叉车技术;1988 年,成立合肥叉车总厂。

自 1991 年以来,主要经济指标已经连续 24 年保持全国同行业龙头地位。1992 年以合肥叉车总厂为核心组建叉车集团。1996 年,安徽合力 A 股在上海证券交易所挂牌交易,同年,安庆车桥厂无偿划归公司管理;1997 年公司兼并安徽省蚌埠液力机械厂和陕西省宝鸡叉车四厂;1998 年,安徽合力机械进出口公司成立;2000 年,公司被国家列为 520 户重点企业之一;2002 年,公司成为行业首家产销超万台、出口超千台企业;2004 年,公司承担"省 861"重点项目,投资 20 亿元的合力工业园开工建设;2006 年,公司成功跻身于全球叉车制造业十强行列;2009 年,公司正式导入丰田生产方式,合力成为世界工业车辆企业的翘楚。

(2)安徽合力的发展阶段划分

我们旨在根据企业的发展历程,采用动态能力的视角展开竞争优势的分析,在企业的生命周期中每个阶段的竞争状况是不同的,因此对企业发展阶段的划分是研究的基础。在借鉴企业生命周期理论的基础上,根据安徽合力叉车集团的发展历程,将安徽合力从成立至今的发展期间上分为 3 个时期,即发展期、成长期和成熟期,这种的划分与安徽叉车集团官网的自主划分名称有所不同,但实质是相同的,另外,我们主要研究企业的竞争优势,因此选取的案例企业在持续经营期间并未涉及在衰退期。其中,安徽合力的发展期为 1958—1991 年,这一期间我们认为是公司的竞争优势识别期;成长期是 1992 年至 2008 年,成长期则是注重竞争优势的构建;成熟期为 2009 年至今,是竞争优势的培育期。成长期与发展期的分界年份即 1992 年是叉车集团的正式成立,发展期与成熟期转折点即2009年,2009年是应对2008年金融危机而引进精益生产的年份,这与危机管理研究中阶段划分有些许吻合。为确保研究安徽合力在发展过程中的竞争优势的完整性以及实现为其他企业提供借鉴意义的目的,我们根据这三个时期安徽合力的发展状况,来寻求企业发展的动态竞争优势。

2. 安徽合力竞争优势分析

对于动态能力维度的研究,学者们从两个不同的角度对进行划分:第一,从行为维度扩展到组织认知维度,例如,Teece(2007)将动态能力分为机会感知能力、机会利用和重构能力;第二,将动态能力视为企业完成具体的战略和组织过程的能力,比如,很多学者(Helfat,1997)将研发能力视为动态能力的维度。本文着重分析安徽合力的组织与管理过程中的动态能力,因此,我们选择以第二种维度为基础对合力的发展历程中的动态能力进行研究,并且我们从战略决策能力(Eisenhardt、Martin,2001)、研发能力(Helfat,1997)、营销能力(Danneels,2008)和人力资本(Gooderham,2008)这四种能力来对安徽合力发展期、成长期以及成熟期进行竞争优势的分析。

(1)合力发展期

①战略决策能力

叉车行业的起源始于中华人民共和国成立初期,1958年沈阳电工机器厂研制了仿苏的吨电动平衡重式叉车,同年合肥矿机厂新厂成立了。自1958年成立以来,合力经过了战略选择,1979年,中国第一个叉车耐久试验场在公司建成;1983年,公司实行转轨定向,成为我国17个定点专业生产叉车的厂家之一;在1992年正式成立的安徽叉车集团。企业资源的整合,让企业的应对环境变化的动态能力也得到了增强。企业能够不断地进行新厂的扩张,这与公司中高层领导者的决策是分不开的。

②研发能力

在发展期内,安徽合力处于技术研发的起步阶段。1964年,公司第一台叉车631型5吨叉车试制成功;1967年,公司第一台3CH叉车试制成功;1970年,中国第一台侧面叉车在公司试制成功;1983年,公司高层领导敏锐捕捉到叉车市场在商品经济中的巨大发展空间,决定把叉车作为企业今后的主打产品。1985年,正式引进日本1~10吨内燃平衡重式叉车技术。叉车行业的进入门槛很低,但是成功立足,技术的研发是重中之重,安徽合力在成立初期逐渐实现公司在技术上的发展,通过学习和引进国外先进技术来提升公司的研发实力,丰富产品内涵。

③营销与服务能力

在这个阶段,安徽合力并没有意识到营销与服务能力的重要性,把主要精力放在生产环节,产量才是合力发展期的重要成果。由于生产力的缺乏,导致产量的不理想,甚至会出现供不应求的形势,安徽合力很难意识到营销与服务能力会给企业的经营带来竞争优势。

④人力资本

在发展期,安徽合力人员结构主要以生产型人员为主,技术人员很少,合力的各方面仍显薄弱,主要通过工人生产叉车产品销售来取得发展。同时,工人的受教育程度也不容乐观,这与我国时代的发展息息相关。

(2)合力的成长期

①战略决策能力

安徽叉车集团走兼并、联合之路来整合资源,2001年企业通过筹资先后接受了安庆车桥厂、蚌埠液力机械厂和宝鸡叉车四厂。企业资源的整合,让企业的应对环境变化的动态能力也得到了增强。企业能够不断地进行新厂的扩张,这与公司中高层领导者的决策是分不开的。

②研发能力

薛求知等学者表示,在复杂的市场环境下,技术能力对企业尤其是跨国企业竞争优势的构建是至关重要的。在1992年正式成立叉车集团后,集团在八五计划期间坚持内涵技术改造增强了集团的基础实力和发展后劲,坚持技术改造、技术引进和技术开发三位一体,建立了一个科研机构即集研究、开发、试制、实验与管理为一体的技术中心,基础设施雄厚。合力的技术中心在1995年、2005年先后被国家发改委等四部委与科技部首批认定为国家级"企业技术中心",是目前工业车辆行业唯一的国家级企业技术中心。

③营销与服务能力

营销动态能力是动态能力在营销职能领域的特殊体现,它使企业更快、更有效地整合现有技术与市场资源基础,应对市场环境,特别是顾客需求变化,从而获取和维持了竞争优势。2001年,随着我国加入WTO,合力叉车意识到公司业务在逐年扩大,产品多元化已成定局,现有的营销网络不适应公司的发展,调整、改建、扩建营销网络已势在必行。

④人力资本

在安徽合力的成长期,企业为了留住和培养人才,为员工创造了良好的工作、生活和学习环境。企业的人员结构有所增强,技术人员由2001年的471人增加到2008年的630人,总比例增加了约2%;在教育程度上,本科及以上学历员工占比由8.9%提高到了13.13%。虽然不是很明显,也表明企业越来越重视高端人才的引进与培养。

(3)合力成熟期

自2009年以来,安徽合力的发展势不可挡,在安徽合力越来越具有竞争力的过程中董事长张德进先生发挥了十分重要的作用。张德进自上海交通大学毕业之后,一直在安徽叉车集团和股份公司任职,行业经验丰富,对技术、管理、行业发展都有独特的见解。随着世界经济的发展和全球化步伐的加快,多国的叉车生产企业在海外市场各显身手,面对杭叉、诺力等竞争对手的压力,安徽合力的管理者也曾表示,正是因为竞争对手的存在、竞争的压力,公司才有不断进步的力量,从而提高产品的技术、质量。

①战略决策能力

自2009年以来,安徽合力的发展势不可挡,在安徽合力越来越具有竞争力的过程中,安徽合力的董事长张德进先生发挥了十分重要的作用。张德进自上海交通大学毕业之后,一直任职于安徽合力,行业经验丰富,对技术、管理、行业发展都有独特的见解。在成熟期内,合力主要采取了三项举措,第一,2008年的全球金融危机让安徽合力陷入了困境,2009年初,董事长张德进的坚持下,公司决定引进日本丰田的生产方式——精益生产,以提升效率,降低生产成本,来夯实经营根基。这一举措,让企业进入了迅速发展的时期,经过多年的努力,公司打造出丰富的流线化生产线,设备的自主保全率,标准化作业覆盖率都在90%作业,并且损失率也直线下降。第二,安徽合力按照卓越绩效的价值理念,对组织、领导、战略、顾客与市场、资源、过程管理等进行了系统的测试与评价,为公司管理进步提供了新的思想和方法,并荣获国家级质量大奖。第三,2011年,安徽合力启动"第五次管理革命",引进国际一流的SAP公司ERP系统,对企业信息管理系统进行了全面升级改造,加快工业化与信息化的深度有机融合。公司也不断对ERP系统、PDM/PLM系统、IPD设计系统进行升级改造,逐步实现覆盖从市场需求、创意设计、产品设计、CAPP产品工艺、PP生产制造、MM物料管理、OA办公自动化/BPM业务流程管理等的全过程信息化支撑。

②研发能力

在成熟期,企业很注重技术的运营与创新。一方面,公司技术中心近几年承担了国家863计划项目、国家火炬计划项目、国家重点新产品项目和省重大科技攻关项目等一批重要的科研项目,如:安徽叉车集团公司协同信息管理系统、环保型叉车研发能力项目、重装研发能力建设等。另一方面,在2016年度,公司围绕市场需求、产品创新有序开展研发工作,全年研发投入2.69亿元,用于工业车辆产品升级换代、品类拓展以及基础技术研究等方面,以进一步巩固公司核心竞争优势。2016年安徽合力已经推出了专门针对北美市场的H3C系列23.2t小轴距内燃平衡重式叉车产品。

公司在开发新产品、新技术或进行技术改造时一方面考虑自主开发;另一方面则考虑外部的优势资源,加强与高校、科研院所以及国际上相关研究机构开展技术合作。安徽合力公司产学研合作分为以下几个方面:与高校、院、所开展各类科研和技术咨询项目合作;联合进行高层次的人才培养;与合肥工业大学联合共建重点实验室;建立"合肥市工程机械传动系统产学研战略联盟";成立合资科技公司。通过产学研合作研究,合力已经取得了明显的成效,基础研究能力和原始创新能力显著增强,并产生了较好的经济效益。合作模式的多样化,缩短了产品研发周期,加快了科技成果转化。

此外,合力也在做好知识产权的管理,"合力"自2000年申请专利保护以来,已获国家专利授权积极889项,其中发明专利72项,实用新型专利645项,外观专利172项。为了更好地实施公司知识产权战略,公司采取了一系列知识产权管理措施,例如,成立了专利工作小组和法律事务办公室,由专人负责专利的申请、维持、维权工作;建立了包括《专利工作管理制度》《保密管理制度》等知识产权管理制度体系;完善企业知识产权信息管理,保证企业知识产权先进性;实施知识产权工作专项奖励制度等。

③营销与服务能力

合力多年来投入巨资建立了一个完善的售后服务网络。目前,公司建立的24个省级营销网络和400多家二三级代理销售服务网点,可为用户提供高效的售前、售中与售后服务,并通过车辆租赁、金融支持、电商平台等方式为用户提供多种解决方案。合力非常重视国际化战略,坚持实施多元化的营销策略。为开拓国外市场,公司产品远销海外150多个国家和地区,并在80多个国家建立了代理关系,在140多个国家和地区完成了商标注册,扩大了合力品牌在海外市场的知名度和影响力,同时,坚持与代理商、供应商和客户诚信合作,实现共赢,时刻维护品牌信誉。合力为国内外用户提供整机销售、配件供应、维修保养、技术咨询等一系列服务,网点覆盖率在行业中是最高,公司除了建有全面覆盖的售后服务网络,还拥有过硬的维修技师队伍,同时建立了完善的售后服务制度。此外,国内物流行业正经历着一个快速发展期,对叉车及装载机产生更多的需求。在这一大环境下,安徽合力在不断深务网络的优势、抢抓市场机遇,做细营销渠道和服务,来提升市场占有率;同时也在调整产品出口结构和地区,进一步优化代理商结构,提升海外市场服务能力,提高海外产品销量。总之,合力一直在进一步巩固国内市场的基础上,拓宽海外市场,比如欧洲、美洲、东南亚等。

④人力资本

在成长期的基础上,从安徽合力股份有限公司2016年披露的财务报告上看,到2016年为止,安徽合力的技术人员已经增加到了784人,企业所拥有的本科以上学历的员工比例由成长期的13.13%增加到现在的23.44%。在这个阶段,企业相较于发展期与成长期,更注重人才的引进与培养。

(四)理论模型

已有很多相关学者通过建立竞争优势模型的方式来研究企业的竞争优势。

我们在薛求知等对国际新创企业所构建的"优势环"模型的基础上,建立了阶段模型。我们认为,企业在发展期和成长期的拥有动态能力是企业成熟期动态能力发展的基础,战略决策能力、研发能力、营销与服务能力、人力资本是企业重要的四种动态能力。同时,在不同的时期企业的动态能力的侧重点不同。在发展期,安徽合力注重战略决策能力与研发能力,而对营销与服务能力和人力资本的重视不够;在成长期,安徽合力注重战略决策能力、研发能力和营销与服务能力,而对人力资本的重视有所欠缺;在成熟期,企业对战略决策能力、研发能力、营销与服务能力以及人力资本度很重视。企业的各发展阶段之间的跃动是由于其企业发展中突破因素的存在,让企业在面临环境的变化提升企业的动态能力。因此,我们建立了如下模型:

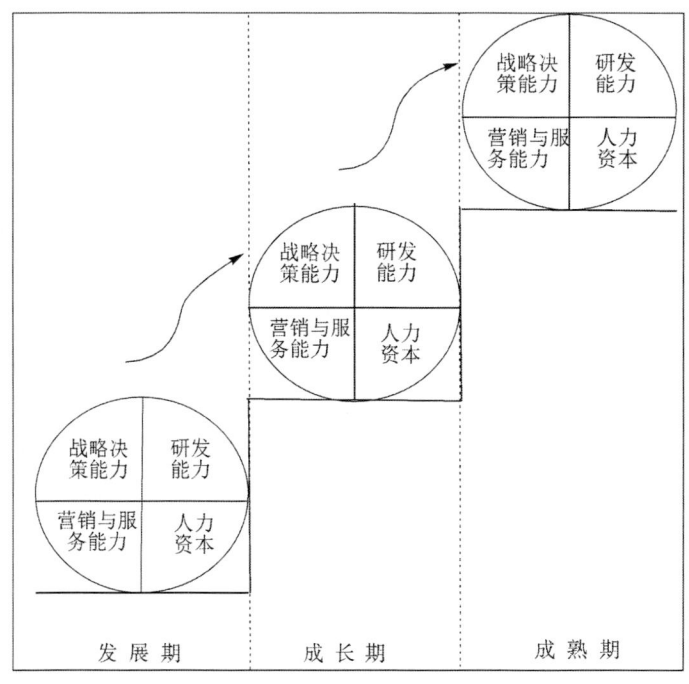

企业竞争优势阶段分析模型

安徽合力作为叉车行业的领导者,其发展历程以及形成的竞争优势是值得制造型企业借鉴和学习的。根据分析,我们总结了以下几点:

一是从企业发展期开始分析,对于未来创业者以及新创企业者如何一步一个脚印地建立竞争优势提供了理论借鉴。企业应该在抓住行业机遇和在国家政策的支持下,积累更多生产资源,在企业资源积累初期,要勇于学习,敢于创新,才能获取基于条件的竞争优势。

二要在企业的快速成长期,企业需要重点关注如何增强自身竞争优势。根据外部环境和自身条件,重点在战略决策、研发、营销和人力资本等领域形成积累和提升优势。

二是在此后的研究中有待改进。第一,虽然是在相关学者的研究基础上,进行的案例形式的分析并建立模型,理论模型有待更多企业经营管理实践来检验;第二是单案例的分析固然在深度上得以体现,但是研究的广度却差强人意。未来可以通过多案例的综合分析更详细的研究企业竞争优势的形成与保持。

四、社会网络、关系质量与新创企业成长的关系研究

随着科学技术的不断进步,创业活动蓬勃兴起,新创企业得到了迅速发展,带动了经济社会的进步。但是新创企业的成长质量却不容乐观,Cooper等调查发现,有36%的新创企业不会成功,生存难度高达50%,只有14%的新创企业能迅速成长[1]。根据2016年最新统计数据,民营企业占我国企业总数的97%,而平均寿命只有7.02年,其中约有70%的企业存活时间不超过5年。学者们从企业团队的特征、战略选择、行业和环境等方面对影响新创企业成长的因素进行了探究,取得了一定的研究成果[2]。一方面,Leyden & Link等认为,企业的一切活动都在一张社会关系网发生的,网络是企业获得信息和知识的重要组织形式,它可以使企业的资源、信息和人力资本更加充足与多样化,使得企业有能力完成各项复杂的任务[3],同时网络的规模、强度和资源的异质性也都在不同程度上影响着新创企业的成长[4]。另一方面,Plummer & Allison的研究表明,良好的关系质量对新创企业的知识获取和网络关系的稳定具有重要的促进作用[5]。

对于新创企业社会网络与成长关系的研究近年来取得不少成就,大多数学者认为社会网络对新创企业的成长绩效有积极的影响,也有少数学者认为二者之间不存在联系甚至是负相关。这说明社会网络与新创企业绩效之间不是线性

---

[1] Gimeno J, Folta T B, Cooper A C, et al. Survival of the fittest? Entrepreneurial human capital and the persistence of underperforming firms[J]. Administrative science quarterly, 1997,15(2): 750—783.

[2] 古继宝,陈兆锋,吴剑琳. 创业者社交主动性对新创企业机会识别的影响——有调节的中介效应模型J]. 科学学与科学技术管理,2017,5:169—180.

[3] Leyden D P, Link A N, Siegel D S. A theoretical analysis of the role of social networks in entrepreneurship[J]. Research Policy, 2014, 43(7): 1157—1163.

[4] 杨隽萍,于晓宇,陶向明. 社会网络、先前经验与创业风险识别[J]. 管理科学学报,2017, 5(1):35—50.

[5] Plummer L A, Allison T H, Connelly B L. Better together? Signaling interactions in new venture pursuit of initial external capital[J]. Academy of Management Journal, 2016, 59 (5): 1585—1604.

关系①,关系质量在社会网络和新创企业成长之间可能存在某种内在联系,但还未得到充分证实。现有研究对于社会网络的不同特征如何影响企业的成长以及网络中企业间关系质量如何发挥作用还没有得到一致的意见。基于以上不足,从新创企业的相关理论出发,结合社会网络和关系质量的相关研究,进而探析不同网络特征对新创企业的成长的作用机理和实现路径,对于新经济技术条件下新创企业组织的发展以及创新能力的提高,特别是对我国开放式复杂技术创新合作组织的建立与有效运行,具有重要的理论意义和现实指导意义。

五、理论分析与研究假设

(一)概念与维度

1. 新创企业社会网络

新创企业是创业者在一定的社会环境中凭借自身的创业精神与能力,发现创业机会并获得所需要的资源,由此创建经营新企业,将创业机会转变为利润的一系列活动②。Brown等首次提出"社会网络"概念,随后逐渐被应用到经济管理相关研究领域中③。研究中最有代表性的学者 Mitchell 将社会网络定义为"特定的个人之间的一种独特的联系",反映了行动者之间的社会关系,既包括一群人之间的关系结构,也包括他们相互之间的特定关系④。汤淑琴和蔡莉等指出新创企业面临的最大问题就是如何获取更多的外界资源,因为其规模较小且内部可利用的资源较少⑤。因此,新创企业可以把社会网络作为接触和获取外界资源的渠道,以获得其他行动者拥有的多种资源。文中将新创企业的社会网络划分为网络规模、网络异质性和网络强度三个维度,进而来探讨其与新创企业成长的关系。

2. 关系质量

Crosby & Lawrence 等指出早期对关系质量的研究大多与市场营销有关,

---

① CHRISTIANA WEBER, JAN KRATZER. Social entrepreneurship, Social Networks and Social Value Creation a Quantitative Analysis among Social Entrepreneurs[J]. Int. J. Entrepreneurial Venturing, 2013, (3): 217—239.

② 刘计含,王建琼. 基于社会网络视角的企业社会责任行为相似性研究[J]. 中国管理科学,2016,9:115—123.

③ BARNES J A. Class and committees in Norwegian island parish[J]. Human Relations,1954,7(1):39—58.

④ Mitchell, J. C.. The Concept and Use of Social Networks. Manchester: Manchester University Press, 1969.

⑤ 汤淑琴,蔡莉,等. 经验学习对新企业绩效的动态影响研究[J]. 管理学报,2015,12(8):1227—1233.

主要是用来探讨企业与客户之间的关系①。Lilander & Strandvik 表明,关系质量是顾客和企业在交流互动的过程中形成的动态质量感知②。与前面学者提出的理论相比,Joyce & Young 的研究则把关系质量与社会网络关系结合在一起,并将关系质量划分为关系频率、关系强度、关系多样性、关系灵活性、关系公平性和关系持久性等六个维度③。在上述理论基础上,我们试图以关系质量为中间变量,通过收集相关数据,对新创企业社会网络特征与企业成长绩效之间的关系进行实证分析。

3. 新创企业成长

Manolova & Gyoshev 认为成长是一种基于对环境反应而形成的动态学习过程,该过程需要从企业的社会网络中获取有效的资源信息,从而建立竞争优势④。刘芳将新创企业与成熟的企业相比较得出,新创企业一方面在成长初期创新能力较弱,其生存所需要的能力与资源上相对匮乏⑤。另一方面,刚开始创建的组织所需要的资源则无法通过正式的交易市场来获得。刘成梅等从企业的成长角度分析得出,企业在发展过程中所需要的信息与资源会越来越复杂多样,此时新创企业家要根据企业的成长需求对如何发展社会网络关系进行思考⑥。在衡量企业绩效时,Hagedoorn & Kleinknecht 等认为,不仅要考虑组织的获利能力,还要考虑其成长性,因为企业的存在就是一个在不断成长提升的过程⑦。Antoncic & Hisrich 等将企业绩效分为成长和生存两个维度,认为生存绩效是相对成长性的一种体现⑧。我们重点分析企业的成长绩效,并用市场份额的增

---

① Crosby, Lawrence A, Evans. Relationship Quality in Services Selling: An Interpersona Influence Perspective[J]. Journal of Marketing. 1990,54(3):68—81.
② Lilander V, Strandvik T. The nature of customer relationships in services[J]. Advances in Services Marketing and Management, 1995,21(5):141—168.
③ Young J A. Strategic alliances: are they relational by definition [R]. Indian State University, Working Paper,2000.
④ Manolova, T. S. Manev,I. M. Gyoshev, B. S. In Good Company: The Role of Personal and Inter—firm Networks for New—venture Internationalization in a Transition Economy [J]. Journal of World Business, 2010,45(1): 257—265.
⑤ 刘芳,梁耀明,王浩. 企业家能力、关键资源获取与新创企业成长关系研究[J]. 科学进步与对策,2014,31(8):56—70.
⑥ 刘成梅,蔡建峰. 孵化网络影响高层次人才创业绩效的机理研究[J]. 科学学研究,2016,34(11):1675—1679.
⑦ Hagedoorn, J, Cloodt, M, Measuring Innovative Performance: is there an Advantage in Using Multiple Indicators? Research Policy, 2003, 32(8): 1365—1379.
⑧ Bostjan Antoncic, Robert D Hisrich. Interpreneurship: Construct refinement and cross—cultural validation[J]. Journal of Business Venturing, 2001,16(5):195—527.

长、销售额的增长、利润的增长和员工数量的增长等四项指标对新创企业的成长绩效进行测度。

(二)研究假设

1. 社会网络特征和新创企业成长的关系研究

近几年,新创企业社会网络与成长绩效之间的关系已成为近几年国内外学者关注的焦点。现有研究中学者们倾向于用资源价值观来解释社会网络和新创企业成长绩效之间的关系,他们认为社会网络资源是新创企业成长过程中必不可少的关键资源之一,尤其在新创企业成立的初期,社会网络所提供的物质、信息和资源等是新创企业生存和发展的关键动力。解学梅等人在对188家中小企业进行实证研究后指出,协同创新网络特征中的网络规模、强度和同质性三个维度和企业的创新绩效之间都呈现出明显的正相关关系[1]。

Aldrich & Reese 指出,在创业领域,网络规模的大小代表了新生企业所能依靠的潜在的不同资源拥有者的数量,直接反映了社会网络中主要人员的数量和联结的复杂程度[2]。杨敏利和党兴华认为,在新创企业发展的过程中,不可避免地会面临资源的需求不能满足于已有的网络联系这样的问题,而网络关系中的熟人恰好能够提供广泛而有效的资源[3]。研究者们研究表明网络规模越大,越能够提高创业活动的成功率。Tanas 表明,这是因为它可以提供更多的创业信息和机会,让创业者在信息方面拥有一定的优势[4]。社会网络规模越大,企业就可以与更多合作者之间产生网络交集,新创企业家就能够从更广泛的网络关系中获取有用的信息与资源[5]。其次,社会网络规模越大新创企业周围可利用的资金、人力资源就越多[6],这为新创企业的成长提供了较多的发展机会,提升

---

[1] 解学梅,左蕾蕾. 企业协同创新网络特征与创新绩效:基于知识吸收能力的中介效应研究 [J]. 南开管理评论,2013,16(3):47—56.

[2] Reese P R, Aldrich H E. Entrepreneurial networks and business performance[J]. International Entrepreneurship,1995,3:109—123.

[3] 杨敏利,党兴华. 创业企业与创投机构合作关系对成长绩效的影响[J]. 科研管理,2014,35(10):70—81.

[4] Tsnas W. Social capital and value creation: The role of firm networks[J]. Academy of Management Journal,1998,41(4):464—476.

[5] 刘乐,郑鑫,周小虎,何德慧. 创业乐观中介下社会网络对新创企业绩效的影响[J]. 科技进步与对策,2016,15(3):68—75.

[6] 丁振阔,叶广余,黄胜. 新创企业国际化程度研究综述[J]. 管理科学,2016,06(3):64—82.

了新创企业在市场中的成功率①。总的来说,新创企业的网络规模越大越能取得发展成效。

谢洪明和刘少川在研究中提出,社会网络强度对于研发新产品、实现技术创新和资源共享等具有明显的影响,而这些创新活动正是新创企业快速成长的重要路径②。"嵌入性"理论指出,高强度关系对于组织之间信息的共享和认知的构成具有一定的帮助。Daskalakis等认为网络关系强度越大,企业越容易获取对自身有利的信息和知识③。Inkpen&Tsang将强关系与弱关系企业相比较得出,具有强关系的两个企业之间可以形成一个共同的态度与信仰,这有利于企业与创新伙伴进行更加有效的知识传递,获得更高的成长绩效④。总之,强关系能够促进企业间有价值的信息交换以及网络内知识的更深一步的沟通,使得企业能够迅速识别竞争市场的微妙变化并作出应对变化的相应对策,从而促进新创企业的稳定发展⑤。

网络异质性是开放式竞争环境下企业社会网络的主要特征。左晶晶和谢晋宇从社会网络和知识资源的角度,对网络异质性和企业成长绩效的关系进行研究得出结论:社会网络异质性越高,创业者的创新性创业绩效越好⑥。Phelps等认为异质性资源将有利于实现创新突破,易增强探索式的创新绩效⑦。陈劲等以联盟网络为例研究发现:成员异质性越高,对企业新产品和创意开发实现的可能性越大,越有利于企业绩效的提升⑧。网络异质性是通过多条路径来推动企

---

① 任胜钢.企业网络能力结构的测评及其对企业创新绩效的影响机制研究[J].南开管理评论,2010,13(1):69—80.

② 谢洪明,张颖,陈聪.网络嵌入对技术创新绩效的影响:学习能力的视角[J].科研管理,2014,12(2):1—8.

③ Daskalakis,M,M. Kauffeld—Monz. On the dynamics of knowledge generation and trust building in regional innovation networks. A multi method approach[J]. Agent—Based Economics,2007,(5):278—296.

④ Inkpen A. C,Tsang E. W. K. Social capital, networks and knowledge transfer[J]. Academy of Management Review,2005,30(1):146—165.

⑤ 刘学元,丁雯婧,赵先德.企业创新网络中关系强度、吸收能力与创新绩效的关系研究[J].南开管理评论,2016,19(1):30—42.

⑥ 左晶晶,谢晋宇.社会网络结构与社会网络资源——基于270名科技型大学生创业者的问卷调查[J].中国人力资源开发,2013,05:6—15.

⑦ Phelps,C.C. A Longitudinal Study of the influence of Alliance Network Structure and Composition on Firm Exploratory Innovation[J]. Academy of Management Journal,2010,53(4):890—913.

⑧ 陈劲,阳银娟.外部知识获取与企业创新绩效关系研究综述[J].科技进步与对策,2014,01:156—160.

业的创新与成长的。张旭锐和张颖颖等在对陕西省孵化企业的实证分析中指出,异质性的网络能够促进组织间成员的相互交流,创造企业成长发展所需要的信息、资源和技术,这将会推动新创企业成长绩效的达成[①]。任胜钢等研究认为异质性网络能够为新创企业提供知识与技能,分散市场中所遇到的风险,降低交易的成本,这些毫无疑问有利于新创企业的发展[②]。曹红军和卢长宝等则表示,高度异质性的关系网络可以激发组织内部成员的灵感,而组织成员对待问题的不同见解将会引导组织对竞争市场存在的机会、危险作出及时有效的判断,从而作出更高质量的决策,提高企业的成长绩效[③]。

基于以上研究文献,我们提出以下假设:

假设 H1:社会网络特征(网络规模、网络异质性、网络强度)与新创企业的成长呈正相关关系。

假设 H1a:网络规模与新创企业的成长呈正相关关系。

假设 H1b:网络强度与新创企业的成长呈正相关关系。

假设 H1c:网络异质性与新创企业的成长呈正相关关系。

2. 关系质量与新创企业成长的研究

新创企业的成长绩效不仅仅取决于企业的社会网络特征,Kelly 等人提出的近关系理论表明,关系质量的优劣对于企业的成长也有着直接的影响[④]。随后,Joyce A. Young 等人将近关系理论引入对企业间合作关系的研究之中,并得出结论:企业间的关系交流为两个企业提供了一个交换信息与资源的平台,企业中的成员可以通过这一平台获得自己所需要的稀缺资源,这一过程中关系质量起到了至关重要的作用,并将直接影响着企业成长的优劣。Mohr & Spekman 指出,企业的关系质量好坏是衡量企业间交易关系是否成功的一个重要指标,企业间的关系将直接影响企业的成长发展[⑤]。Stiles 研究表明,在长期的合作关系中,具有较高关系质量的企业在合作过程中既可以减少因企业文化不相容所引

---

① 张旭锐,张颖颖,李勃. 网络异质性、外部知识整合与探索式创新绩效—基于陕西省孵化企业的实证分析[J]. 科学决策,2015,11(2):51—65.

② 任胜钢,吴娟,王龙伟. 网络嵌入结构对企业创新行为影响的实证研究[J]. 管理工程学报,2011,04:75—80.

③ 曹红军,卢长宝,王以华. 资源异质性如何影响企业绩效:资源管理能力调节效应的检验和分析 [J]. 南开管理评论,2011,14(4):25—31.

④ Kelley H. H. Berscheid E C. Close relationships [M]. New York W. H. Freeman&Company 1983:72—75.

⑤ Mohr, Jakki, Spekman, Robert. Characteristics of Partnership Success: Partnership Attributes, Communication Behavior, and Conflict Resolution Techniques[J]. Strategic Management Journal, 1994, 15(2):135—152.

起的冲突,增加企业间关系的持久性,同时也可以迅速化解已经出现的矛盾与冲突,这为新创企业的成长发展提供了更好的背景条件。Dyer&Singh等人认为,关系质量较强的企业可以获得合作伙伴更多的互补性资源,而这些合作中所获得的独特资源也是提高企业成长绩效的关键[1]。企业之间保持一个良好的关系既可以提高企业间合作的意愿和满意度,又能够保证企业的目标顺利实现。徐建中等在研究关系质量与团队创新绩效关系中发现,保持关系的持久性能够促进企业之间资源与信息的充分交换,使得企业的合作成员能有足够的专用性关系资源进行投入,这对于提高企业的成长绩效具有积极的作用[2]。Mcneil则认为,关系的公平性可以使得两个企业能灵活地应对合作过程中所发生的冲突或是意外事件,同时对于企业之间进行平等的信息、资源的互换起到了一定的帮助[3]。

基于以上研究文献,我们提出以下假设:

假设H2:关系质量与新创企业的成长呈正相关关系。

3.关系质量在社会网络特征与新创企业成长中的关系研究

Lee & Penning在对组织的技术能力、外界网络和公司成长绩效的关系进行探究时发现,与外界公司的网络联系对公司的销售业绩有一定的提升作用[4]。Argote&Reagans在研究技术产业时,发现新创公司能够利用企业之间的联盟网络来提升企业的绩效,这是因为在企业的合作网络中能够降低取得信息资源的成本,同时也可以减少与其他组织的冲突和降低环境的复杂性[5]。这些研究都直接地说明了企业的社会网络特征对企业的成长绩效的积极作用。尽管学者们从概念和理论上指出了社会网络关系与新创企业成长之间相互依存的内在关联,但现有理论尚未清晰地表明企业间到底需要维持什么样的关系才能更好地发挥社会网络特征的作用。Gilley & Rasheed认为,已有研究大多是对相互独立的"社会网络特征—绩效"和"关系质量—绩效"关系的研究,很少有分析社会

---

[1] Dyer, Sigh. The Role of Relationship Quality in the Stratification of Vendors as Perceived by Customers[J]. Journal of theAcademy of Marketing Science, 1998, 26(2):128—142.

[2] 徐建中,吕希琛.关系质量对制造团队创新绩效影响研究——业务转型外包情境视角[J]. 2014, 35(9):142—151.

[3] Mcneil The new social contract an inquiry into modern contractual relations[M]. New Haven:Yale University Press 1980:68—71.

[4] Lee, Maria. The D&D Model: Dimensions and Domains of Relationship Quality perceptions[J]. Service Industries Journal, 2001,21(3):13—36.

[5] Argote, L., Mc Evily, B., Reagans, R.. Managing Knowledge in Organizations: An Integrative Framework and Review of Emerging Themes[J]. Management Science, 2003, 49(4):571—582.

网络特征与关系质量交互作用是如何影响企业绩效的研究设计①。

Tsai & Ghoshal 指出,关系质量是企业间进行有效网络交流的前提,它是存在于企业的交流过程中并为企业的成长发展带来收益的一种无形的资本,这种资本是存在于企业员工顾客之上组织结构之中的②。近年来,人们逐渐关注到关系质量不仅会影响企业间有效的网络交流,还会控制网络主体的决策判断,这最终会影响到企业的成长绩效,所以关系质量自然被作为新创企业的社会网络特征与企业成长关系的调节变量引入。

Eriksson & Johnson 在研究中指出,企业间的社会网络关系对企业成长的作用会随网络成员间相互承诺与信任的增加而增大,从而创造更大的企业价值③。Hansen 等指出,信任可以降低双方的沟通成本,减少冲突和核查信息的需要,企业间的关系若是以信任为基础,那么对方行为的可预见性能够促进彼此的开放交流,及时履行条约和阻止矛盾的发生,这对于企业的成长是有益的④。反过来说,相互不信任的双方即使交往再频繁也不易于产生有效合作。Dyer 研究发现,承诺是资源交易过程中合作双方赖以生存的基础,能促进企业技术与知识的交流,与信任相互作用来促进合作中企业绩效的提升⑤。Schonberger & Ansari 认为,当企业的社会网络具有高程度的关系强度、关系公平性以及关系持久性时,将促进更加有效的沟通协调以此达到企业合作交流的最佳状态⑥。若是没有合作关系的存在,两个企业间的交易很容易演化成市场化的形式,企业之间没有了互动必定会造成合作绩效的降低⑦。

基于以上对关系质量的讨论,可以假设关系质量在企业的社会网络特征与

---

① Gilley K M, Rasheed A. Making more by do less: An analysis of outsourcing and its effects on form performance[J]. Journal of Management, 2000, 26(4):763—790.

② Tsai W, Ghoshal S. Social capital and value creation: The role of intra—firm networks [J]. Academy of Management Journal, 1998, 41(4):464—476.

③ Eriksson, Jean L. Strategic Integration in Industrial Distribution Channels: Managing the Interfirm Relationship as a Strategic Asset[J]. Journal of theAcademy of Marketing Science, 1999, 27(1):4—18.

④ Hansen M T. Knowledge networks. Explaining effective knowledge sharing in multiunit companies[J]. Organization Science, 2000, 13(3): 232—248.

⑤ Dyer J. H, Nobeoka K. Creating and managing a high performance knowledge—sharing. TheToyota case[J]. Strategic Management Journal, 2000,21(3): 345—367.

⑥ Schonberger K J, Ansari A. Just in time purchasing can improve quality[J]. Journal of Purchasing and Materials Management,1984,21:2—6.

⑦ Greve, Henrich, Baum, Joel A. Built to last but falling apart: Cohesion, friction, and withdrawal from Interfirm alliances[J]. Academy of Management Journal, 2010, 52(2): 302—322.

企业成长的关系中有一定的影响,且存在调节效应,由此,我们提出如下假设:

假设 H3:关系质量在社会网络特征和企业成长的关系中具有调节作用

假设 H3a:关系质量在网络规模和企业成长的关系中具有调节作用

假设 H3b:关系质量在网络强度和企业成长的关系中具有调节作用

假设 H3c:关系质量在网络异质性和企业成长的关系中具有调节作用

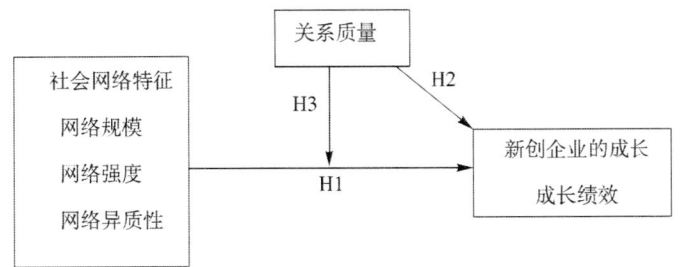

新创企业社会网络特征—企业成长绩效的理论模型

资料来源:本文绘制

(三)研究设计

1. 数据收集与样本选择

在样本选择上我们主要遵循以下原则:首先,选择新创企业为实证研究的对象。由于新创企业发展的需要其与外界相关企业的合作交流活动比较频繁,因此社会网络比较明显。其次,所选定的企业的规模大小、成立年限以及企业的特性都应是有代表性的。为了提高问卷调查的可信度,在进行正式的调研之前,首先选取了 20 家新创企业对它们进行问卷测试,根据测试的结果对调查问卷的内容进行相应的修改。我们选取的样本主要是针对合肥市高新技术产业开发区的新创企业,企业涉及家用电器、生物医药、通信、机械加工等多个行业,主要采取实地调研和电话调研的方式。调研是从 2016 年 8 月正式开始的,历经 3 个月,本次调研共发放 400 份问卷,总共收回 245 份,去除不满足条件的问卷,最终可采用的问卷 202 份。

研究样本特征(N=202)

分类	企业概况	企业数	百分比	分类	企业概况	企业数	百分比
产权性质	国有企业	63	31.188%	教育程度	专科以下	21	10.396%
	私营企业	100	49.505%		大学本科	142	70.297%
	中外合资企业	39	19.307%		硕士及以上	40	19.802%

续表

分类	企业概况	企业数	百分比	分类	企业概况	企业数	百分比
企业规模	50人以下	75	37.129%	受访者位置	高层管理者	10	4.950%
	50～300人	95	47.029%		中层管理者	61	30.198%
	301～2000人	33	16.337%		基层管理者	60	29.703%
成立年限	3年以下	52	25.743%		技术或研发人员	72	35.644%
	3～5年	32	15.842%	资产总额	1000万以下	21	10.396%
	6～10年	42	20.792%		1000～4000万	62	30.693%
	11～15年	56	27.723%		4000万～4亿	75	37.129%
	15年以上	21	10.396%		4亿以上	45	22.277%
行业类型	生物医药技术	68	33.663%	年销售额	500万以下	30	14.851%
	新能源高效节能	62	30.693%		500～1500万	55	27.228%
	电子与信息	36	17.822%		1500万～1亿	82	40.594%
	新材料	37	18.317%		1亿元以上	36	17.822%

资料来源：问卷调查统计结果

基本统计结果显示，从被调查者的教育程度来看，70%是本科及以上的学历；管理者占了65%，由此看来问卷调查的质量可以得到保证，因为受到良好教育的管理者对于问卷有更高的理解性，同时对于公司的日常经营状况也比较了解。此外，有85%的企业成立年限在五年及以上，从年销售额来看，1500万以上的企业比重较大。总体看来，调查的样本能够较好地反映合肥市高新技术产业的总体特性。

2.2 变量来源和测度

在变量的测度上，为了保证测量工具的有效性和可信度，尽可能的采取国内外学者已使用过的量度，然后依据本文的实际研究方向作适当的调整。

新创企业的社会网络特征。引用 Mitchell 与邬其爱的研究方法，同时借鉴先前学者对社会网络特征的研究并进行深入的访谈调研，从网络规模、网络异质性和网络强度几个维度来分析新创企业的社会网络特征[1]。在具体测量中，用 Likert 七级量表将网络规模分为七个等级(1="<2",2="2—5",3="6—9",4="10—13",5="14—17",6="18—21",7=">21")，并分为四个区分度较高的

---

[1] 彭伟,符正平.联盟网络、资源整合与高科技新创企业绩效关系研究[J].管理科学,2015,03(1):26—37.

问题来测量。同样的,用 Likert7 级量表将网络异质性和网络强度 2 个变量分为 7 个等级:1(极不同意)—7(极同意),6 个区分度较高的问题来测量。

关系质量。主要是根据 Joyce 与 Young 等人的研究结果,用关系强度、关系公平性与关系持久性 3 个指标来衡量,采用李克特 7 点打分法将其分为七个层次:1(极不同意)～7(极同意),被调查者以这 7 个等级为标准对关系质量作出评价。

企业的成长绩效。测量成长绩效主要有主观与客观两种测量方法。但是新创企业很难获得准确客观的财务资料,与此同时,Dess 等研究发现用主观绩效来代替客观绩效不会影响研究结果的有效性和可信度。我们借鉴 Chandler 和 Parker 等人的研究成果,采用市场份额的增长、销售额的增长、利润的增长和员工数量的增长等四项指标来对新创企业的成长绩效进行测度[①]。具体测量变量时,采用李克特 7 级量表将其分为 7 个层次:1(极不同意)～7(极同意)。

表 2 研究变量

变量	测量指标	文献来源
网络规模	网络中企业的数量	陈学光,2007;Lechner 和 Leyronas,2007;任胜钢等,2011;Mitchell,1969
	网络中政府机构的数量	
	网络中研究机构的数量	
	网络中中介机构的数量	
网络异质性	产品的差异性	杨隽萍,2015;陈学光,2007;邬其爱,2006
	技术的差异性	
	企业文化的差异性	
网络强度	长期的合作关系	Eisingerich 等,2010;罗志恒等,2009;邬其爱,2006
	资源共享频繁	
	信息交流频繁	
关系质量	关系强度	武志伟,2007;Young 等,2000;Holmlund 等,2001;Lages 等,2005
	关系持久性	
	关系公平性	

---

① Fischer, M, Diez, J. R, Snickars, F. Metropolitan Innovation Systems: Theory and Evidence from Three Metropolitan Regions inEurope[J]. Strategic Management Journal, 2001, 22(3):275—286.

续表

变量	测量指标	文献来源
企业的成长绩效	市场占用率	解学梅,2010;Chandler 和 Parker 等,2008;
	销售额的增长率	
	利润的增长率	
	员工数量的增长率	

资料来源:历年文献回顾

(四)研究结果

1. 量表的信度与效度

信度分析是研究量表的可信度,对量表的稳定性与可靠性进行测量。我们采取一致性指数即 Cronbach's alpha 系数,该系数可以评估信度的高低。根据以往的研究,若 Cronbach's α>0.7 表明可信度比较好,Cronbach's α>0.6 表明可信度一般勉强能够接受,Cronbach's α<0.6 表示信度不够。本研究各变量的 Cronbach's α 均大于 0.7,且内部的一致性系数为 0.839,这表明问卷的整体可信度较高。

效度指的是调查问卷的准确性,用来检验能反映所要测量特性的水平。通过 SPSS18.0 统计分析软件对数据进行 KMO 样本和 Bartlett 球体检验,结果表明,KMO 的大小为 0.842,样本很充足;Bartlett 球体检验的结果表明,sig<0.001,推翻了原假设,相关系数矩阵非单位矩阵,所以本数据适合因子分析法。现对问卷中的 5 个变量进行主成分分析法和正交旋转,结果如表 3 所示,社会网络的因子分析累计解释了 73.836% 的差异。根据 Hair 等提出的最小因子载荷标准,因子载荷超过 0.500 认为是非常显著的,显示各变量的因子载荷值均超过 0.5,故总体而言,问卷采用的量表的效度是合适的。

信度和效度检验结果

测量项目		因子载荷	α 信度系数
社会网络特征	网络规模	0.732	0.783
	网络异质性	0.651	0.807
	网络强度	0.805	0.805
关系质量		0.884	0.816
成长绩效		0.843	0.817

资料来源:作者整理计算

2. 相关性分析

相关性分析是对两个变量之间的关联程度进行分析,通过相关性分析可以明确两个变量之间的关系,一般用皮尔逊相关系数表示。结果如表4所示,表明关系质量、成长绩效与新创企业社会网络特征的三个维度之间有着显著的相关关系。

变量间的描述性统计与皮尔逊相关(N=202)

变量	均值	标准差	1	2	3	4	5
网络规模	3.528	0.9932	1				
网络异质性	3.191	0.77612	0.598**	1			
网络强度	3.324	0.7323	0.583**	0.505**	1		
关系质量	3.58	0.784	0.590**	0.476**	0.431**	1	
成长绩效	4.073	0.8988	0.506**	0.466**	0.555**	0.437**	1

注:**表示在.01水平(双侧)上显著相关。

资料来源:作者整理计算

3.回归分析

为了更直观地反映变量与变量之间的关系和各维度的作用程度,我们使用SPSS18.0统计软件进行回归分析。首先利用层次回归来分析模型中有可能存在的直接关系;其次,验证关系质量在其中的调节作用。

新创企业的社会网络特征对成长的影响。现定义新创企业社会网络特征的三个维度为自变量,企业的成长绩效为因变量进行回归分析。表5的结果显示,回归方程中的F值分别是68.918、55.537、88.924(P<0.001),回归方程是显著的。其中网络强度的影响最为显著($\beta=0.555$,P<0.001),其次为网络规模($\beta=0.506$,P<0.001),而影响最低的是网络异质性($\beta=0.466$,P<0.001),新创企业社会网络的网络规模、网络强度和网络异质性对企业的成长绩效都有明显的正向影响,即H1a、H1b和H1c得以验证。从这可以得出,新创企业能够通过扩大网络的规模、提高网络的强度以及加强网络的异质性来提升企业的成长绩效。

社会网络特征对企业成长绩效的多元回归分析

因变量		成长绩效			
		标准回归系数 Beta	t值	R^2	F值
自变量	网络规模	0.506	8.302***	0.256	68.918***
	网络异质性	0.466	7.452***	0.217	55.537***
	网络强度	0.555	9.430***	0.308	88.924***

资料来源:作者整理计算

关系质量对新创企业成长的影响。本部分以关系质量为自变量、成长绩效为因变量作回归分析。如表6所示,回归方程中的F值是47.081(P<0.001),回归方程显著,关系质量对成长绩效的影响较显著($\beta=0.437$,P<0.001)。可以得出,关系质量对于企业的成长有着明显的正向作用,故H2得到验证。因此,新创企业不仅要发展自身的社会网络,还要注重提升社网络关系的质量从而实现企业成长绩效的提高。

关系质量对企业成长绩效的回归分析

因变量		成长绩效			
		标准回归系数Beta	t值	R^2	F值
自变量	关系质量	0.437	6.862***	0.191	47.081***

资料来源:作者整理计算

关系质量的调节效应。前面的分析结果已经证实了新创企业的社会网络特征和关系质量的变动能显著影响成长绩效的变动。现把三个自变量分别和调节变量的交互项加入回归模型(见表7),结果显示,回归方程显著。网络规模与关系质量的乘积项($\beta=0.169$,P<0.01),网络异质性与关系质量的乘积项($\beta=0.154$,P<0.05),网络强度与关系质量的乘积项($\beta=0.112$,P<0.05)与成长绩效的关系呈正相关关系,并且影响显著。因此可以得出结论,关系质量对于新创企业的社会网络特征和成长绩效的关系有着调节效应,假设H3a、H3b与H3c得到验证。

关系质量的调节效应检验结果

交互项	验证假设	F值	标准回归系数	Sig	检验结果
网络规模*关系质量	H3a	7.897***	0.169	0.005	支持
网络异质性*关系质量	H3b	6.517***	0.154	0.011	支持
网络强度*关系质量	H3c	3.940***	0.112	0.049	支持

资料来源:作者整理计算

(四)结论与启示

我们以新创企业为研究对象,基于社会网络的视角,通过实证分析测度了社会网络特征(网络规模、网络异质性和网络强度)、关系质量对企业成长绩效的作用机制,进而探讨它们之间的相互关系。研究的具体结论如下:

1. 基本结论

研究结果显示,第一,新创企业社会网络特征的三个维度网络规模、网络异质性和网络强度与企业的成长绩效之间均表现出明显的正相关关系,其中网络强度对于成长绩效的影响最为明显,网络规模其次,而网络异质性的影响最弱。

网络规模作用相对较小的可能原因是:在我国的经济和市场体系下,政府机构和中介机构在社会网络中未发挥实质的作用,所以中介机构的职能和服务质量有待于进一步地改革和完善,政府也应该更大力度的扶持当地新创企业加强与企业间的相互协作①。

第二,需要指出的是,关系质量在社会网络特征的三个维度与成长绩效之间的关系中存在调节效应。从结果可以看出当网络异质性单独作用于成长绩效时影响较小,而关系质量与网络异质性结合起来共同作用于成长绩效时影响较为显著。这说明若是企业与合作伙伴之间不能维持优良的关系质量,那么即便企业具备一些稀缺资源和信息也有可能由于对资源利用的不当而未获得较好的成长绩效②。

从研究的结果来看,关系质量是影响"社会网络特征—成长绩效"关系,发挥社会网络特征有效性的关键点。所以,若是企业想要利用网络异质性来获取高的成长绩效就必然要提高网络的关系质量。

2. 对理论的发展与实践的启示

(1) 对已有理论的发展和贡献。

我们的研究揭示了影响"社会网络特征—成长绩效"关系成立的重要条件,提升了现有理论对企业成长绩效差异形成的说服力。现有的社会网络理论一般简单地推断新创企业的社会网络特征能够为企业带来持续的竞争优势和成长绩效,但是这难以解释为什么有些社会网络的特征对于企业成长绩效的作用不大。我们的研究表明,社会网络特征对于成长绩效的影响程度很大一方面取决于企业间关系质量的调节效应。这在一定程度上整合了已有的社会网络理论和近关系质量理论,强调了网络间关系的相互依存。

(2) 对企业管理实践的启示。

基于新创企业本身的不足,首先,在开放式的市场竞争时代,企业若想在竞争市场中持续稳定地生存发展,就必须在资源共享、信息交流和技术创新方面与不同的网络合作伙伴维持长期、持久、稳定的合作关系,从而提升企业的成长绩效。其次,应加强政府机构、研究机构和中介机构等横向合作伙伴在企业成长中的作用,鼓励与相关企业的交流学习,以达到资源与信息的共享。另外,政府部门应出具相关扶持政策来鼓励企业与合作伙伴的交互发展与创新。再次,企业在合作过程中,还要重视与合作伙伴的关系质量,一个良好的关系质量能促进社

---

① 汪金爱. 创始人初始社会地位与社会资本对创业绩效的影响研究[J]. 管理科学, 2016, 29(5):46—55.

② 彭伟,符正平. 权变视角下联盟网络与新创企业成长关系研究[J]. 管理学报, 2014, 11(5):659—668.

会网络特征更有效地发挥其正向作用。最后,社会网络特征对于企业成长的影响是一个长期的过程,企业在拥有良好的内外部资源的同时,仍需要不断地发掘创新来提升自身的适应能力和竞争优势,并将这种优势尽快有效地应用到市场中。

(3)研究的不足以及对未来的展望

首先,由于时间的紧迫性以及行业的局限性,我们只针对安徽省合肥市的企业进行取样调查,没有对其他地区进行相关调查来进行比较分析,所以地域文化差异的影响没有在本研究中体现出来,其结论的适用性还有待于进一步的考察与探究。其次,我们仅探讨了关系质量在企业的社会网络特征与成长绩效关系中的调节效应,是否存在中介关系尚未进行更深层次的讨论,并且基于社会网络特征变量的多维性,没有将关系质量的三个维度放入假设模型进行分析,这也是后续研究的重点所在。最后,本研究的数据主要依赖于问卷调查,故调查问卷的质量对于研究具有关键性的作用,但是由于问卷测量极易受到主观意识的影响,因此研究结论也会受到一定的影响。鉴于研究目标的限制,仅考虑了企业的社会网络特征对于成长绩效的积极影响。然而,在实际过程中,企业为了发展自身而建立社会网络的行为成本较高,所以社会网络能增加效率从而降低成本的作用并不总是成立。如果企业过多地涉入到社会网络中将不能发挥本身存在的优势条件,故在进一步研究中,有必要从另一种思路出发来探讨企业社会网络特征的各个维度对于企业的存在是否具有负面的影响。

欧盟内部气候协定谈判研究

李孜①

2016年4月世界主要经济体共同签订了《巴黎协定》——有史以来参与国家(地区)人口最多、减排约束力最强的国际气候协定。欧盟代表欧盟成员国成为《协定》的缔约方,而且是《协定》的领导者。《协定》首创了"自主贡献"制度,这种制度能和减排目标不矛盾,只能依靠领导者自主的特大幅度减排。那么欧盟国家是如何形成减排共识的呢？主权国家之间达成共识,必须通过谈判,根据西方经济学观点,减排与气候协定会伤害经济,往往难以达成大幅度减排的协议。通过初步研究发现:"减排""低碳经济"与"绿色发展"是欧盟的主张,并不是所有成员国的目标,而欧盟是通过促进其成员国间的谈判,使"自主贡献"具备了可操作性。本研究基于经济学视角,分析欧盟作为成员国间谈判的机制设计者,是如何使用其已有的有限资源,促成成员国之间的达成相关协定的。

所谓机制设计指设计者"无力"完成其目标,需要机制假借他人之手,激励或者诱导他们帮助自己实现目标。报告的第一部分首先指出欧盟的目标:扶持新能源产业。只有欧盟市场上的新能源产业达到了一定的水平,欧盟的温室气体排放才可以在2030年较之1990年至少减少40%,与此同时,新能源作为传统能源的替代品使得经济保持发展。而扶持新能源,对于欧盟成员国而言,这会伤害短期市场的有效性,不利于经济发展,因此欧盟的这个目标并不是欧盟成员国的优先选择。报告的第二部分则说明欧盟自身"无力"完成这个目标,因为各国的产业政策属于欧盟不能干涉的领域,且欧盟的财政预算也相对较小,无法进行直接的资金扶持。由于欧盟"无力"实现其扶持新能源产业的目标,欧盟需要将成员国拉到谈判桌上,为他们设计好议题,分步骤诱导他们去完成这个目标,也就是第三部分所分析的谈判步骤设计。为了解决扶持资金的难题,欧盟还把能源产业联盟拉上谈判桌,赋予他们更多的话语权,形成私有资本的投资激励,且

---

① 李孜,武汉大学商学院,数理金融实验班金融学、经济学理学双学士。

放弃了对新能源产业扶持政策的进一步控制权,让各国政府更有激励对新能源产业追加投资,这就是第四部分重点分析的谈判步骤。第五部分对《巴黎协定》所展示的欧盟内部谈判成果作了进一步的分析,然而,美国的特朗普政府在2017年6月宣布退出《巴黎协定》,该部分还将重点分析,美国退出是否会改变欧盟已有的成果,认为:欧盟的成果是稳定的,美国的退出只会进一步加强欧盟在协定中的领导地位,促进中国为首的发展中国家与欧盟更加紧密的在环境与新能源事务上的合作。

在进一步的研究后,发现:尽管受到欧债危机、英国退欧风波等事件的冲击,欧盟成长为全球政治经济事务中的主要力量的趋势不会改变,欧盟委员会的能力值得尊重,而欧盟的问题也值得关注与深入研究。

一、攘外必先安内

处理经济发展与环境保护之间的矛盾,欧盟的理念是:打造欧洲低碳经济,通过新能源与节能技术的研发实现欧洲经济的绿色发展,保持欧洲经济在世界上的竞争力,并让欧盟成为全球气候问题的领导者。也就是说,欧盟是以提升自身在世界上的地位为目标的。以下将分析,为达成这条"攘外"的目标,欧盟成员国需要通过谈判写成内部协定,因此欧盟委员会需要先找出一条"安内"的路径。

"我们需要联营全欧洲的资源,整合欧盟的基础,统一全欧盟成员对于其他国家的谈判力量。我们还需要更多的能源供应者,并且降低欧盟部分成员国经济对于能源的高度依赖性。"

——欧盟委员会主席,让·克劳德·容克,2014年7月15日,就能源与气候变化问题的发言。[①]

这段发言信息量较大。首先,欧盟委员会主席承认:欧盟内部并没有在能源与气候变化问题上达到一致,资源的联营,基础的整合,谈判力量的统一仍是欧盟委员会的工作重心。其次,他表明:欧盟部分的成员国,其经济对于能源的高度依赖正在阻碍欧洲向着更加绿色、清洁的发展道路上转型。最后,他认为:只有欧盟成员国之间(欧盟内部)达到一致,欧盟委员会才可以主动地去寻找可再生、清洁新能源的供应方,否则即使找到可替代能源,也会因为欧盟内部的分化,而得不到有效的使用。

容克主席透漏的信息能够被西方经济学理论"理性化"(因此从经济学角度

---

① 原文"We need to pool our resources, combine our infrastructures, and unite our negotiating powers vis-à-vis third countries. We need to diversify our energy sources, and reduce high energy dependency of several of our Member States"。

分析，其信息可信度较高）：

其一，新能源产业（包括清洁与可再生能源的生产、储存与应用，以及温室气体吸收与储存等产业，本报告简称"新能源产业"）需要"扶持"。应对欧洲与世界的气候变化问题，大量使用可再生能源、清洁能源替代传统的化石能源，是目前人类构思出的最佳方案（以不能伤害经济和安全为前提）。然而，可再生能源、清洁能源的研发与生产是一个新兴产业，必然受到与其竞争的传统产业的"攻击"。在产业组织理论中（在理性人遍布的市场竞争中），不太可能存在"后发优势"：假设"后发优势存在"，因为市场是一个允许理性人自由选择的机制，而理性人面对"后发优势"时会选择后发，因此就不存在"先发"，然而我们依赖的逻辑起点是"有先发才有后发"，即"先发"的存在性是"后发优势存在"的必要条件，矛盾，证毕。相对的，"先发优势"往往是存在的：传统化石能源提供方在面对新兴产业的竞争压力时，往往会主动提高产能或者降低价格，执行领跑者战略（top－dog strategy），或者与发动机制造商联营，提高燃油发动机的使用效率并降低消费者对于能源的需求，执行饿狼战略（lean－and－hungry－look strategy），使后发的新能源因为其产能不足、成本与价格相对较高，或者需求不足，而无法在市场上立足。① 但绿色环保产业是全人类进一步发展所必需的，尽管市场在短期没有失灵（消费者意愿得到更加充分的满足），长期来看，市场经济体系正在伤害人类的未来。② 据此，就环境问题来说，欧盟委员会的工作重心将是"扶持"新能源产业，也就是"diversify our energy sources"。

其二，"扶持"新能源产业需要欧盟委员会拿出"市场化"方案。在西方市场经济体系中，政府"弱"而市场"强"，对新兴产业发展起决定性作用的是消费者，是市场的需求。"弱"政府能够做的只有搭建一个更好的市场，对可再生能源与清洁能源生产者进行充分的保护，此时问题主要出在欧盟国家间的劳动力流动阻力为几乎为零。欧盟的成立之初将劳动力流动障碍放入框架之中，欧盟内部（只有七国）户口本是就业保障，欧盟国家之外的劳动力进入欧盟国家需要"暂住证"。随着欧盟的扩大，整个欧洲大陆的劳动力可以进一步地享受"自由进入"与"人人平等"。如今欧盟国家的市场是一个"大市场"，在"大市场"上，一个国家继续使用传统能源，特别是价格不高的传统能源，而另一个国家"盲目"追求绿色发展，那么高素质劳动力（语言能力更强）因为短期的经济动机与生活成本，会从后者迅速转移到前者——国与国之间的囚徒困境。注意到劳动者也是消费者，没

---

① 先发优势的策略引自让·梯若尔的《产业组织理论》。
② Ramsey－Cass－Koopmans框架早就证明了短期市场有效性不能执行"黄金规则"：Do unto future generations as we hope previous generations did unto us。他们还认为政府也做不到，不过他们的框架并未考虑气候变化与环境约束。

有消费者支持的绿色发展,并不存在发展的可能性,因此让欧盟各个国家,独立构建保护可再生能源与清洁能源生产者的市场,由于不具备"先发优势",是不可能成功的。据此,缺少欧盟的直接参与,"扶持"绿色新兴产业是做不到的,且欧盟还需要设计好这个"市场"。

其三,"扶持"新能源产业的"市场化"方案属于制度设计,要求事后交易成本尽可能小,需要事前的"联营""整合"与"统一",不惜改变"大市场"自由市场架构。交易成本包括搜寻与信息成本、谈判与讨价还价的成本和强制执行合约的成本。容克主席所说的"联营资源",最终目标当是联营智力资源——主要是研发绿色技术的公益与私营机构。在化石能源供应者的领跑者战略与饿狼战略面前,分散的"资源"看不见抗争的希望:首先,消费者找到他们、理解其产品的搜寻成本太高;其次,在传统能源企业面前独善其身的谈判成本太高,导致他们往往选择依附于传统能源企业(被兼并),成为大企业公关的门面(污染行业往往通过环保研发投入来提升公共形象,降低政府机构对其制裁的能力),甚至变成避税的壳子;最后,勉强经营的私营机构,其长期存活能力会受到质疑,买方对其强制执行长期合约的成本过大(例如对企业存活时长的预期低于合约的久期),导致无买方愿意与其长期交易。基于此,欧盟认识到这些分散的资源需要联营。欧洲是全球最早意识到环境问题重要性的地区(例如休谟的《人性论》、罗马俱乐部等),意识形态影响上层建筑,欧盟国家在各自的法律、教育与财政制度以及其他物质性基础设施建设中都渗入了环保意识,使用好国家基础中的绿色元素是降低未来新能源市场上交易成本的有效途径(例如提高新能源形象,降低搜寻成本;补贴新能源生产,减少定价的成本;保障消费者权益,减少强制执行成本),而降低交易成本最实惠的方法,自然是让各个国家互相取长补短,即为容克所说的"整合基础"。而"统一谈判力量"指的是欧盟成员国与其他地区进行外贸谈判时的力量统一,凡欧盟其他国家因能源与气候变化问题不愿意签署的外贸协定,单个欧盟国家也不能签署类似的外贸协定。例如,购买环保技术的外贸协定(从日本或美国购买,目前平均每GDP的碳排放水平,日本最低;而平均每GDP的能耗水平,美国最低,这可能说明欧洲国家并不是全球范围的减排与节能技术的真正领导者),如果一个欧盟国家购买了某个技术,在欧洲自由贸易框架下,瞬间可使其他国家对类似技术的研发投入徒劳一场,这样欧盟以外的环保技术就有能力获得欧洲市场的垄断地位,让"联营资源"的策略在另一个层面上失败:需要扶持的新型产业与已经较高程度发展的同类产业之间在市场上进行消耗战,必败无疑,而所谓消耗战,就是消耗时价格低,战争结束了价格就立刻涨,最终强制执行较低价格的规制成本(交易成本的一种,例如执行反垄断条款)会非常高。与此同时,发展与就业是同步调的,欧盟提倡的"新能源与节能环保产业促进新型就业"会因为欧洲之外技术的涌入变成空话(欧盟绿色岗位增长在2012年之前并不理想,从 2001 年的 300 万到 2011 年的 420 万,仍不足欧盟总人口 5 亿的 1‰)。但是限制国外技术的自由进入,就改变了自由市场框架,在西方价值观下,这属于政治不正确。其实,"扶持"一词就足以说明,自由市场不能满足欧盟的需要,欧洲"大市场"需要新的游戏规则。

其四,改变市场机制的游戏规则需要"踏平坎坷再出发",需要欧盟成员国政府间全力合作,迅速达成相关协定,避免地区性政治复杂性。福利经济学第一定理表明市场机制是帕累托有效的机制,按照亚当·斯密的说法:市场机制本身是无瑕疵的。改变原有市场规则,肯定会动一部分人的蛋糕;之于能源市场,蛋糕变小的不仅仅只有大企业,还有消费者。谁能抚平消费者的心不甘情不愿,只有各国政府晓之以情动之以理。然而,对于西式民主国家,抚平是不可能的,因为执政党抚平了,在野党还可以进一步的挖嘛!那就只有让所有欧盟国家首脑坐一起"踏平坎坷":各国协定改变市场规则。在野党挖坑的用意显然是自己上台执政,假设现执政党签署了协定,由于协定是与其他欧盟国家签署的,当在野党成为执政党时,过去给政敌所挖的坑,立刻就有趋势成为自己在外交上的坑。① 于是,加速谈判进程,协调各国相关产业政策方向,是规避地区性政治复杂性的基本方针。

其五,谈判使谈判参与者的加总利益最大化,但不一定符合欧盟的理念,此时需要对谈判进行特殊的设计。② 欧盟并不是欧盟成员国之间谈判的参与人,而是谈判过程的服务提供者或者是规则制定方。欧盟能做的是举办成员国会议,设计会议的议题与议程,分步骤将欧盟内部的谈判结果诱导到与自己的理念相符。欧盟的最终目标是低碳与欧洲经济保持全球竞争力,但是欧洲国家之间一步到位式的谈判能让"低碳"成为泡影,这仅仅因为"低碳"是谁也不愿意分担的成本。基于此,欧盟要把"低碳"目标牢牢掌控在自己手中。然而,下一部分将指出欧盟的权力让他们很难做到这一点,所以需要精巧地设计谈判步骤。

综上,欧盟委员会的理性思考让他们意识到了能源与气候问题在欧洲仍然是大问题,是欧盟 10 大优先任务之一,不能草率行事,必须争取成员国一致的"支持",而这种支持也许只能依赖成员国间相互的妥协。

---

① 德国在欧盟事务中的主导角色,让德国在野党领导人不能过多地给默克尔政策挑刺(欧盟作为成员国的政治经济联合体,似乎是"国无内政"),否则自己上台后会引发外交问题,于是默克尔不断地连任德国总理,使德国政坛偏离了西式民主的经典定义:普选+轮流执政。但是,鲜见有人将默克尔比作希特勒。此外,德国人也不可能愿意强烈反对默克尔的人成为总理,这可能会影响德国在欧盟的重要地位。

② 即 Sharpley 谈判与 Nash 谈判,此两个以诺贝尔经济学奖得主命名的谈判框架。

二、没有金刚钻，偏揽瓷器活

从实力上说，作为欧洲环境政策的设计者——欧盟委员会，其权力相对于其成员国而言，太弱小。弱小不仅体现在权力上，也体现在金钱上。

其一，欧盟的民主框架不利于欧盟委员会"专断"。欧盟委员会作为欧盟的护卫天使，有着欧盟立法和政策的设计、提案权力，其立法提案必须通过欧盟理事会的投票。欧盟理事会成员是各成员国较大政党的要员，一旦立法提案与成员国的实际国情大相违背，那么必遭反对；大多数时候，反对的国家超过4个且能代表超过35%的欧洲人口，立法提案就会被否决。类似的，欧盟委员会的政策提案也可以被欧盟议会否决。欧盟成员国在设计欧盟时留下了一个后门——欧盟理事会成员也是欧洲政党成员，可以影响由欧洲政党成员组成的欧盟议会的投票。综上，欧盟委员会的权力被其上议院（理事会）和下议院（议会），以成员国利益为立场，联手限制的很小。欧盟各成员国是主权国家，虽然他们需要欧盟在经济与政治共同体方面的努力，但也不能处处让欧盟法律与政策占去上风，否则欧盟会对那些希望保留更多独立性的国家缺乏吸引力，而英国的"退欧"也将使欧盟委员会为了"更团结的欧洲"，适当的放低姿态。

其二，欧盟本身的权力也受到规范，使得欧盟委员会实际上不能专断环境与气候政策。根据《里斯本协定》，欧洲各国与欧盟之间的权力分配关系被大致分为四类：欧盟独有权、欧盟高于成员国的共享权、欧盟有责任配合成员国的共享权、欧盟只能辅助成员国（即不能干涉）的成员国独有权。欧盟独有权中包括制定"市场竞争规则""共同的商业政策"与"签署特定国际协定"（也就是《巴黎协定》）。欧盟高于成员国的共享权中包括制定"统一市场""环境""能源"相关政策，仅从上述权力来看，很容易造成"欧盟在'安内'过程中没有太大难度"的错觉，这是因为分列的法定权力并不是独立的。欧盟有责任配合成员国的共享权就包括了"必须配合成员国经济与就业政策"，即无论是欧盟的独有权还是高于成员国的共享权，在欧盟理事会的影响下，必须服从成员国经济与就业政策，而环境与能源政策制定的稍有疏忽，就会伤害成员国的经济与就业，因此可以被否决。成员国独有权包括制定"产业"政策，上一部分的分析表明，欧盟目标几乎全部的建立在对欧洲国家新能源产业进行扶持的基础之上，然而成员国的产业政策恰好是欧盟不能直接干涉的。因此，只要部分成员国稍微强硬一些，欧盟委员会就没有法理权力去执行他们的目标；反而，他们还要"听命于"欧盟成员国政府的集体主张，执行欧洲经济与政治联合体的一系列任务，即便这些任务违背了扶持新能源产业的目标。

其三，欧盟委员也没有太高的财力直接扶持新能源产业。2014年，欧盟国家的税收（加社会贡献）占各国GDP的比重大多在40%上下，欧盟28国平均水平恰好是40%,其中经济最强的几个国家,德国为39.5%,法国为47.9%,英国为34.4%(14年尚未退欧),福利最好的北欧国家丹麦为50.8%,这也是欧洲国家施行高福利政策时必要的税收收入水平。然而,欧盟2014年的预算不足整个欧盟GDP的1.3%(占1.05%-1.1%欧盟加总GNI),根据同年GDP计算,德国仅税收一项(不包括国债收入)即为欧盟预算的6.4倍。而欧盟预算的用途也被限定了:接近50%用于地区间收入、财富和机会的不平等(Structural Funds and Cohesion Fund);接近30%用于补贴农业;管理费占6%。能够用于环境的在Rural development, environment & fisheries这个大项内,总共只占11%。欧盟委员会在能源联合(Energy Union)的第二次报告中提到,对新能源与环保技术的直接投资是个挑战,希望理事会能够批准他们活用欧盟排放交易权系统的收益,建立一个创新基金,激励发电行业提高其新能源的应用水平。对于刚刚度过欧债危机,正在经历难民危机与恐怖袭击的欧洲国家,也很难想象他们会赋予欧盟更高的财政能力。而欧洲的环保技术研发投入往往需要从欧洲投资银行融资,欧投行的董事是欧盟成员国政府,由他们监督银行的运作,因此欧投行并不是欧盟七大机构之一。

综上,欧盟不是欧洲任何主权国家合法政府的直属单位,对各个国家的环境非友好经济活动,除非欧盟已经立法予以禁止,否则欧盟法庭没有直接干涉的权限。而且欧盟立法与政策需要经过理事会与议会的批准,欧盟委员会在设计环境法律与产业政策时必须争取多数,否则只能退让。至于一步到位式的"扶持"——资金扶持,欧盟委员会也没有财权做得更好。欧盟施行其气候政策,促进其成员国间谈判,也有一定的权力基础。欧盟有着几个已经被立法保护了的权力:制定节能标识的标准,掌控欧盟碳排放权交易权市场。下一部分将分析,欧盟委员是如何利用好已经有了的权力,使得欧盟成员国逐步达成一致的。

三、求同存异,步步为营

欧盟为实现"低碳经济"与"经济发展"之间的平衡,特别是提升自身的政治地位,确立欧盟全球气候协定的领导者地位,必须实现欧盟内部的"团结"。而欧盟的权力与财力较小,使得其需要"智取",以下将分析欧盟委员会如何通过谈判设计,使得成员国之间可以形成气候协定。

欧盟委员为了"低碳"与"发展"兼容的政治经济理想,设计了五个基础目标维度,指导自身工作,分别是:"能源安全、团结与责任目标""统一能源市场目标""提高能效目标""低碳经济目标"与"研发、创新与竞争性目标"。工作中,这五个目标需要齐头并进,因此可视作不同"维度";理论上,这五个目标因果关系明确,因此本报告中将其称为欧盟委员会为欧盟内部气候协定谈判设计的五个优先步骤。

第一步,用"能源安全、团结与责任"让欧盟成员国之间"求同",促进第一轮谈判成功。能源安全是对各国能源基础消费水平的保障，这显然是对各国都有利的。在欧盟成员国53%的能源消费与94%的运输燃料消费依赖进口之现实中（2014年数据），能源安全需要各国在能源供应上做到团结，例如，单个国家的能源储备能以较低价格供应其他欧盟国家，共同对抗国际油价的大幅波动，即能源团结。而能源团结下的安全需要明确责任，也就是在哪些条件下的哪些国家应当主动去储备能源，用于整个欧盟国家的不时之需。这个协定当然是较为容易达成的，因为储备国不会亏本，只是机会成本较大：用略高于进价却低于当前国际油价的价格卖给欧盟其他国家。与此同时，收益也足够大：如果国际油价下跌了，欧盟其他国家也得分担其损失。能源安全还包括：电力、天然气的产能储备等。这个目标能够提高所有欧盟成员国的福利，对受国际原油价格冲击下的欧洲能源市场配置施行帕累托改进，因此能够作为欧盟内部的共同目标，而欧盟委员会把这个"议题"摆出来，协定达成相对容易一些。即便如此，欧盟委员会还要进一步巩固成员国能源安全上的一致性：能源安全的主要指标是降低欧盟国家对进口能源的依赖性，正因为如此，欧盟委员会对英国、波兰和丹麦减少本土石油化工产量，以及立陶宛关闭核电站等时间，表示出与低碳、环保理念冲突的关切，担忧能源安全协议因此被破坏，更担忧这对"统一能源市场目标"的影响。

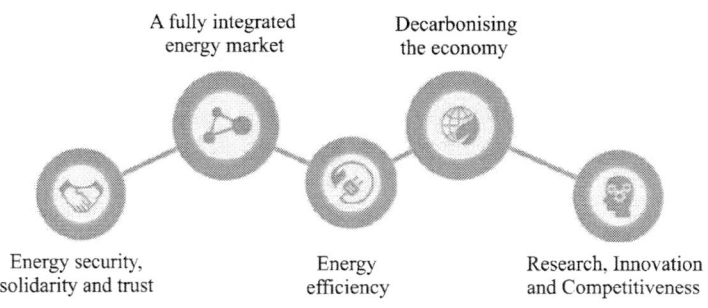

能源联盟的五维度工作目标图

第二步，用"统一能源市场目标"进一步"求同"，也留下了"存异"的可能性。在欧洲大市场之上，能源市场往往因为各个国家的气候条件与经济水平差异，存在相对独立性。例如，北欧国家因为天气寒冷，需要大量消费能源用于居民取暖，而靠近地中海的拉丁语系国家部分地区在夏天较为炎热，需要大量能源消费用于制冷。制造业发达的德国其用电体系与依赖服务业的小国卢森堡也是不一样的。给定"能源安全、团结与责任"的协定已经达成，如果各国的能源市场是独立的，能源在欧盟内部的跨国能源交易需要各国政府动用在欧洲央行的储蓄进行支付，然而2008年欧洲债务危机之后，部分欧盟成员国的政府储蓄用于偿还其国债都有困难,何况执行"能源安全、团结与责任"呢?于是,欧盟委员会就找到了让欧盟内部进一步"求同"的机会,建立一个统一的能源大市场,将政府的负担完全转嫁给大市场上的消费者。建立这样的能源大市场也需要"存异",这是因为各个国家的能源储备能力与能源消费偏好是有差异的,且统一的能源市场需要配套基础设施,最优办法是促进地理位置相邻的欧盟成员国之间展开谈判、达成协议。于是出现了波兰—立陶宛燃气连接项目,西班牙—法国地下电网连接项目等统一能源市场项目,即"统一能源市场目标"需要通过小范围内的市场合并来逐渐形成,而且要根据地区的能源消费偏好选择优先合并的能源市场。因为这些市场统一项目具有改善地区间发展不平等的作用,欧盟还可以通过 Structural Funds and Cohesion Fund 对其进行财政的支持(而更多的资金仍需要从欧洲投资银行等商业银行借出)。统一市场就需要统一的价格。欧盟国家的能源市场之前一直受到本国不同程度的价格规制,其目的在于限制能源价格上涨,保护本国的能源消费。为了本国的能源安全,也为了节约不必要的政府开支,与邻国能源市场相连的成员国政府不可避免的对取消自身价格规制采取认可态度;如若不然,就得与邻国谈判共同执行价格规制的问题,结果只能是一国变松了或者一国变严了,或者双方都不能满意的结果,价格规制松动的国家价格会涨上去,对不起消费者,规制更严格的国家价格会更低,不利于实现事先约定的排放要求(在排放权交易系统中,欧盟具有限定成员国排放的权力)。欧盟委员会推荐放开价格规制(empower consumer),往往意味着能源价格的上涨,因此居民和企业会去选择更节能的生活与生产方式,而根据上一部分的分析,价格的上涨也有利于新能源产业的发展。

第三步,欧盟内部求同存异之后,欧盟委员会在统一的能源市场上施展影响力,促进欧盟国家更加一致的选择"节能"技术,推进"提高能效目标"。欧盟还需要扮演欧洲大市场仲裁人的角色,能源大市场建立后,尽管是局部的,但也给了仲裁人以"就业机会"。合并形成的特定区域的特定能源市场,仍有"存异"空间,因为各国能源技术的差异性。即便这个空间会因为市场建立前的谈判而被缩小,可由于经济的不可预测性,市场建立后会出现的分歧在事前协定中是无法写明的(不完备契约理论的现实基础),只能事后解决(例如生产技术标准)。为综合差异性,产业、产品标准往往需要在事后重新制定,其谈判过程大致如下:首先,处于同一市场中的各国政府根据自身实践提出诉求,其用意为减少本国企业需要付出的改进成本;然后,欧盟委员会"折中"考虑各方诉求,作出仲裁,给出一个统一标准。至于怎么"折中",完全由欧盟作主。欧盟委员会把"折中"方案直接称为"重新制定节能标识",也因此各国为了欧盟在折中时能更多地偏向本国一些,会事先给出体现自身非常重视"节能"的诉求。进一步,既然各国都很重视"节能减排",那么依据各国诉求的折中方案也应该更加"节能"一些,仲裁方几乎不用开罪于谈判中的任何一方,就能推进"提高能效目标"。欧盟委员会将 Revision of Energy Efficiency Label 定为其能源联盟与气候变化政策中的重要一环,就是用其受到已立法保护的、高于成员国的权力,在统一市场上提高生产的能效水平。这个谈判设计也被欧盟委员会用于处理成员国在其他环境相关技术上的分歧,例如垃圾处理技术标准、二氧化碳储存标准等,成员国中拥有技术优势的企业争相在自身基础上创新绿色技术,希望成为标准技术,避免后续的大成本改进——非典型的标尺竞争(典型的标尺竞争中,仲裁者选择中位技术作为标准,而这里仲裁者应该会选择较高水平的环保技术)。

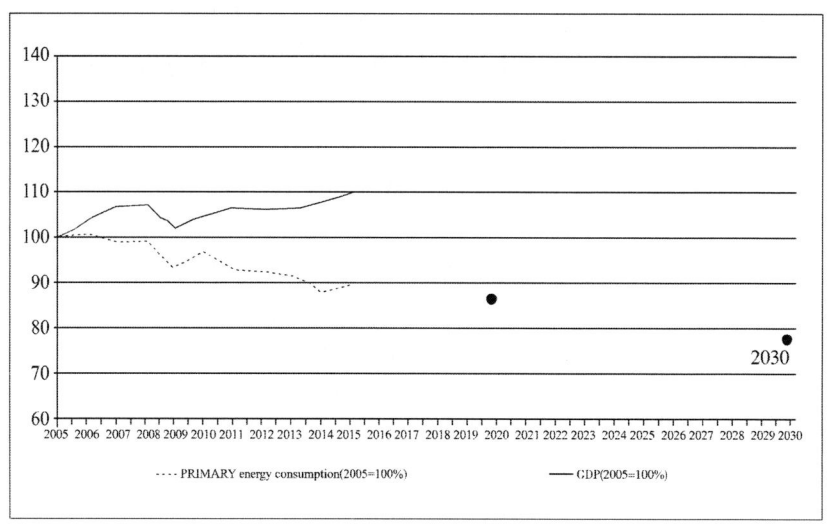

欧盟基础能源消费趋势图

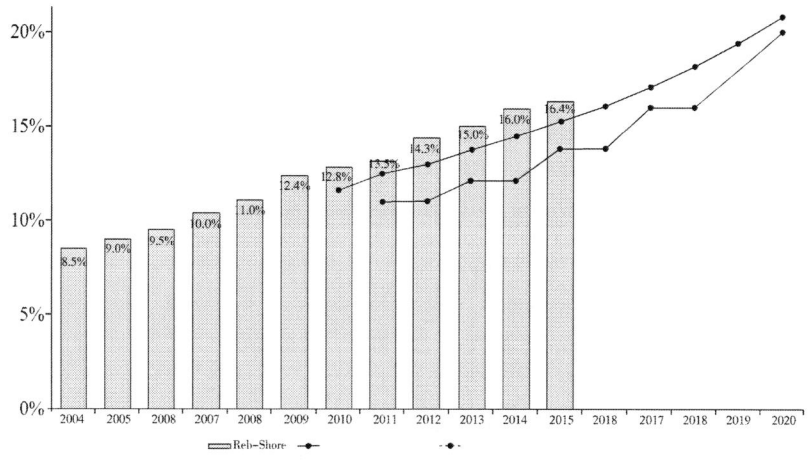

欧盟可再生能源消费比率趋势图

第四步,步步为营、稳扎稳打实现"低碳经济目标"。修订了节能标识,就能推动大量能源消费离开传统能源供应商,转向风能、太阳能等可再生新能源。特别是发电和取暖的耗能,节能技术较为成熟,而且监测其产业耗能水平的技术也很成熟,于是在欧盟仲裁范围内的排放交易系统(Emission Trading System),成为实现"低碳经济目标"的另一重要营地。排放交易系统的年排放总量上限,依据欧洲最新节能技术较之前技术的增加减排量制定;通过测算各国产业排放水平,让超出分配排放量的国家向低于排放量的国家付费;此外,在欧盟整体的"减排"完成较好的时期,还能增加排放权许可费用。毫无意外,发电和取暖产业的传统能耗水平在欧盟国家大幅下降,可再生能源使用率逐年提升。至2016年,欧盟28国(仍含英国)可再生能源消费比例(在基础能源消费中的占比)从2004年的8.5%,增长到16.9%。此外,基础能源消费从2004年至2016年下降了约10%,其中2014年最低,为2004年的88.6%,15年起欧洲经济复苏加速,也造成了基础能源消费再次上升。欧盟委员选择"稳扎稳打,已退为进",认为:2020年的基础能源消费目标是降到2004年的87%,14年的88.6%算是超额完成任务了,小幅反弹是允许的。事实上,2016年的可再生能源消费比例16.9%,离2020年的目标比例20%还有不小的距离;2020年目标是将04年时9.7%的不使用可再生能源的产能(由产值代替),替换成兼容可再生能源的生产方式,经过12年的时间,替代工作仅完成了7.3%,想在剩下的4年时间要去完成剩下的2.4%,难度可想而知(边际成本递增原则,以上数字通过2004年-2016年欧盟GDP数据以及至2020年GDP预测数据换算得来)。允许基础能源消费小幅上升,也给了欧盟委员会空间,对成员国多加一些提高可再生能源使用率的指标——根据重新制定的节能标识,如果需要提高能源消费,请多消费清洁能源。

第五步,促进各国整合资源,形成新能源研发创新,并提升能源市场的竞争性。在西方经济学里,高度"竞争性"市场不一定是自由且有效的市场。一般使用市场集中度作为市场竞争性指标,如果市场需求集中在少数大企业手中,那么市场竞争性低,反之市场竞争性高。在欧盟报告 Second Report on the State of the Energy Union 之中,就有"由于风能与太阳发电的产能在欧盟成员国中上升,使得新的电力企业进入,降低了市场集中度,因此提高了市场竞争性"。然而,自由市场需要自由进入与自由退出,一些企业在竞争压力下主动退出市场,则会提高市场集中度,这时市场是有效的:淘汰高成本生产技术,且留在市场中的企业进一步扩张,满足消费者需求,避免其他企业的自由进入。即数字上的市场集中度提高与市场竞争性下降,不代表竞争水平下降,或者说市场的有效性下降。① 第一部分的分析中提到,欧盟需要一个非自由市场框架,目标是为新能源产业提供保护;这里的提高能源市场竞争性,是要降低传统能源产业手中的能源消费集中度,并不是以提高市场配置效率为目标。如果没有之前的四个步骤,很难想象欧盟成员国会执行这样的政策,因为降低市场配置效率会伤害经济、影响就业。可是建立在能源安全基础上的统一能源市场,使成员国已经做不到独善其身了;联合规制价格(通过进一步谈判),或受到自身经济发展的限制,或受到欧盟权力的限制,机会成本太高;又因为节能标识的重新制定,各国只能追求更节能更环保的生产生活方式。综上,整合研发优势资源,分担研发投入,分享创新成果是各成员国共同的最优策略,通过谈判达成协定的难度被大大降低。

综上,尽管欧盟的权力有限,但欧盟委员会通过五个谈判步骤设计,把成员国"逼迫"到了只能接受低碳经济发展的目标,只能参与对新能源产业的扶持之中。然而,在上述第五步的实施中,欧盟还是会遇到瓶颈;下一部分,将介绍欧盟如何处理。

四、以退为进

如前所述,欧盟主要的策略是扶持新能源产业,提高能源市场的竞争性。到了具体操作时,欧盟采用"双重标准":针对传统生产方式与过时的运作模式,欧盟让他们感受到竞争的压力;对于新能源产业的研发与应用,欧盟让他们没有竞争对手。为解决新能源产业的资金难问题,欧盟不再坚持其提高竞争性目标,转而采用降低竞争性,保障新能源产业的未来利润。

"过去与现在的(欧洲)经济是由化石燃料推动的,这是一个能源市场高度集中、供给侧决定的依赖旧式生产技术与过时商业模式的经济。我们必须远离这样的经济模式。我们必须给消费这更多的权力,给他们足够的信息,多样化他们的选择。与此同时,我们要在处理需求与消费时制造出灵活性。我们要把因为缺乏国家间的协调而分裂的体系去除,特别要去除那些(欧盟能源)市场上的障碍,不能再有能源市场孤立的地区存在。"

---

① 根据 Second Report on the State of the Energy Union,电与天然气的零售价格在 2011—2015 间的欧盟国家持续上升,报告认为这是税率上升造成的,因为欧盟多数国家电的出厂价格在 2013—2015 间是下降的,因此风能与太阳能发电技术使得电力市场的竞争性上升且价格下降,所以能够促进市场配置的有效。然而,这是短期的竞争性上升,领跑者面对进入者时,主动降低自己产品,寄希望将新能源挤出市场,因此电出厂价格的下降主因是其煤与天然气进厂价格在同期的下降。所以,此时市场效率提升的主导者是传统能源产业,不是新能源产业。

——《欧盟框架性战略》,修订于2015年2月25号①

上段文字能够写进《欧盟框架性战略》,说明这已经得到各成员国的"认同"。根据上一部分的分析,这是欧盟委员会设计的谈判步骤起了作用。从容克"扶持新能源产业"(能源的多样化)的呼吁(见第一部分),到"化石能源退出欧洲经济"(被新能源取代)被写进框架性战略,仅仅半年时间。特别是,统一欧盟能源市场以达到欧洲的"能源安全、团结与责任"也直接被成为显性的战略目标,说明成员国对于此两条的"认可度"较高,即谈判顺利(第三部分已经表明,这是因为有同可求)。之前也分析了化石能源市场的"高度集中"并不意味着市场失灵(相对于低集中度而言),"供给侧决定"也不能表明企业惰于提高其效率,所以这样的战略主要目标仍是为了新能源产业更好的发展。

框架战略中对"扶持新能源产业"的直接描述仍然晦涩:"多样化消费者的选择"(更多新能源),"要在处理需求与消费时制造出灵活性"(各国政府与欧盟保留介入市场的权力)。也没有提到最直接的扶持:提供更多的研发资金,整合欧洲国家的智力资源。这说明到了2015年,欧盟仍然不能保证可以做到这两点,因为关于这两点的谈判成功难度不小。

主要还是资金问题:至2014年,欧盟(年预算仅占欧盟GDP的1.3%)直接对低碳技术的研发投入总共为11亿欧元(从2001年起至2014年),而成员国政府(年平均税收约占GDP的40%)对相关技术研发的加总投入仅有42亿欧元,这说明各国政府研发投入的积极性仍然不高。而且各政府的投入导向性太强,14年公共投入增加的研发项目都与"整合能源体系"(统一市场与能源安全、责任)相关,说明各国政府并没有提高对其他新能源产业的扶持力度。同年欧盟优先发展的研发项目,共获得270亿欧元的总投入,其中85%来自私有部门。希望私有资本源源不断地进入,需要利润。如果新能源、低碳技术等无法在市场上获得盈利,私有资本就会迅速撤离。基于传统能源产业的"先发优势",目前无法确定新能源产业在欧盟的保护下,是否会有充分的市场份额与成本优势,使得私有资本可以继续参与其中。而智力资源的联营,就必须有经济实体,因此需要明确产权。产权是企业层面事务,政府与欧盟不可以无成本地干涉,即除非政府与欧盟能够提供足够的资金,那么联营还是问题。

---

① 原文"we have to move away from an economy driven by fossil fuels, an economy where energy is based on a centralized, supply — side approach and which relies on old technologies and outdated business models. We have to empower consumers providing them information, choices and creating flexibility to manage demand as well as supply. We have to move away from fragmented system characterized by uncoordinated national policies, market barriers and energy—isolated areas."

前文中的五个步骤使欧盟成功的使用已有权力,"逼迫"成员国自愿服从其低碳经济目标;而作为资金不足的一方,欧盟需要通过"利诱"解决好资金问题。欧盟委员会为此设计的谈判步骤大致如下:

第一步,将蛋糕做大,把产业联盟拉上谈判桌,激励产业巨头加入新能源研发。早在 2007 年,欧盟就设立了"战略性能源技术规划"(简称 SET),除了欧盟 28 国之外,还有土耳其、瑞士、挪威与冰岛等 4 个非欧盟国家,目标在于新能源技术的开发,压制传统能源产业。2014 年的欧洲能源体系整合,使"战略性能源技术规划"变成"体系整合后利益最大"的能源技术规划,直接增加了愿意转型的传统能源产业"巨头"在 SET 中的话语权,毕竟欧盟国家可再生能源的消费比例不足 17%,这个现实也不允许欧盟抛开传统能源产业进行体系整合。具体来说,2016 年初欧盟委员会简化了 SET 治理架构,让原来的 6 个产业联盟和 8 个技术平台兼并为 9 个实体,让他们更有效地执行优先研发项目,并且让他们参与 2016 年低碳经济目标的制定过程。因此,能源产业巨头们在 SET 中拥有权力,从自身成本最小化问题出发,选择优先研发项目,相对的,也要为这些项目提供资金。

第二步,确保"先发优势",形成欧盟成员国之间的产权竞争,提高各国政府的投入积极性。尽管"先发优势"并不伤害有效性,但他会降低"竞争性",与欧盟提高"竞争性"主张相违背。欧盟在 SET 中再一次退让,承诺只要某个成员国对某个新能源技术的研发作出了最大的贡献,就赋予该国此技术的所有权,特别是在联营智力资源时,谁为此付出的成本多,联营实体就是这个国家的征税对象。于是各国自动瓜分由产业巨头们提出的优先发展项目,并追加公共资本的投入,形成对某个项目支持的"先发优势",降低未来的竞争性。例如,德国主攻智能电网、生物质能源、地热能源、太阳能与"碳汇和碳储",法国主攻智能电网、地热能源、太阳能与海洋能源。有趣的是,各国瓜分项目的策略还包括积极参与跨国合作项目,希望本国的智力资源份额能够在合作过程中获得提高,然后确立优势,使得各国智力资源的联营有了较好的基础,例如经济相对落后的西班牙,SET 中优先项目的所有八大类型都有参与,除了上面提到的六个,还包括风能、"智能城市和社区"。

第三步,将研发者拉上谈判桌,形成新能源研发项目的共建机制,进一步降低"竞争性"。欧盟在 SET 中要求项目建设不应重复,避免投入资金的浪费。如果这个要求诱发一个高效率的结果(高社会收益),则说明研发项目不具有太高的市场价值,这与做大蛋糕就矛盾了:假设一个项目的市值为 V,单个项目组研发成功概率为 p,所需资金为 C;两个组独立的研发,形成的预期社会收益等于 $(2p-p^2)V-2C$;只有一个研究,形成的社会预期收益为 $pV-C$;当且仅当 $V<C\backslash[p(1-p)]$ 时,只对一个项目进行投资会获得更高社会收益。如果研发项

目的市场价值较高,那么这个要求就是在降低未来新能源技术市场上的"竞争性"。正如第一部分所述,这是扶持新能源产业的重要一步,让各国的智力资源联营,合力对抗传统能源的"先发优势"。欧盟委员会下设的 European Energy Research Alliance 从 27 个国家(含瑞士、土耳其等非欧盟国家)找到了 175 个研究团队,共建 17 个优先研究项目,而且以能够及时应对"能源体系一体化"带来的复杂性为由,欧盟还鼓励研究团队进行跨项目的研究合作,其用意可能是让研究团队从纯粹的、弱小的学术型队伍尽快找到合作伙伴,再通过横向兼并,形成较为强大的研发企业。这样的策略显然与提高竞争性目标相违背。

第四步,以产业联盟和各国政府为基础,制定研发新能源扶持资金的统一管理机制。既然资金相对充裕的产业巨头与政府都有代表参与谈判,那么执行谈判决议需要的资金必须统一管理。对于新能源技术的研发,欧盟委员会提出联合资金(Co-fund)扶持,得到了 SET 中的各国政府(包括非欧盟国家政府)投入"承诺"总额度为 1.49 亿欧元(在 2015—2021 年,逐年投入),而另一个项目 EU's Horizon 2020 programme 也将为联合资金贡献 0.68 亿欧元。进一步,从产业(私营部门)募集了接近 0.8 亿欧元的研发资金(截至 2016 年底),这比同时期已经"兑现"的欧盟成员国政府与欧盟的加总投入还要多出 10%。

第五步,对于新能源技术的应用扶持,完全放权给欧盟成员国。欧盟委员会强调,除非项目对于欧洲整体有明确无误的收益,否则不能动用欧盟的经费,这就直接把关于新能技术应用的扶持包袱丢给了各国政府与产业巨头。欧盟在 2015 年 6 月推动了一个 InnovFin Energy Demo Projects (InnovFin EDP) pilot financial facility 的项目,由欧洲投资银行通过抵押贷款的方式,为已经可以面向市场的较为成熟技术提供资金。新技术面向市场时,可能会遇到"死亡之谷":首先,研发者需要进一步解决实际应用中的困难,并且负担相关成本,如果研发者无力负担成本,也就没有应用者愿意收购其发明的技术;其次,在技术转让谈判中,由于买家只有能源产业那几个巨头,因此买方谈判力量较大,不利于技术转让中研发者收益能够超过未来解决实际应用困难的成本。既然产业巨头此时已经是团结的对象了,而且能够干涉这类私人之间的谈判只有成员国完全控制的自身产业政策,所以这事只能欧洲投资银行去做。作为欧投行的拥有者,欧盟各国政府因为税收激励,也在一定程度上愿意承担这样的风险。这么做也有利于欧盟成员国认清形势:InnovFin EDP 在运行一年后就发现,其扶持资金(预备的贷款额度)远小于申请贷款的数量,各国政府完全可以大幅提高自身对新能源产业的扶持力度。

欧盟委员会设计的这五个步骤,以牺牲自身政治理念可靠性为代价,以放弃扶持新能源技术市场化应用的权力为代价,让欧盟各成员国、传统能源产业与研究团队(技术平台)之间更加团结,为低碳经济与绿色发展的实现埋下伏笔,更为欧盟成员国认可欧盟作为《巴黎协定》的签署者打下良好的基础。

五、欧洲自信、《巴黎协定》与中国的策略

《巴黎协定》最大的亮点在于自主贡献,特别是欧盟的自主贡献为到了2030年,相对于1990年减少温室气体排放不低于40%。这是欧盟通过整合欧洲能源体系,得到的结论:欧盟国家的能源产业、能源市场,各国政府与产业联盟对于新能源产业的扶持政策,使得欧洲可以在保持经济增长的条件下,做到大量替代传统化石能源,降低能耗水平与排放水平,实现如此大幅的减排。而美国政府在2017年6月宣布退出《巴黎协定》既是基于其产业政策的考虑(制造业回归),也是因为欧盟在《协定》中的主导地位,使其担忧《协定》未来给予能给美国带来的效益导致的结果。本部分分析得出,美国退出不会改变《协定》,只会强化欧盟的领导地位。中国最初是因为与美国的合作,才加入《协定》,现在需要基于自身绿色发展考虑,加强与欧盟的合作,实现与欧盟的共赢。

以下将根据《巴黎协定》的不完备契约性质,构建合作博弈模型,首先分析《巴黎协定》在减排上作用机制;其次,回答美国退出《巴黎协定》是否理的问题,并讨论中国留在《巴黎协定》中的益处:一个中国绿色发展的重要机遇;最后,证明了与欧盟建立环保技术共享机制可以减轻中国GDP下调,以及增加环保技术投入所带来的经济压力等作用。这部分作为结论,能体现两个重要的政策含义为:中国政府需要充分利用"一带一路"合作基础,且必须给予欧盟足够的尊重。

(一)

2017年6月1日,美国总统特朗普宣布美国退出《巴黎协定》,并明确表示《协定》中的条款对美国不够"公平"。基于《协定》签署于2016年4月以及特朗普的各种"传闻",我们不禁要问美国的退出是理性的吗?美国在世界上的影响力毋庸置疑,那么其退出会造成《协定》的破裂吗?在美国退出后,中国与其他的大型经济体都承诺将留在《协定》之中,他们的承诺在经济学意义上是理性的吗?时间回溯至2015年9月,《中美元首气候变化联合声明》着重强调中国和美国对2016年巴黎会议的支持态度,2016年3月,双方共同第一次明确表态"将签署《巴黎协定》",而如今美国的退出对中国有何影响呢?

《巴黎协定》框架与之前的主要国际气候协议(例如《京都议定》)间最大差别在于:《协定》更加充分的承认到地区间差异,允许欠发达地区在《协定》中先"减缓与适应",并建立"自主贡献"机制,其中发达地区起带头作用,在"自主贡献"中承诺减排幅度;而发展中国家与地区,则承诺向绿色、低碳、气候适应型经济转型的同时,愿意在"自主贡献"后与发达国家与地区开展进一步合作。然而,除了全球气候目标(诸如与工业化之前相比,气温升幅控制在2C°以内),欧盟的主导

地位,以及缔约方的自主贡献在《协定》中较明确外,其他诸如发达国家对发展中国家的援助幅度、技术转让机制等重要经济问题,《协定》仅提供了大致方向,需要进一步谈判予以落实。因此,《巴黎协定》是近 180 个国家与地区共同签署的不完备契约。①

本部分基于《协定》的不完备契约性质,综合 Harstad (2015) 与 Beccherle & Tirole (2011) 的合作博弈框架,尝试回答第一段提出的问题。不完备契约一般隐含"套牢问题",以上两篇文献(还有诸如 Helm & Shimit,2015 等)对国际气候协定(简称 IEA)中的套牢问题进行研究,得出两个主要结果:1)某缔约方对自身排放问题的较强约束,会导致其在未来谈判中处于不利地位,因此其可能会选择较低的自我约束水平,使 IEA 起"增加"全球温室气体(GHG)排放的作用;2)某缔约方通过短暂退出等手段能起到边缘政治效果,迫使其他国家拒绝执行 IEA,并期待退出方能回到谈判之中形成新的协议,即 IEA 难以稳定。《巴黎协定》较好地规避了上述两个预判:一方面,《协定》写明了欧盟的主导地位,因此至少欧盟在自主贡献期的策略不会影响其在未来谈判中的地位,也基于此原因,本文得出《协定》能起到减排的作用的结论;另一方面,只要欧盟留在《协定》之中,欠发达地区在自主贡献后直接与欧盟合作可以获利更多,没有必要等待包含美国的新 IEA 出现,因此美国的退出起不到边缘政治效果。

本部分还借鉴了第一篇从不完备契约角度对 IEA 进行解读的文献(Bataglini & Harstad,2016):《协定》只能在排放量上明文约束缔约方,不能对缔约方的环保技术投资进行约束。由于发达国家的私有产权制度与跨国企业性质,《协定》不可能对大型企业的环保投资进行直接控制,上述设定有较强的合理性。综上,我们将《巴黎协定》抽象成如下框架,包含:1)《协定》与后续谈判只能写明各国 GHG 排放量,不能写明各国对环保技术的投资量;2)自主贡献,其中发达地区受减排约束,欠发达地区"减缓与适应";3)通过纳什谈判决定自主贡献后各国的排放约束,而欧盟主导地位使其在未来谈判中占有较大优势;4)欠发达地区可以和发达地区就环保技术的援助事项进行谈判。

国内关于《巴黎协定》的研究更多集中在法律、政治与环境问题角度(如董勤,2016,赵俊,2016,安树民与张世秋,2016 等),关注于我国签署《协定》后绿色技术应用的法律保障问题、环境信息公开的政治问题与我国自主贡献在应对全

---

① ①Hart & Moore (1990)对于不完备契约的定义:存在产权不明确事项,需要在契约签署后,通过进一步的合作予以解决。契约的不完备性往往指"产品的基本状态无法写明",产品的最主要基本状态就是"产权"。而《巴黎协定》未能写明发达地区的环保技术以什么比例属于欠发达地区,也没有写明发达国家的绿色援助基金以什么比例分配到各个欠发达地区的环保事务之中。

球气候变化中的作用问题等,而关于《巴黎协定》的经济学研究较少,特别是对美国退出《协定》后的新形势,目前没有已发表的经济学研究进行解读。本研究以国家的理性决策为基础假设,认为《协定》是以中国为首的欠发达地区的一次胜利,①因此发展中国家目前没有退出的激励,且欧盟的主导地位给了欧洲地区留在《协定》中的激励,也因此无论美国未来是否回到《协定》之中,《协定》都能对全球经济与气候变化起到积极的作用。

(二)理论分析

(1)模型设定与自治型绿色发展

简单考察两个地区($i=A,B$)的两期($t=1,2$)气候协定与绿色发展问题。②令 R_i 为地区 i 的初始环保技术储备,$g_{i,t}$ 为 i 在 t 期温室气体排放量,且令 $g_t=(g_{A,t},g_{B,t})$。为体现排放的外部性,令加总排放对地区 i 的负效应为 $C_i(g_{A,t}+g_{B,t})$,其中 $C_i>0$ 为常数。r_i 为环保技术增量,并假设环保技术增加(研发与购置)仅发生在第1期。绿色发展追求减排与经济发展的平衡,或者说为了减少排放,需要相应的下调 GDP;参照 Harstad(2015),令 i 的 t 期 GDP 原目标为 $\bar{y}_{i,t}$,各期效用为:

$$U_{i,1}(r_i,g_1)=-0.5[\bar{y}_{i,1}-(R_i+\delta r_i+g_{i,1})]^2-0.5kr_i^2-C_i(g_{i,1}+g_{-i,1}) \tag{1}$$

$$U_{i,2}(r_i,g_2)=-0.5[\bar{y}_{i,2}-(R_i+r_i+g_{i,2})]^2-C_i(g_{i,2}+g_{-i,2}) \tag{2}$$

其中 $kr_i^2/2$ 表示环保技术增加的成本,并假设 $k>0$,即在增加环保技术时有边际成本递增的约束;$\delta\in(0,1)$ 为 r_i 在第1期的应用率,第1期实际 GDP 为 $(R_i+\delta r_i+g_{i,1})$,即环保技术总量与排放量的直和。r_i 在第2期被完全应用,因此 $(R_i+r_i+g_{i,2})$ 为第2期的实际 GDP。

假设 $\bar{y}_{i,t}$ 足够大,且假设在自治型绿色发展采用"贯序决策"。给定 r_i,地区 i 在第2期选择 $g_{i,2}$ 最大化(2)式,得到第2期自治排放量和第2期效用

---

① 特别是《巴黎协定》的第4条第4款"发达地区……带头,实现全经济绝对减排目标""发展中国家……根据不同的国情",确定了至2020年的全球减排模式是以发达地区承担其历史责任(至少是部分的责任),并尊重发展中国家发展需求的新模式。

② 尽管《巴黎协定》初始缔约方包括178个国家与地区,但基于本文的主题,仅需考察两地区框架,这是因为美国、中国与欧盟是全球最大的济体,其在国际气候协定中的约束往往源自两方"私下"的谈判,例如中国与美国先签署了中美联合声明,并在联合声明的基础上再签署《巴黎协定》。此外,Beccherle & Tirole(2011)采用类似的两期框架,证明多地区框架与两地区框架在国际气候协定问题的分析中,没有太大区别。

$$g_{i,2}^*(r_i) = \bar{y}_{i,2} - (R_i + r_i + C_i) \tag{3}$$

$$U_{i,2}^*(r_i, r_{-i}) = U_{i,2}(r_i, g_2^*(r_i, r_{-i})) = -C_i^2/2 - C_i \sum_{j \in A,B} (\bar{y}_{j,2} - (R_j + r_j + C_j)) \tag{4}$$

因此,在第 1 期,地区 i 的问题为

$$\max_{r_i, g_{i,1}} W_i(r_i, r_{-i}, g_1) = U_{i,1}(r_i, g_1) + U_{i,2}^*(r_i, r_{-i}) \tag{5}$$

通过对(5)式求解,可以直接推出以下引理 1:

引理 1. 在自治型绿色发展模式中,地区 i 的环保技术增量 $r_i^* = (1+\delta)C_i/k$,与其初始环保技术储备 R_i 无关,主要受到地区 i 的排放边际效应 C_i 影响。两期排放量分别为

$$g_{i,1}^* = \bar{y}_{i,1} - [R_i + (1 + \delta(1+\delta)/k)C_i] \text{ 与 } g_{i,2}^* = \bar{y}_{i,2} - [R_i + (1 + (1+\delta)/k)C_i]$$

随着 R_i 与 C_i 的增加而减小,随着原 GDP 目标 $\bar{y}_{i,t}$ 的增大而增大。

引理 1 作为基础结果,表明:自治型绿色发展中,地区已有的环保技术储备 R_i 并不重要,减排的主要动机来自加总排放对于自身的伤害,却不考虑自身排放对于其他地区的伤害,因此需要地区间的合作。与 Beccherle & Tirole (2011)一样,我们主要考察的"减排"是:相对于引理 1 中的自治型排放量,《协定》后的排放会否减少。

(2)《巴黎协定》的减排作用

以下将基于上述模型给出《巴黎协定》的框架:

I)在第 1 期的开端($t=1-$),两个地区分别提出"自主贡献":$g_{i,1} \leq G_i$,其中 G_i 的设计需要在一定程度上体现出发达地区的"历史责任"。如果 i 是发达地区,那么有 $G_i < g_{i,1}^* - \eta_i$(引理 1 中的 $g_{i,1}^*$),$\eta_i > 0$ 将使得在《协定》中的发达地区不会让 $g_{i,1} < G_i$,即 G_i 也标出了 i 愿意承担的排放历史责任上限。如果 i 是欠发达地区,那么第 1 期的自主贡献仅仅是"适应",对于 G_i 没有强制要求,例如中国的"自主贡献"为"到 2030 年,排放量达到历史峰值,并且尽可能更早地达到峰值",但峰值具体是多少却是未知数。①

II)第 1 期为自主贡献期,地区可以退出《协定》或者执行其"自主贡献",且自行决定 r_i。如果一方退出,另一方自主贡献中的排放约束仍可以维持,以减轻边缘政治风险。

III)如果在第 1 期没有地区退出《协定》,在第 2 期的开端($t=2-$),两个地

---

① ①虽然中国承诺了 2030 年单位 GDP 排放下降的约束,但没有写明 2030 年总 GDP 的上限。

区将重新谈判,共同决定第 2 期排放 g_2。之后将证明此时 g_2 通过"纳什谈判"来决定,谈判不会破裂,因此退出仅可能发生在第 1 期。记 $\alpha_i \in (0,1)$ 为地区 i 的谈判力量(被《协定》确定的常数),满足 $\alpha_A + \alpha_B = 1$。

IV)第 2 期为合作期,双方执行谈判决定。时间线见图 1。

$t = 1-$,各方签署《巴黎协定》,约定自主贡献 $g_{i,t} \leq G_i$ → $\{t = 1($自主贡献期$) \atop i$ 退出或执行$\}$ → $\{t = 2-($重新谈判$) \atop$ 纳什谈判决定$(g_2)\}$ → $\{t = 2($合作期$) \atop i$ 执行谈判决定$\}$

图 1 《巴黎协定》框架的时间线

假设 $t = 2-$ 时谈判成功,根据纳什谈判的定义,第 2 期的两地区的加总效用为

$$W_2^S(r_A,r_B) = \max_{g_{A,2}, g_{A,2}} -\sum_{i=A,B}\{0.5[\bar{y}_{i,2} - (R_i + r_i + g_{i,2})]^2 + C_i(g_{i,2} + g_{-i,2})\} \tag{6}$$

(6)式的上标 S 表示谈判成功,其最优解为

$$g_{i,2}^S(r_i) = \bar{y}_{i,2} - (R_i + r_i + C_i + C_{-i}) < g_{i,2}^*(r_i) \tag{7}$$

即给定任意的 (r_A, r_B),《巴黎协定》框架中的"未来进一步合作"具备减少未来排放量的作用。将(7)式代入(6)式,得到

$$W_2^S(r_A, r_B) = -(C_A + C_B)\{\sum_{i=A,B}(\bar{y}_{i,2} - (R_i + r_i + C_i))]\} \tag{8}$$

如果谈判失败,各地区获得 $U_{i,2}^*(r_i, r_{-i})$(见(4)式),因此谈判成功后地区 i 的效用为

$$W_{i,2}^S(r_i, r_{-i}) = U_{i,2}^*(r_i, r_{-i}) + \alpha_i(W_2^S(r_A, r_B) - \sum_{i=A,B} U_{i,2}^*(r_i, r_{-i}))$$
$$= U_{i,2}^*(r_i, r_{-i}) + \frac{\alpha_i}{2}(C_A^2 + C_B^2) > U_{i,2}^*(r_i, r_{-i}) \tag{9}$$

(9)式表明与拒绝谈判结果相比,i 接受谈判结果会产生更高的效用,因此谈判一定成功。

在第 1 期,地区 i 的最大化问题为:
$$\max_{r_i, g_{i,1}} W_i^S(r_i, r_{-i}, g_1) = \{U_{i,1}(r_i, g_1) + W_{i,2}^g(r_i, r_{-i})\} \text{ s.t. }, g_{i,1} \leq G_i \tag{10}$$

令上述问题的最优解为 $(r_i^S, g_{i,1}^S)$,解此问题得到命题 1:

命题 1. 如果在第 1 期没有地区退出《巴黎协定》,后续谈判一定成功,且 1)当 $G_i \geq g_{i,1}^*$ 时,i 在第 1 期的决策与自主型绿色发展下的决策相同,$(r_i^S, g_{i,1}^S) =$

$(r_i^*, g_{i,1}^*)$，第 2 期排放 $g_{i,2}^S$ 将严格小于自治型绿色发展下的 $g_{i,2}^*$；2) 当 $G_i < g_{i,1}^*$ 时，最优排放量 $g_{i,1}^S = G_i < g_{i,1}^*$，最优环保技术增量则为 $r_i^S = \{\delta[\overline{y}_{i,1} - (R_i + G_i)] + C_i\}/(k+\delta^2) > r_i^*$，充分体现其再环保技术储备上的优势，即 R_i 越多，r_i^S 越小，而第 2 期排放量满足 $g_{i,2}^S < g_{i,2}^*$。

证明：$(r_i^S, g_{i,1}^S)$ 由 (11) 式的一阶条件推出。当 $r_i^S = r_i^*$ 时，$g_{i,2}^S(r_i^S) = g_{i,2}^S(r_i^*) < g_{i,2}^*(r_i^*)$（见 (8) 式）；由于发达地区的 $g_{i,1}^S = G_i < g_{i,1}^*$，此时有 $r_i^S > r_i^*$，由 (7) 式与 (3) 式知，$g_{i,2}^S(r_i^S) < g_{i,2}^S(r_i^*) < g_{i,2}^*(r_i^*)$。证毕。

结合之前的论述，不难发现命题 1 意味着《巴黎协定》在两个方面起作用：1) 欠发达地区（例如中国）被"绑架"到未来的气候谈判桌上，让她们接受未来更少的排放（与自治型绿色发展比较，有 $g_{i,2}^S < g_{i,2}^*$），且在增长放缓条件下（即 $\overline{y}_{i,2} - \overline{y}_{i,1}$ 较小），还有时间维度的减排（即 $g_{i,2}^S < g_{i,1}^S$）；2) 发达地区通过对自身进行约束，在自主贡献期就实现更大幅度的减排以及环保技术增长，特别是充分应用其已经积累的环保技术储备，使得环保技术增长幅度不会成为较大负担。此结论建立《巴黎协定》另一个"不完备性"之上：地区间转移支付方式不明确。如果转移支付方式明确，例如双方以对等的身份参与国际碳排放交易体系中，那么谈判成功后的效用不再由 (9) 式给出，而是由关于各自排放额度与超额排放的价格谈判决定，①根据 Beccherle & Tirole (2011)，此时可能出现 $g_{i,2}^S \geqslant g_{i,2}^*$（特别是欠发达地区）。综上，《巴黎协定》可以看作欠发达地区在全球气候问题上一次的胜利，其将带来全球性减排的同时，让发达地区通过"严于律己"，部分的承认了欠发达地区一直强调的"排放历史责任"。然而，确保胜利果实需要发达地区留在《协定》之中；2017 年 6 月，美国宣布退出。

(3) 美国的退出与欧盟的主导地位

图 1 赋予地区 i 在自主贡献期"退出"的权力，即美国的所作所为。现在假设 A 和 B 分别为美国与欧盟，美国单方面退出《协定》意味着美国不再受 $g_{A,1} \leqslant G_A$ 的约束，此时未退出《协定》的欧盟最大化以下长期效用

$$\max_{r_B, g_{B,1}} \{U_{B,1}(r_B, g_1) + \max_{g_{B,2}} U_{B,1}(r_B, g_2)\} \text{ s.t., } g_{B,1} \leqslant G_B$$

由 (10) 式与 (11) 式可知，上述问题的解仍为 $(r_B^S, g_{B,1}^S)$，即美国单方面退出不改变欧盟关于排放与环保技术增量的决策，仅降低欧盟的效用（少了 $\alpha_B(C_A^2 +$

---

① ①此时 (α_A, α_B) 可能影响 (r_A, r_B)。例如超额排放成本是线性的（价格乘以超额排放量），而环保技术成本呈边际递增，所以有 (α_A, α_B) 影响 (r_A, r_B)，进而影响 $W_2^S(r_A, r_B) - \sum U_{i,2}^* (r_i, r_{-i})$；为了达到最优的 (r_A, r_B)，需要改变 (α_A, α_B)，产生"套牢"问题。即便《巴黎协定》的第 6 条中有构建全球碳排放市场的内容，不过在没有给出 GHG 排放配额前，协定下的碳排放交易市场并不存在。此不完备性使得本文无须考虑上述情况，可以有。

$C_B^2)/2)$。而对于美国而言，退出则意味着自治，即其加总效用为(5)式的 $W_A(r_A^*,r_B^S,g_{A.1}^*,g_{B.1}^S)$，这是因为 $(r_A^*,g_{A.1}^*,g_{A.2}^*)$ 与 $(r_B,g_{B.1},g_{B.2})$ 无关(见引理1)。当且仅当

$$W_A^S(r_A^S,r_B^S,g_{A.1}^S,g_{B.1}^S) < W_A(r_A^*,r_B^S,g_{A.1}^*,g_{B.1}^S) \tag{11}$$

令 $\Delta W_A(G_A) = W_A(r_A^*,r_B^S,g_{A.1}^*,g_{B.1}^S) - W_A(r_A^S,r_B^S,g_{A.1}^S,g_{B.1}^S)$，依据(5)式与(9)式，(11)式等价于

$$\Delta W_A(G_A) - \alpha_A(C_A^2 + C_B^2)/2 > 0 \tag{12}$$

其中 $\Delta W_A(G_A)$ 是美国执行自主贡献产生的效用(不包含合作收益部分)与自治下的效用最大值间的差值，而 $\alpha_A(C_A^2 + C_B^2)/2$ 是"预期"可以获得的合作收益。对(12)式求导，

$$\frac{d}{dG_A}\Delta W_A(G_A) = -\frac{\partial}{\partial g_{A.1}}W_A(r_A^S,r_B^S,G_A,g_{B.1}^S) - \frac{\partial}{\partial r_A}W_A(r_A^S,r_B^S,G_A,g_{B.1}^S)\frac{dr_A^S}{dG_A} < 0$$
$$(>0) \qquad\qquad (<0) \qquad (<0)$$

由于 $G_A < g_{A.1}^*$，且 W_A 为凹函数)在 $g_{A.1}^*$ 处偏导为0，所以在 G_A 处偏导严格大于0；而由命题1知：$dr_A^S/dG_A < 0$，且 $r_A^S > r_A^*$，所以 W_A 在 r_A^S 处偏导严格为负。所以，$\Delta W_A(G_A)$ 是 G_A 的严格减函数。再根据隐函数定理，存在严格单调减函数 $\tilde{\alpha}_A(G_A)$，使得 $\alpha_A < \tilde{\alpha}_A(G_A)$ 时，美国退出是理性的决策。由于欧盟是主导方，欧盟与美国在谈判力量上是不对等的(即 $\alpha_B > \alpha_A$)，因此 $\alpha_A < \tilde{\alpha}_A(G_A)$ 是可能的。综上，可得命题2：

命题2. 美国退出《协定》的原因是1)由于欧盟在《协定》中的主导地位，美国退出难以显著影响欧盟的减排决策，因此边缘政治风险较小；2)欧盟的主导地位使得美国的谈判力量 α_A 较小，即 $\alpha_A < \tilde{\alpha}_A(G_A)$。

命题2指出了美国退出《协定》的最重要原因：《协定》非美国主导。注意到美国在其"自主贡献"中的 G_A 首先由《中美元首气候变化联合声明》给出，然后通过《协定》进一步确认。基于《声明》的严肃性，奥巴马政府不可能承诺一个美国做不到的 G_A；即便 G_A 较低，也不意味着其减排幅度是一个"过分"的数值。然而，α_A 是《协定》签署后才被决定的，这说明特朗普政府认为：α_A 没有大到可以让美国留在《协定》之中。特朗普政府之所以能"勇敢展现"美国的自利情结，是因为其退出不会造成《协定》的破裂。根据命题2可推论出欧盟因其主导地位不会退出《协定》，因为其在与美国除外的《协定》缔约方谈判时，仍将拥有较高的谈判力量，因此获得更多的合作收益；反之，如果欧盟也退出，美国的长期效用将变成 $W_A(r_A^*,r_B^*,g_{A.1}^*,g_{B.1}^*)$，可能会有 $W_A(r_A^*,r_B^*,g_{A.1}^*,g_{B.1}^*) < W_A^S(r_A^S,r_B^S,g_{A.1}^S,g_{B.1}^S)$，那么美国将承担"边缘政治"风险(造成全局危机)。又如命题1所示，《协定》是发展中国家的一次胜利，前提条件是发达地区不退出。美国的退出不太容

易造成欧盟在"减排"问题上的消极态度,且只要欧盟不退出,《协定》的减排效应仍将存在,以中国为首的发展中国家也就没有理由放弃胜利果实(尽管因为美国的退出,胜利果实被压缩)。基于此,我们承认美国在《协定》中的重要贡献:将中国"绑架"到未来限制排放的谈判桌上。那么,被绑架的欠发达地区(特别是中国)留在《协定》之中还有什么机遇呢?

(三)环保技术共享机制与中国的机遇

由于欧盟在《协定》中的主导地位,且由于"一带一路"使得中国与欧洲地区联系得更加紧密,我们认为中国只要留在《协定》中,就完全可能与欧盟共同制定"环保技术共享机制",使中国获得更高效用。

以下用 i 和 l 分别表示中国与欧盟。基于目前中国与欧盟在环保技术储备水平上的差距($R_l - R_i$ 较大),在 $t = 2-$(重新谈判期),必然有 $R_l + r_l > R_i + r_i$。令环保技术共享机制为 $x \in (0, \bar{x})$:中国在第2期的环保技术为 $x(R_l + r_l) + (1-x)(R_i + r_i)$,即中国部分保留自身积累技术(保留比率为 $(1-x)$),剩下的则由欧盟分享技术替代;$x = 0$ 则没有分享,所以 $x > 0$;假设 $x < \bar{x} \leq 1$,因为对于中国而言,完全使用欧洲技术替代本国技术($x = 1$)将承受高成本与高风险,所以不可行。修正(2)式,得到中国第2期的效用函数

$$U^x_{i,2}(r_i, r_l, g_2) = -\frac{1}{2}[\bar{y}_{i,2} - (x(R_l + r_l) + (1-x)(R_i + r_i) + g_{i,2})]^2 - C_i(g_{i,2} + g_{l,2})$$

而欧盟效用函数不变。在 $t = 2-$ 时,欧盟与中国之间的纳什谈判将使得其加总效用为

$$W^{S,x}_2(r_i, r_l) = \max_{g_2} U^x_{i,2}(r_i, r_l, g_2) + U_{l,2}(r_i, r_l, g_2)$$

纳什谈判产生的第2期排放量为:欧盟 $g^{S,x}_{l,2}(r_l) = g^S_{l,2}(r_l)$,而中国

$$g^{S,x}_{i,2}(r_i, r_l) = \bar{y}_{i,2} - (x(R_l + r_l) + (1-x)(R_i + r_i) + C_i + C_l) < g^S_{i,2}(r_i) \tag{13}$$

再结合(8)式,又得到此时的加总效用为

$$W^{S,x}_2(r_i, r_l) = W^S_2(r_i, r_l) + (C_i + C_l)x(R_l - R_i + r_l - r_i)$$

因此给定 (r_i, r_k),谈判后的加总效用会随着共享率 x 的提高而提高。中国在技术共享机制 x 下可谈判获得的2期效用为

$$W^{S,x}_{i,2}(r_i, r_l) = U^*_{i,2}(r_i, r_l) + \alpha_i(C^2_i + C^2_l)/2 + \alpha_i(C_i + C_l)x(R_l - R_i + r_l - r_i)$$

而中国的第1期决策将最大化 $U_{i,1}(r_i, g_1) + W^{S,x}_{i,2}(r_i, r_j)$,简单计算可以得到最优解为

$$r^{S,x}_i = [(1+\delta)C_i - \alpha_i(C_i + C_l)x]/k < r^S_i \tag{14}$$

$$g_{i,1}^{S,x} = \bar{y}_{i,1} + \alpha_i(C_i+C_l)x/k - [R_i+(1+\delta(1+\delta)/k)C_i] > g_{i,1}^S \quad (15)$$

类似的，可以得到欧盟第 1 期最优决策满足

$$r_l^{S,x} = \{\delta[\bar{y}_{l,1}-(R_l+G_l)]+C_l+\alpha_l(C_i+C_l)x\}/(k+\delta^2) > r_l^S \quad (16)$$

而排放量为 $g_{l,1}^{S,x} = g_{l,1}^S = G_l$（由于 G_l 足够小）。由于(12)与(16)式，在技术共享机制中（任意的 $x \in (0,\bar{x})$），欧盟未来将更少排放，即 $g_{l,2}^{S,x}(r_l^{S,x}) < g_{l,2}^{S,x}(r_l^S)$；而再根据(13)、(14)与(16)式，中国能在未来更少排放，其充分条件为 $\alpha_i < (R_l+r_l^S)k/(C_i+C_l)$。总结以上分析内容，得到命题 3：

命题 3. 相对于无环保技术共享而言，使用任意的技术共享机制 $x \in (0,\bar{x})$，中国都将提高长期效用，通过以下三种途径：i)减少自主贡献期的环保技术增量（$r_i^{S,x} < r_i^S$），节约成本；ii)增加自主贡献期的排放（$g_{i,1}^{S,x} > g_{i,1}^S$），减缓 GDP 下调；iii)获得更高的合作期收益（多出部分为 $\alpha_i(C_i+C_l)x(R_l-R_i+r_l^{S,x}-r_i^{S,x})$）；且只要 $\alpha_i < (R_l+r_l^S)k/(C_i+C_l)$，就有 $g_{i,2}^{S,x} < g_{i,2}^S$。此外，只要中国不寻求更大的谈判力量，保证 $\alpha_i/\alpha_l < (R_l-R_i+r_l^S-r_i^S)k/C_l$，必定存在 $x \in (0,\bar{x})$ 让欧盟接受环保技术共享机制，即相对于无环保技术共享机制而言，欧盟在 x 中可以获得更高的长期效用。

证明：仅需证明当 $\alpha_i/\alpha_l < (R_l-R_i+r_l^S-r_i^S)k/C_l$ 时，欧盟会接受环保技术共享机制。在 $x=0+$ 处，技术共享机制主要对欧盟带来两个效应：①1)第一期"污染效应"，中国在自主贡献期排放增加，使得欧盟遭到量为 $C_l(g_{i,1}^{S,x}-g_{i,1}^S) = C_l\alpha_i(C_i+C_l)x/k$ 的额外环境损失；2)第二期"合作减排补偿效应"，技术共享后的"减排"收益增加值为（根据命题 1 与(14)、(16)式）

$$\alpha_l(C_i+C_l)x(R_l-R_i+r_l^{S,x}-r_i^{S,x})$$
$$= \alpha_l(C_i+C_l)x(R_l-R_i+r_l^S-r_i^S+x(C_i+C_l)(\frac{\alpha_l}{k+\delta^2}+\frac{\alpha_i}{k}))$$

只要在 $x=0+$ 处"成本补偿效应"增加率比"污染效应"快，一定存在 $x \in (0,\bar{x})$ 使得欧盟愿意接受环保技术共享机制，即仅仅需要 $\alpha_i/\alpha_l < (R_l-R_i+r_l^S-r_i^S)k/C_l$。证毕。

命题 3 给出了《巴黎协定》为中国绿色发展带来的重要机遇：与欧盟建立环保技术共享机制。首先，条件是欧盟接受，这在《巴黎协定》框架下比较容易，这是因为 1) R_l-R_i 较大，即目前中国的环保技术储备与欧盟相比差距明显；2) C_l

---

① 而 x 产生的另外两个效应：欧盟的技术成本增加（中国搭便车效应）与欧盟第 2 期实际 GDP 提高（中国的肥猫策略，即中国做大自身 GDP 的同时也做大欧盟的 GDP）在一阶条件中相抵。

偏小，即环境越差的地区对于排放越敏感（例如 Beccherle & Tirole（2011）假设排放对于环境损害呈边际递增），而目前欧洲地区的环境状况较好；3）如果不推翻《巴黎协定》重新设计国际气候协议，欧盟的主导地位就不可动摇，此时中国不应当利用美国退出的"良机"来与欧盟争取更多的"话语权"（提高 α_i），反而去寻求与欧盟的进一步合作，不局限于排放的相互约束，还可以争取让欧盟分享一定的环保技术；4）"一带一路"让中国与欧洲地区联系更加紧密，双方具备良好的合作基础。再者，由于中国在《协定》中并未明确约束自身排放，所以只要欧盟接受环保技术共享机制，中国就可以提高排放峰值，减轻绿色发展中 GDP 下调在自主贡献期产生的负面效果，也可以节约一些研发与购置环保技术的成本，并获得更多的合作收益，而之后的减排幅度还能相应增加（只要 α_i 较低即可），与欧盟实现共赢，为应对世界气候变化作出更大的贡献。无论从经济角度还是从政治角度，这都是中国在《协定》中的重要机遇。

（四）结论与政策建议

我们根据《巴黎协定》的不完备性，借鉴 Harstad（2015）的分析框架，构建理论模型，逐步分析了《协定》在减排上作用机制，回答了美国退出《协定》是否理性的问题，最后讨论中国留在《协定》中的益处：一个中国绿色发展的重要机遇。首先，《协定》与之前的国际气候协议最大不同之处在于：设置了"自主贡献期"。由于中国属于欠发达地区，所以自主贡献是"适应"性质，可以与自治型绿色发展保持一致；而美国与欧盟属于发达地区，自主贡献强调自我约束，排放低于自治型绿色发展。完成自主贡献后，需要重新谈判共同决定各自的排放约束，此时无论是欠发达还是发达地区，其排放都将低于自治型绿色发展模式。因此，《协定》的减排作用体现在：1）所有签署方会在自主贡献之后减排；2）发达地区部分地偿还"历史责任"，在自主贡献期内开始减排。其次，美国退出《协定》可能是一种理性的决策，其原因是欧盟占主导地位，致使美国话语权不足（即谈判力量较低），美国能预期的合作收益不足以让美国在自主贡献中大幅减排，而美国敢于如此自利，也是因为欧盟在《协定》中的主导地位使欧盟能够从与其他地区的合作中获取足够的收益，也让欧盟退出的风险很小，或者说美国不担心自身将承担边缘政治风险。最后，我们证明了与欧盟建立环保技术共享机制，可以提高中国的长期效用，减轻 GDP 下调与增加环保技术投入所带来的经济压力，并且可以让世界期待中国在自身贡献期之后更大幅度地减排，这需要中国政府充分利用"一带一路"合作基础，并且尊重欧盟在《协定》中的主导地位。

进一步，我们提出以下几点政策建议：

1）只要欧盟坚持留在《巴黎协定》之中，《协定》就是以中国为首的欠发达地区的胜利果实，中国需要尽己所能地维护《协定》，而且中国的自主贡献完全基于自身绿色发展的要求设定，没有必要也没有理由向美国"学习"。

2)做好《协定》框架下进行下一步谈判的准备工作,尊重欧盟在《协定》中的主导地位,在自主贡献的同时谋求与欧盟的进一步合作,尝试向欧盟提出环保技术共享机制,以牺牲谈判力量与未来的合作收益为代价,让欧盟认可共享机制。特别要指出的是,欧盟与中国的环保共享机制,主要是中国寻求技术支持,这难免有"搭便车"的嫌疑。本文使用 Harstad(2015)的假设,模糊了"搭便车效应",尽管如此,(14)与(16)式已足以说明此效应随着中国的谈判力量上升,即 $dr_i^{S,x}/da_i < 0$ 且 $dr_i^{S,x}/da_i < 0$(中国的谈判力量降低中国与欧盟增加环保技术储备的激励),这种条件下,与欧盟争夺谈判力量(话语权)会伤害《协定》。

3)模型考虑的技术共享机制,是建立在欧洲环保技术能够完美替代中国减排技术的假设之上,如果中国能够在自主贡献期与欧洲形成环保技术优势互补,那么构建技术共享机制的阻力将更小,因此中国需要充分利用"一带一路"与欧洲地区的紧密连接,了解其产品与生产技术,进而分析出欧盟环保技术的优势与发展方向,然后另选一些中国环保技术方向,为《协定》框架下"减排+技术共享"的合作方式打下良好基础。

欧盟集体救济机制构建对我国集体诉讼完善的启示研究

范晓亮[①]

一、欧盟集体救济研究:中国集体诉讼立法完善的比较路径

(一)欧盟集体救济研究符合"一带一路"倡议建设需要

随着全球化的深入发展和中国综合国力的增强,中国与世界其他国家和地区的经贸、人员、资本、文化交流日益频繁和密切。2013年习近平总书记提出推进"丝绸之路经济带"和"21世纪海上丝绸之路"经济带建设的国家倡议,中国将遵循和平合作、开放包容、互学互鉴、互利共赢的丝路精神,加强与沿线各国的全方位深入合作,促进中国与世界各国共同发展,实现共同繁荣的合作共赢愿景。

欧盟是今天世界上发达国家最为集中、社会经济发展程度最高的地区,是中央提出的"一带一路"国家倡议的西部终端。两千年前,产自中国的丝绸,从大汉王朝的首都长安出发,一路向西,跋涉万里,成为古罗马帝国王公贵族的衮衮华服。今天,"一带一路"犹如两条跨越大陆与海洋的彩虹桥,将活跃的东亚经济圈和发达的欧洲经济圈紧密联系起来。

以中国为主体的东亚经济圈是全球市场规模最大、投资盈利率最高、创新创业活力最足的发展中区域;以欧盟28国为主体的欧洲经济圈是全球最大经济体和最大的进出口贸易经济体。中国与欧洲特别是欧盟在经贸、投资、技术、市场等领域互补性强,合作空间非常广泛,发展潜力巨大。

2015年是中欧建交40周年,欧盟外交和安全政策高级代表莫盖里尼来华参加中欧对话,并与中方共同庆祝这一历史时刻。"一带一路"是中欧战略对话的重要内容,为欧盟与中国的对话与合作提供有利的契机,共同塑造全球化未来。

[①] 范晓亮,安徽大学法学院副教授。

欧盟委员会正在研究总值3510亿欧元的战略基础设施投资计划——"容克计划"与"一带一路"进行对接,推动欧亚互联互通建设。目前,在《中欧合作2020战略规划》基础上,中欧正在谈判双边投资协定(BIT),甚至在此基础上研究中欧FTA可行性,"一带一路"为此带来更大动力。

目前已经有9个欧盟成员国决定投资加入容克计划,包括德国(80亿欧元)、西班牙(15亿欧元)、法国(80亿欧元)、意大利(80亿欧元)、卢森堡(8000万欧元)、波兰(80亿欧元)、斯洛伐克(4亿欧元)、保加利亚(1亿欧元)和英国(60亿英镑/约85亿欧元)。与容克计划对接后,"一带一路"倡议规划将涉及上述主要欧盟成员国,其国内法受到欧盟层面集体救济立法的影响需要改变立法,这将直接使中国企业在这些国家投资过程中可能遭受到集体诉讼的风险大大提升,尤其是在证券投资、反垄断、金融、消费者等牵涉到众多当事人的领域。

(二)中国企业投资欧盟的巨大市场与集体诉讼风险

第一,欧盟是世界第一大经济体和第一大进出口贸易经济体。欧盟是全球最大的发达经济体,据2016年统计,领土面积约为440万平方公里,总人口约5.1亿(美国为3.3亿),2016年人均GDP为29002美元。欧盟现有28个成员国,既包括法国、德国、英国、意大利等世界上发达程度最高的国家,也包括捷克、波兰、匈牙利、爱尔兰、西班牙等大量中等发达国家。欧盟是世界第一大经济体和进出口贸易经济体。2016年欧盟GDP总量为14.82万亿美元,进出口总量超过4万亿美元。

第二,欧盟是中国的第一大贸易伙伴、第一大进口市场,中国则是欧洲联盟的第一大进口市场、第二大贸易伙伴。2016年中国和欧盟双边贸易额达到5.46万亿美元。

第三,欧洲联盟是中国第一大技术供应方、第四大外资来源地,也是中国企业践行"走出去"战略的主要对外投资地区。欧盟是中国的第四大外资来源地。截至2013年底,欧盟对华累计投资超过900亿美元,大量拥有先进技术、先进管理经验的大型跨国企业进入中国投资办厂。

第四,欧盟是中国企业"走出去"的主要投资地区。欧洲庞大的消费市场、多样化的产业结构、与中国产业间的较强互补性,以及区域整合所创造的基础设施等领域的大量机会为中国企业发展提供了广阔的空间,截至2014年底,中国对欧洲联盟各国的累计直接投资超过500亿美元,涉及制造业、能源、电力、农业、房地产和服务业等多个领域,仅2014年中国对欧洲联盟的非金融类直接投资就达到120.98亿欧元,反超欧盟对华投资额(91.39亿欧元),这意味着中国开始成为对欧盟的净资本输出国。

2015年6月28日至7月2日国务院总理李克强应邀赴布鲁塞尔出席第十

七次中国欧盟领导人会晤并访问欧洲各国后,双方投资大环境进一步改善,可以预见未来中国对欧洲的投资还会保持持续、高速增长。中国企业借"一带一路"倡议建设的东风大力投资欧盟地区的时候,在大洋彼岸,涉及中国企业在美国投资项目的重量级的集团诉讼迭发,于2015年尤其繁重,主要包括:(1)2015年初,多家美国律所联合一家中国律所对聚美优品在美国投资组织集体诉讼;(2)2015年2月,阿里巴巴在纽约州法院被提起集体诉讼;(3)2015年3月,Milberg LLP、Rigrodsky & Long, P. A.、Glancy Binkow & Goldberg LLP、Rosen Law Firm和Pomerantz Law Firm等多家美国律所针对优酷土豆进行调查,并组织在纽约州法院提起集体诉讼;(4)2015年5月,联想公司于旧金山联邦法院被用户提起集体诉讼;(5)2015年5月,美国律师事务所MilbergLLP向纽约州法院提起针对中国电商唯品会的集体诉讼。与重视法院诉讼的美国不同,欧盟传统上主要通过政府监管来规范市场秩序。欧盟对美国公司的罚款一向不手软,微软当年遭受马拉松式的反垄断案调查最终以罚款12亿美元告终。Intel被罚款14.5亿美元。最近,Google与欧盟反垄断案和解失败后,可能面临最高60亿美元罚款。欧盟正在对苹果进行调查,指控爱尔兰政府向美国科技巨头提供非法的政府援助,而星巴克和荷兰政府之间的类似协议也面临欧盟竞争委员会的审查。虽然欧盟地区传统上主要通过政府监管来规范市场秩序,但在2015年《欧盟集体救济建议》出台后,通过法院集体诉讼的方式来对外国企业投资进行规制也将成为重要手段。

"一带一路"倡议牵涉欧盟主要成员国,包括德国、意大利等的国内集体诉讼立法都将进行改革。中国企业目前在美国遭受集体诉讼的围攻,因缺乏应对经验和有效措施,一直处于被动状态。"一带一路"倡议建设给中国企业带来了在欧盟地区进行投资与发展的重要战略机遇,但在推进投资的深度与广度的同时,也要谨防集体诉讼的风险,尤其是在证券、反垄断、消费者和牵涉众多当事人的业务方面,是集体诉讼的高发区。

(三)欧盟集体救济的立法进展对我国的影响和借鉴价值

2015年2月4日施行的《最高人民法院关于适用〈中华人民共和国民事诉讼法〉的解释》(以下简称《民诉法解释》)[①]以专章的形式对《民诉法》中的公益诉讼条款进行了阐释,体现了对通过集体诉讼解决消费纠纷的重视。但中国缺乏集体诉讼的传统,现行的代表人诉讼运行经验也并不理想。

美国的集团诉讼制度(class action)在世界范围内已产生了重要的影响和示

---

① 法释【2015】5号。

范作用。① 巴西和魁北克作为大陆法系中移植美式集团诉讼较为成功的国家和地区,业已为发展中国家和大陆法系地区形成了范本。② 基于强势的法律文化,在"选择性退出"、"风险代理"、"惩罚性赔偿"、陪审团、诉讼费用自负等多种机制的精密构成基础上,美式集团诉讼制度为消费者保护法律的私力执行(privateenforcement)提供了有力的支持。③ 但中美之间的社会文化土壤和法制构成背景歧异较大,论证美式集团诉讼难以移植到中国的文献汗牛充栋,在此不再赘述。出于对诉权滥用的担忧,欧盟及其成员国(除了英国和爱尔兰等)对美式的集团诉讼疑虑重重,④在成员国间的司法协助和欧盟法层面的统一化方面,一直以来均在谨慎地探索集体救济(collective redress)方式。目前仍难以在欧盟层面形成统一的具有强制效力的文件,并遇到了一些与中国相似的问题,如对胜诉酬金制的限制、公共监管与私益诉讼的界限、诉讼主体的界定等。我们结合欧盟集体救济法律机制的探索历程,尤其是欧盟委员会 2013 年 6 月正式发布的《在成员国建立针对侵犯欧盟法项下权利之行为的禁止令和赔偿集体救济机制所依循一般原则之建议》(以下简称"《欧盟集体救济建议》",该文件于 2015 年 7 月进入评估阶段,并将于 2017 年底至 2018 年初作出结论)⑤进行分析,或可作为进一步凝练我国公益诉讼等集体救济模式和规则完善的参考,也为中国企业在欧盟地区投资应对集团诉讼风险提供智力支持与有效应对。

二、欧盟集体救济的公力与私力执行:传统与变革

(一)欧盟集体救济改革的历史背景

法律的执行有赖于公力和私力两种资源,而有效的私力执法需要一个完善的"集体救济机制"。⑥ 在"市场导向"的政经治理背景之下,诉讼在实现公共利

---

① 参见李战、张琴:《论我国消费者群体诉讼制度的构建——从小额多数侵权纠纷解决的角度思考》,《东南大学学报(哲学社会科学版)》,2012 年 6 月第 14 卷,第 115 页。
② 参见【巴西】Antonio Gidi 著,李智、陈荣编译:《巴西集团诉讼:一个大陆法系国家的范本》,《厦门大学法律评论》2014 年 11 月版,第 188 页。
③ 参见陈巍:《欧洲群体诉讼机制介评》,《比较法研究》2008 年第 3 期,第 110 页。
④ 在环境行政公益诉讼方面,包括德国在内的成员国也基于诉权滥用的担忧而持谨慎态度。参见陶建国:《德国环境行政公益诉讼制度及其对我国的启示》,《德国研究》2013 年第 2 期第 28 卷,第 73 页。
⑤ Commission Recommends Member States to Have Collective Redress Mechanisms in Place to Ensure Effective Access to Justice (June 6, 2013), IP/13/524 (以下简称 "EU Collective Redress Recommendation")。
⑥ The White Paper, Article 2.1.

益方面具有显著功能是美国特有的文化现象,①例如 20 世纪 60 年代美国的民权运动,主战场就在联邦最高法院。②美国的政治与法律文化素来支持以诉讼作为治理社会和改变现状的积极手段。相对而言,大陆法系国家的司法部门承担了有限的社会和政治职能,较难通过诉讼设立公共政策或社会规范。③ 个人消费者胜诉只能维护私人利益,而提起公益性的集体诉讼,则可以通过法院判决倒逼带有公权力色彩和垄断地位的行业,对消费维权事业具有重要的意义。

与强调私力执法的美国不同,④欧盟传统上对于垄断、群体性侵权等行为主要通过公共部门执法进行规制,而对于私人通过发起诉讼的方式则关注较少。⑤同样,对侵害消费者权益的行为主要是由监管部门实施法律来进行规制,而对于主要以诉权为渠道实现补偿或威慑的私力执行则较为忽视。⑥ 在"政府导向"的经济形态之下,欧盟大陆法系国家具有福利国家和行政国家的特点,强调发挥政府和行业自治组织的监管作用,在健全的社会福利体系弥补了小额侵权损害的前提下,传统上依赖完善的实体法律机制以维护民众的利益,通过公共执法来调整环境、卫生、商品等公共领域的秩序,制约群体性违法行为,而诉讼并没有被作为主要手段。

但随着欧洲"政府失灵"导致公共监管的不足、小额多数侵权行为公共执法效果的不尽如人意、跨境集体诉讼中美国与欧盟消费者的不对等待遇等情况的出现,⑦以及相对于主权独立的成员国,欧盟在公共执法方面的先天不足等现实情况,⑧通过集体诉讼进行私力执法开始受到重视。

(二)欧盟层面集体诉讼机制立法肇始

研究欧盟层面的集体诉讼制度,不能忽视欧盟委员会、欧盟议会等在此领域谨慎而坚定的探索。自 1992 年《马斯特里赫特条约》签署开始,欧盟就开始了加

---

① 参见陈巍:《欧洲群体诉讼机制介评》,《比较法研究》2008 年第 3 期,第 111 页。
② See Abram Chayes, The Role of the Judge in Pubic Law Litigation, 89(7) *Harvard Law Review* (1976), pp. 1281—1316.
③ 参见【巴西】Antonio Gidi 著,李智、陈荣编译:《巴西集团诉讼:一个大陆法系国家的范本》,《厦门大学法律评论》2014 年 11 月版,第 192、194 页。
④ See Clifford A. Jones, Exporting Antitrust Courtrooms to the World: Private Enforcement in a Global Market, 16 *Loyola Consumer Law Review* (2004), p. 411.
⑤ 参见王健:《欧盟竞争法执行体制》,《欧盟法律创新》2008 年版,第 151 页。
⑥ See Daniel A. Crane, Optimizing Private Antitrust Enforcement, 63 *Vanderbilt Law Review* (2010), p. 675.
⑦ 美国消费者可以在美国依法提起针对欧盟企业的集团诉讼,而欧盟消费者在欧洲却因缺少群体性诉讼制度而无法提起针对美国企业的巨额集团诉讼。
⑧ 参见陈巍:《欧洲群体诉讼机制介评》,《比较法研究》2008 年第 3 期,第 112 页。

强成员国间监管合作的进程。通过协调成员国间特有的监管机制,来达成消除关税等壁垒的内部统一市场的目标,至今已经推进了 23 年之久。

欧盟层面对于消费者集体救济的关注最早可以追溯到 1984 年,以备忘录的形式将集体诉讼作为重点考虑的消费者救济渠道。[1] 1998 年,欧盟委员会进一步认为,当时消费者救济的司法机制不够完善,有必要采取措施便于权益受到损害的消费者提起集体诉讼。欧盟部长理事会发布指令,要求成员国通过修订国内立法,规定提起诉讼适格主体(qualified entities)的最低标准,即消费者保护组织或特定公共部门,并可通过禁止令(injunctive relief)或宣告性救济(declaratory relief)等诉讼来保护消费者集体权益。[2] 虽然欧盟 1998 年指令明确规定了违反成员国消费者保护法律的救济措施,但并没有授权消费者保护组织或特定公共部门以代表消费者提出赔偿性诉讼的权限。6 年后,欧盟部长理事会通过条例[3]要求成员国在加强消费者保护公共执法方面进行合作,但仍未规定消费者获取金钱赔偿的救济措施。

(三)反垄断私力执行对消费者保护的示范

在存在垄断的市场上,遭受垄断行为侵害的真正受害人往往是人数众多且分[4]散的消费者。经过诸多争议后,反垄断法领域的私力执行在欧盟得以逐渐接受。传统上,欧盟的反垄断执法均由欧盟委员会主导,但在 2004 年出现了由欧盟层面集中执法向成员国分散执法的趋势。[5]

---

[1] European Commission, Consumer redress, Memorandum from the Commission to the Council transmitted on 4January 1985, COM (84) 629 final, 12 December 1984. Bulletin of the European Communities Supplement 2/85.

[2] Council Directive 98/27, Injunctions for the Protection of Consumers' Interests, 1998 O. J. (L 166), 51-53.

[3] Council Regulation 2006/2004, of the European Parliament and of the Council of 27 October 2004 on Cooperation Between National Authorities Responsible for the Enforcement of Consumer Protection Laws, 2004 O. J. (L.364).

[4] European Parliament, Collective Redress in Antitrust (Study, 2012), abstract, http://www.europarl.europa.eu/document/activities/cont/201206/20120613ATT46782/20120613ATT46782EN.pdf, visited at 15 September 2015.

[5] See Odudu Okeoghene, Developing Enforcement in the EU: Lessons from theRoberts Court, 53 *The Antitrust Bulletin* (2008) p. 873; Michael Paulweber, The End of a Success Story? The European Commission's White Paper on the Modernisation of the European Competition Law: A Comparative Study about the Role of the Notification of Restrictive Practices within the European Competition and the American Antitrust Law, 23(2) *World Competition* (2000), p. 3.

虽然在《欧洲联盟运行条约》[①]中关于反垄断的第 101 和 102 条均没有提到成员国法院的管辖权,但在《关于实施建立欧盟条约第 81 条和第 82 条竞争规则的规定的第 1/2003 号规则》(以下简称"第 1/2003 号规则")[②]中明确规定了成员国法院具有管辖权来执行《欧洲联盟运行条约》中的反垄断规则,[③]目的是为了使该规则在欧盟领域内得以"有效和统一的适用"。[④] 第 1/2003 号规则的序言第七条申明了确立该规则的意旨所在,即成员国法院应当在欧盟反垄断法执行体系中起到重要的作用,包括受理私主体之间的纠纷,判决因垄断行为造成损害的当事人获得赔偿等,实质上成为成员国反垄断监管机关的重要补充(complements)。[⑤] 在嗣后的《欧盟集体救济建议》中,也强调了法院集体诉讼对于公共监管的重要补充(supplements)作用,[⑥]明晰了二者的关系。在实务领域,欧洲法院通过 Courage、[⑦]Manfredi[⑧] 和 GT－Link[⑨] 三个重要判决奠定了对《欧洲联盟运行条约》第 101、102 条执行的先例。

截至 2017 年 11 月,除比利时、塞浦路斯、捷克、爱沙尼亚、拉脱维亚、卢森堡、斯洛伐克和斯洛文尼亚以外,大部分欧盟成员国都建立了集体救济制度,并且英国专门建立了针对反垄断的集体诉讼机制。

2005 年,欧盟委员会发布《违反欧共体反托拉斯规则的损害赔偿诉讼绿皮书》,[⑩]将集体救济法律机制的设计范围从消费者保护扩大到较为成熟的反垄断领域,强调私力执行具有和公力执行同样重要的地位,并在成员国中对集体救济机制的构建广泛征求意见。此后三年,欧盟委员会持续性的进行工作,并于 2008 年发布《违反欧共体反托拉斯规则的损害赔偿诉讼白皮书》,建议成员国在

---

① Consolidated versions of the Treaty on European Union and the Treaty on the Functioning of the European Union,*Official Journal* C 326,26/10/2012 p. 0001 － 0390.
② Council Regulation (EC) No 1/2003 of 16 December 2002 on the implementation of the rules on competition laid down in Articles 81 and 82 of the Treaty. 在《欧盟运行条约》第 101 和 102 条之前,欧盟委员会根据本条例执法。
③ Article 6 of Regulation 1/2003.
④ Recital 1 of Regulation 1/2003.
⑤ Recital 7 of Regulation 1/2003.
⑥ Paragraph6 in the Preamble of the EU Collective Redress Recommendation.
⑦ Case C－453/99, Courage Ltd. V. Bernard Crehan [2001] ECR I－6297.
⑧ Joined Cases C － 295 － 298/04 Vincenzo Manfredi v. Lloyd Adriatico Assicurazioni [2006] ECR I－6619.
⑨ Case C－242/95,GT－Link A/S v. De Danske Statsbaner (DSB) [1997] I－4449.
⑩ Commission Green Paper on Damages Actions for Breach of the EC Antitrust Rules, COM (2005) 672 final (Dec. 19,2005).

反垄断赔偿领域加强集体诉讼制度。

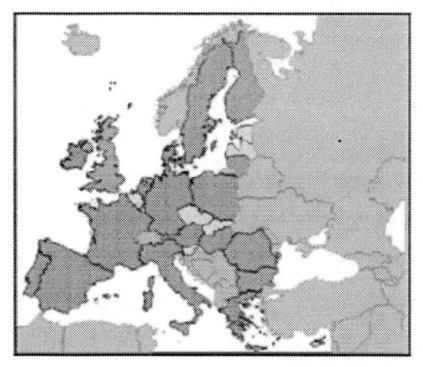 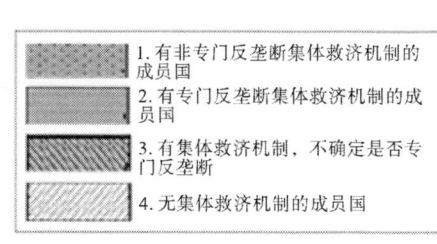

1. 有非专门反垄断集体救济机制的成员国
2. 有专门反垄断集体救济机制的成员国
3. 有集体救济机制,不确定是否专门反垄断
4. 无集体救济机制的成员国

欧盟成员国集体救济机制分布[①]

相对于反垄断领域,欧盟消费者集体救济法律框架的构建进展较缓,但随着前者的逐步完善,也对后者产生了极大的示范和推动作用。

(四)欧盟委员会的公共咨询与方案设计

2008年,欧盟委员会针对当时消费者集体诉讼仍处于无法有效执行,尤其是大量消费者受到违法侵害而无法寻求金钱救济的状况,发布了《消费者集体救济绿皮书》,[②]提出在欧盟层面建立集体救济机制的四种方案:(1)在欧盟层面不采取行动,依靠欧盟和成员国现有的措施进行消费者保护(No EC action);(2)成员国之间开展合作,互相开放消费者救济机制,建立欧盟境内合作网络(Cooperation between Member States);(3)鉴于消费者往往不愿意在数额微小的纠纷上进行成本高昂的诉讼,成员国可以综合适用各种有拘束力和无拘束力的政策工具,包括改进企业内部投诉处理制度、建立替代性纠纷解决机制、完善本国小额诉讼程序等,以使现有的救济方式更加符合消费纠纷的特性(Mix of policy instruments);(4)建议成员国建立集体诉讼机制,保证消费者可以通过代表诉讼、集体诉讼或示范性案例程序等以获得有效的救济。同时为防止滥诉的出现,在欧盟层面的规划中采纳了拒绝惩罚性赔偿和胜诉酬金制,限制公共机构为集体诉讼提供资金支持,以及由败诉方承担诉讼费用等一系列措施(Judicial collective redress procedure)。在以上四个方案的基础上,欧盟委员会在《消费者集体救济绿皮书》中设置一系列咨询问题,向公众广泛征集对于方案的倾向

[①] European Parliament, Collective Redress in Antitrust (Study, 2012), p. 19, http://www.europarl.europa.eu/document/activities/cont/201206/20120613ATT46782/20120613ATT46782EN.pdf, visited at 15 September 2015.

[②] Commission Green Paper on Consumer Collective Redress, COM (2008) 794 final (Nov. 27, 2008).

性、修改建议等意见,意见可以通过纸质邮件或电子邮件的方式发送至欧盟委员会,在2009年3月1日截止并进行整理分析。2011年,欧盟委员会根据之前对各成员国共同关注问题的研究成果,发布了工作文件"*Towards a Coherent European Approach to Collective Redress*",①首次对"集体救济"进行了定义,即"达到消除、阻止针对侵害众多消费者或中小企业权益的非法商业行为的目的,或实现损害赔偿的机制"。② 欧盟委员会基于该文件再次向公众进行调查,集思广益,研究如何与欧盟及成员国的实践相结合,设计欧盟层面的集体救济制度。该项工作目的在于确保制度设计能够达成以下三个方面的效果:(1)促进欧盟层面法律法规的更有效实施;(2)与欧盟地区的社会历史和法律传统无缝结合;(3)与欧盟法现有的程序性救济措施产生合力。经过官方筛选,在单位意见方面,欧盟委员会收到了来自包括消费者组织、企业、律师事务所、学术机构和成员国政府等超过300条的有效意见;在个人意见方面,收到了接近2万条有效意见,对工作文件进行了全方位的评论。

欧盟委员会发现,各方在反对采用胜诉酬金制度、支持采用败诉方付费制度、反对证据开示扩大化、反对采用惩罚性赔偿、支持加入制、反对退出制等方面意见较为一致。但是,替代性争议解决程序是否作为起诉的强制性前置程序则有极大的分歧。同时,公众意见认为,由政府部门作为消费者的代表提起集体诉讼更加合理。欧盟委员会根据调查作出结论,在目前的法律传统、社会基础和政治环境等背景下设计一个欧盟层面的集体诉讼制度,并强制性的要求成员国施行并不现实。

(五)欧盟议会对欧盟委员会的质询

2011年7月,欧洲议会法律事务委员会发布倡议(motion),表明欧盟议会

---

① Commission Staff Working Document, Public Consultation: Towards a Coherent European Approach to Collective Redress, SEC (2011) 173 final (Feb. 4, 2011).

② "Collective redress is any mechanism that 'may accomplish the termination or prevention of unlawful business practices which affect a multitude of claimants (consumers and/or SMEs) or the compensation for the harm caused by such illegal practices'."该概念在2013年《欧盟集体救济建议》中得以进一步细化,即"collective redress' means: (i) a legal mechanism that ensures a possibility to claim cessation of illegal behaviour collectively by two or more natural or legal persons or by an entity entitled to bring a representative action (injunctive collective redress); (ii) a legal mechanism that ensures a possibility to claim compensation collectively by two or more natural or legal persons claiming to have been harmed in a mass harm situation or by an entity entitled to bring a representative action (compensatory collective redress)".

将在集体救济方面开展工作,并就工作成果通过决议(resolution)。[①] 该倡议强调,基于不同的社会文化和法制土壤,在欧洲适用美式集团诉讼制度有造成诉权滥用的可能性。同时美式集团诉讼实质上是一种分权监管思路,与欧盟委员会集中监管的传统并不契合,不适合移植。在欧洲议会随后的调查中表明,有将近80%的消费者愿意加入到集体诉讼中。而集体诉讼在现实中推行的困境之一是诉讼动力的缺乏,[②] 消费者如果个人提起诉讼寻求救济,将受困于高昂的费用、复杂的程序、不合理的诉讼性价比等难以克服的障碍。

2011年7月倡议相比,欧洲议会在随后2012年2月发布的决议中[③]对于集体诉讼的消极态度有所松动,认为基于群体利益的集体诉讼或代表人诉讼将极大地简化程序和降低费用。但这种形式的私力救济不能替代公力救济的主导地位,而只可作为一种补充。当政府监管缺位时,公民及组织认为公共利益受到侵害,有权向司法机关提起诉讼以要求国家保护公共利益并提供相应的救济措施。[④] 但同时,欧洲议会在决议中也援引了美国联邦最高法院对于美式集团诉讼制度所引发的滥诉现象所采取的措施。

在欧洲议会表明对于集体诉讼的谨慎态度的同时,欧盟委员会的工作似乎陷入了停滞,自2011年发布公共咨询文件后,一直没有新的进展,仅在其2012年工作计划中略略提及,[⑤]甚至在其2013年工作计划中避而不谈。[⑥] 欧盟议会对此提出了质疑,要求欧盟委员会正面回答是否继续此项工作,并公布时间表。[⑦] 欧盟委员会在三个月后作出回应,表明其尊重欧盟议会的决议,并仍在慎重考虑如何采取最合适的措施(most appropriate course of action)来完成此项

---

① Rapporteur on Towards a Coherent European Approach to Collective Redress, Draft Rep. on a Motion for a European Parliament Resolution, Comm. on Leg. Affairs, Doc. 2011/2089 (INI) (July 15, 2011).
② 参见吴泽勇:《建构中国的群体诉讼程序:评论与展望》,《当代法学》2012年第3期,第111页。
③ European Parliament resolution of 2 February 2012 on "Towards a Coherent European Approach to Collective Redress" (2011/2089(INI)).
④ 参见谢甜甜:《构建我国消费者公益诉讼制度》,《法学论坛》2015年第2期,第141页。
⑤ European Commission, Commission Work Programme 2012, Brussels, November 15, 2011 (COM (2011) 777).
⑥ European Commission, COM (2012) 629, Commission Work Programme 2013, Strasbourg, October 23, 2012.
⑦ See Philippe Juvin (PPE), Parliamentary Questions, European Parliament, December 19, 2012.

工作。① 欧盟对于集体诉讼立法较为谨慎,同时一些学者呼吁,将消费者群体权益保护置于政府监管的公力执行框架之内,并着重推广业已运行良好和逐渐成熟的由政府资助但具有独立法律地位的申诉专员制度(independent ombudsman),由政府主导消费者集体救济。② 在美国取得成功的集团诉讼似乎在欧洲法律文化和社会传统的土壤上难以移植。③

(六)《欧盟集体救济建议》的出台与内容分析

2013年6月11日,经过长时间的工作和慎重的考虑,欧盟委员会认识到建立一个强制性的欧盟层面集体救济指令难度较大,转而以更柔软的方式发布了《欧盟集体救济建议》,列举了在消费者、反垄断、环境保护、金融服务等集体救济机制构建中所应遵循的一系列具有普遍价值的原则性规定(certain non-binding common principles),但不具有强制约束性,建议成员国在两年内将上述规定融入到本国已有或在建的集体诉讼机制中。2015年底,欧盟委员会将开始对成员国上述工作进行评估,并研究下一步工作规划。上述规定构建了欧盟区域内集体救济立法的框架,同时也规定了时间表。成员国需在2015年7月26日前将原则性规定纳入内国法,收集法庭内外的集体诉讼程序信息并形成第一次年度报告,向欧盟委员会呈报。于2017年底,欧盟委员会将对成员国的施行情况进行最终评估,以确定如何推进欧盟层面立法工作。欧盟集体诉讼的探索,目前虽然没有达到发布具有目标拘束力的指令(derivative)或全面拘束力的条例(regulation)的程度,但以建议(recommendation)的形式更适合目前对集体诉讼持保守态度且成员国立法差异较大的现状,同时也对于谨慎探索中的中国消费公益诉讼立法与司法实践有借鉴意义。

1. 禁止之诉和群体损害赔偿之诉共同适用的规则

(1)提起代表诉讼的原告主体资格(Standing to bring a representative action)。根据《欧盟集体救济建议》第4—7条,代表受损害群体提起诉讼的原告应当是由成员国官方指定具有代表权限的非营利性机构,要求与提起诉讼的主要受损害群体具有直接的关系,并且该原告主体应当具有必要的经济实力、人力资源、法律经验以代表受损害群体。此外在作为例外或备选的情况下,成员国也可以授权公共部门以提起代表诉讼。

---

① See Mrs. Viviane Reding, Answer to Phillippe Juvin Parliamentary Question of December 19, 2012, European Commission, March 1, 2013.

② See Warren, Manning G. , The Prospects for Convergence of Collective Redress Remedies in the European Union, 47 *International Lawyer* (2014), p.101.

③ See Christopher Hodges: Multi-Party Actions: A European Approach, 11 *Duke J. Comp. & Int'l L.* (2001), p. 332.

在跨境集体诉讼案件中,代表机构是公共部门的情况下,是否可以适用《布鲁塞尔条例 I》和《海牙协议选择法院公约》? 在 *Frahuil SA v Assitalia SpA* 案中,欧盟法院认为,当代表机构依法参与法律程序并为被代表群体提供司法救济,案件就应当被视为是私权的实施,并得以适用《布鲁塞尔条例 I》。① 这一点同样得到欧盟委员会在绿皮书中的确认。② 《海牙协议选择法院公约》排除了当事人一方为消费者的情形,③消费争议团体诉讼和示范诉讼将无法适用公约。而对于《海牙协议选择法院公约》在代表诉讼中的适用问题,目前欧盟尚没有给出官方回应。可以明确的是,代表机构不会因其公共和政府性质而被排除在公约的适用范围之外。④

(2)法院初步审查制(Admissibility)。根据《欧盟集体救济建议》第 8~9 条,法院应有权对于集体诉讼是否符合法定条件进行审查,通过审查的才可以进入诉讼程序。《欧盟集体救济建议》中所确立的法院初步审查制仅要求法院对于群体性诉讼是否符合法定条件进行审查,通过审查的即可进入诉讼程序。在立案阶段并没有对证据提交等有较高的要求,旨在降低立案门槛,保护当事人诉权的实现。相对于个体的消费者来说,消费者保护组织具备更强的证据收集能力。但就庞大的消费群体和复杂的社会影响来说,完全由作为民间组织的原告承担举证责任,在长远上将受到资金、人力等方面压力。美国集团诉讼行之有效的重要基础在于证据开示制度,尤其是在消费者诉讼中,有利于平衡消费者与被告之间差异较大的取证能力,诉讼当事人或诉讼外第三人所掌握的事实材料,只要与案件有关,除享有秘密特权保护的以外均应向对方当事人披露,任一方当事人均享有要求对方当事人及诉讼外第三人披露上述事项的权利。

《欧盟集体救济建议》中对于证据开示制度持保守的态度,以避免造成对于被告的歧视。此外,在消费领域中举证责任倒置主要适用于侵权案件,在新《消保法》第二十三条特别规定了在特定消费争议中经营者的举证责任倒置。应将公益诉讼和损害赔偿诉讼进行区分,群体性的损害赔偿诉讼不宜进行举证责任导致而造成对被告歧视;而公益诉讼是典型的不特定群体的利益侵权诉讼,不仅公民、法人等不特定主体的合法权益受到侵害,更重要的是社会公共利益也受到侵害,有必要确立举证责任倒置以减轻原告的举证压力,促进公益诉讼。⑤

---

① Case C—265/02 Frahuil SA v Assitalia SpA [2004] ECR I—1543, para 20.
② Green Paper on Collective Redress, para 58.
③ Article 2(1)(a) of the Hague Convention on Choice of Court Convention.
④ Article 3(5) of the Hague Convention on Choice of Court Convention.
⑤ 参见颜运秋、周晓明:《公益诉讼制度比较研究——兼论我国公益诉讼制度的建立》,载《法治研究》2011 年第 11 期,第 60 页。

(3)诉讼信息的传播及限制(Information on a collective redress action)。根据《欧盟集体救济建议》第10~12条,代表机构和被代表群体应有权在合法的范围内传播有关诉讼的信息,但不得损害诉讼的正常进行、言论自由权、知情权、被告的名誉、被告的商业秘密等。诉讼信息通知的法律冲突在采取"加入制"(opt-in)和"退出制"(opt-out)的集体诉讼之间体现的尤为明显。有意见认为,对于那些并没有得知诉讼信息,或没有明示同意退出集体诉讼的受损害群体,"退出制"集体诉讼约束其不得再另外提起诉讼的做法实际上是剥夺了他们在《欧洲人权公约》第6条中强调的应获得的公平和公开听审(fair trial and public hearing)的权利。① 这包含两方面的问题,一是对于跨国受损害群体成员的合理通知;二是判决的既判力(res judicata)对未经合理通知或未明示退出集体诉讼的受损害群体的诉讼权利的阻却。在未进行合理通知的情况下,判决是否对于没有收到合理通知的当事人具有拘束力也将存疑。"加入制"强调诉讼判决的效力只限于明确表示加入集体诉讼的成员,或签署文件明确授权某团体在法庭代表他们利益的成员。法国法律明确禁止通过个人信件、广告、散发手册或电视电台广告来"怂恿"缺席者同意,代表人只能使用书面媒体印刷物作为通知。② 日本《民事程序法典》第30条中创制了有限的代表人诉讼,在条文草案拟定之时,日本立法机构拒绝了一项要求法院在报纸上刊登团体通告的议案,原因是认为法庭不应当显得赞同这个诉讼的合理性。③

(4)败诉方付费(Reimbursement of legal costs of the winning party)。根据《欧盟集体救济建议》第13条,败诉一方当事人应当承担胜诉一方预交的诉讼费用,具体规定根据各成员国国内法的不同可以有所调整。但问题在于,如果群体纠纷的部分团体成员采取退出或不参与诉讼,而进行观望的策略,那么首先就违背了集体诉讼制度求得单一而终局判决的意旨,会被视作具有"搭便车"(free riders)的倾向,因其可以利用在先判决的结果而设计自己的诉讼策略。④ 但集体诉讼判决既判力的效果也使得"败诉方付费"规则造成很多受损害群体当事人基于败诉付费的风险不愿意参加集体诉讼,而是等待判决出来,胜诉可共享有利

---

① See S. I. Strong, Cross-border Collective Redress in the European Union: Constitutional Rights in the Face of the Brussels Regulation, 45 *Arizona State Law Journal* 233, 2013.

② 49See Raymond Martin, L'Action en Représentation Conjointe des Consommateurs, JCP 1994 I 3756.

③ See Yasuhei Taniguchi, The 1996 Code of Civil Procedure of Japan: A Procedure for the Coming Century? 45 *American Journal of Comparative Law* (1997), p. 767.

④ See S. I. Strong, *Cross-Border Collective Redress and Individual Participatory Rights: Quo Vadis?* 32 Civil Justice Quarter (2013).

结果,败诉则不必承担付费义务。这一点需要通过完善代表机构进行诉讼的机制设置来进行协调。①

(5)诉讼支持资金(Funding)。根据《欧盟集体救济建议》第14—16条,在诉讼程序开始时,原告须应法院要求向其报告支持诉讼进行的资金来源。遇到以下情况,法院可以中止诉讼程序:(a)提供资金的第三方与原告方有利益冲突;(b)提供资金的第三方的财力不足以支持原告完成诉讼程序;(c)提供资金的第三方的财力不足以承担败诉后果。此外,如果提供资金的第三方是私人或私立机构,如若发生以下情况则禁止其提供资金:(a)影响原告在诉讼程序中的包括和解等取舍决定;(b)被告与提供资金的第三方具有竞争关系,或原告与被告的提供资金人之间具有关联关系;(c)要求被支持的一方支付资金的利息。上世纪80年代至90年代间,英国发生了多起针对医药公司提起的集体诉讼,绝大多数是由诉讼资金赞助进行。但自90年代中期之后,英国关于诉讼资金支持的规则发生变化,成本大大削减,集体诉讼的数量随之下跌。2003年欧盟曾出台指令,要求成员国设立公共基金为"小额诉讼"提供资金支持,并特别简化了小额诉讼的法院程序。② 但在2008年金融危机之后,成员国政府纷纷削减公共开支,此种形式未能持续发挥作用。

(6)跨境案件(Cross—border cases)。根据《欧盟集体救济建议》第17—18条,如果一个案件涉及欧盟境内不同成员国的多位自然人或法人,那么在一个成员国法院所提起的集体诉讼不得因该成员国关于诉讼群体或代表组织的法律规定与其他成员国不同而受到限制。依据某一个成员国法律有权提起集体诉讼的组织,可以在具有管辖权的另外一个成员国提起诉讼。集体救济的溢出国界使得国际私法问题曾成为争议的焦点,但在《欧盟集体救济建议》2013年文件中没有列入,这被欧盟经济和社会委员会在咨询文件中所质疑。③ 规则迟迟没有出台,反映了该问题的复杂性,也将成为下一阶段工作所要解决的重点目标。国际私法问题一直以来都是欧盟推进区域集体救济机制一体化中的重要议题,欧盟委员会在2008年《绿皮书》中首先强调了国际私法问题研究在消费者集体救济

---

① See Christopher Hodges, Multi—Party Actions, Oxford University Press, 2001, pp. 30—52.

② Directive 2003/8/EC to Improve Access to Justice in Cross — border Disputes by Establishing Minimum Common Rules Relating to Legal Aid for such Disputes.

③ Opinion of the European Economic and Social Committee on the Communication from the Commission to the European Parliament, the Council, the European Economic and Social Committee and the Committee of the Regions Towards a European Horizontal Framework for Collective Redress COM(2013) 401 final 2014/C 170/11.

领域的重要性,①并建议在代表诉讼中适用《布鲁塞尔条例Ⅰ》第 5 条第 1 款以确立管辖权。目前欧盟虽然已经建设了以《布鲁塞尔条例Ⅰ》等为代表的统一国际私法体系,并加入了《协议选择法院公约》,但在具有特殊性的集体救济暨集体诉讼方面尚未加以规定。传统规则在新的欧盟集体救济体系中会遇到新的问题,在下文中将进行专门研究。

(7)集体救济诉讼的登记制度(Registry of collective redress actions)。成员国应当建立全国性的集体救济诉讼的登记制度,内容包括法庭内外牵涉到的诉讼程序,信息需客观和详细,向公众免费公开,并应当在欧盟委员会的协助下保证一致性和进行互联。

2.适用于禁止之诉的特别规定

(1)禁止令诉讼的权宜程序(Expedient procedures for claims for injunctive orders)。根据《欧盟集体救济建议》第 19 条,在诉讼进行过程中,法院和相关主管机关应当根据实际情况,权宜发布禁止令,以避免损害的进一步扩大。

(2)禁止令的有效执行(Efficient enforcement of injunctive orders)。根据《欧盟集体救济建议》第 20 条,成员国应当制定可行的具体处罚规则以保

证禁止令的有效执行,包括按天计算拖延执行所产生的滞纳金等形式。

3.适用于损害赔偿之诉的特别规定

《欧盟集体救济建议》用了很大的篇幅专门列举了适用于损害赔偿之诉的特别规定,②这也顺应了该问题近年来成为大多数主要国家和地区集体诉讼立法修订和研究重点的趋势:(1)我国台湾地区于 2003 年修改完善了 1993 年制定的《消费者保护法》中消费者保护团体提起损害赔偿之诉与不作为之诉的规定,并且 2003 年修改的《民事诉讼法》对公益法人团体提起不作为之诉作了一般性规定。③ (2)德国的团体诉讼在很长期间内仅限于不作为之诉,但于 2004 年修订的《反不正当竞争法》第 10 条规定了"剥夺额外利润的请求权"以针对解决小额分散性损害赔偿案件。同时在 2002 年修订的《法律咨询法》中放宽了消费者团体对通过吸收消费者让渡的债权提起损害赔偿诉讼的限制。(3)法国《消费者

---

① Commission Green Paper on Consumer Collective Redress, COM (2008) 794 final (Nov. 27, 2008), para 58—60.
② 《欧盟集体救济建议》分为 7 个部分共 42 个条款:(1)目标与主题,2 个条款;(2)定义与范围,1 个条款;(3)禁止之诉和损害赔偿之诉共同适用的一般原则,15 个条款;(4)适用于禁止之诉的特别原则,2 个条款;(5)适用于损害赔偿之诉的特别原则,14 个条款;(6)一般信息,3 个条款;(7)监管与报告,5 个条款。
③ 参见刘学在:《台湾地区消费者团体诉讼制度评析》,《法学评论》2016 年第 6 期,第 84—92 页。

法》规定了保护集合性的消费者利益诉讼和保护消费者个人利益诉讼,前者基本与不作为诉讼相同,后者由至少两名消费者授权具有法定代表资格的消费者团体在法院提起损害赔偿诉讼。胜诉后,赔偿金归作出授权表示的消费者所有。一旦败诉,则作出授权表示的消费者个人丧失诉权,但并不影响其余消费者继续起诉。①

(1) 被代表群体的"加入制"(Constitution of the claimant party by "opt-in" principle)。根据《欧盟集体救济建议》第21～24条,被代表群体应当由宣告受到损害的自然人或法人以明示同意加入,任何例外均需要有法院所认定的合理原因。"加入制"不得剥夺原告群体成员以其他形式实现其诉求的权利,成员有权在法院判决作出或案件实质解决前任何时候脱离,并以同样的诉求提起个人诉讼。在同一群体事件中受损的自然人或法人,有权在最终判决作出或案件实质解决前任何时候加入诉讼。上述三种措施均不得减损司法的有效运行(undermine the sound administration of justice),且应当及时通知被告方。

(2) 替代性集体争议解决方式(Collective alternative dispute resolution and settlements)。根据《欧盟集体救济建议》第25～28条,成员国应当确保集体救济当事人有机会达成合意,或通过诉讼以外的其他方式以促进争议解决。成员国应当建立有效的替代性集体争议解决方式,而这些方式的运行应当以当事人的意愿为基础。在诉前和诉中阶段,《欧盟调解指令》②都应得以有效利用。在当事人同意采取替代性争议解决方式之时起,与争议有关的时效都将顺延至当事人一方或双方退出争议解决方式之时。对于替代性争议解决结果的法律效力,在考虑到合理保护所有当事人权益的情况下,法院应给予承认。在很多情况下诉讼并不是解决消费者纠纷最有效的方式,如目前在英国、丹麦等国运行成熟的金融消费申诉专员制度(financial ombudsman),欧盟立法所要求的在消费者信贷③及支付领域④建立充分有效的 ADR 机制等。

(3) 律师代理与费用(Legal representation and lawyers' fees)。根据《欧盟集体救济建议》第29～30条,成员国应当确保律师费用不会成为其积极促成集体诉讼的动机,尤其是不允许收取律师胜诉酬金(contingency fees)。只有在确保原告方获得充分赔偿的前提下,成员国才可以规定律师胜诉酬金的例外条款,

---

① 参见熊跃敏:《消费者群体性损害赔偿诉讼的类型化分析》,《中国法学》2014年第1期,第197—209页。
② Directive 2008/52/EC of the European Parliament and of the Council of 21 May 2008 on certain aspects of mediation in civil and commercial matters.
③ Directive No. 2008/48/EC; OJL 133, 22.52008, p.66.
④ Directive No. 2007/64/EC; OJL 319/1, 5.12.2007, p.32.

且需要有相应的监管规则进行规范。限制胜诉酬金的目的在于防止激励律师过于积极地促成集体诉讼,与"禁止惩罚性赔偿"目的均为避免滥诉现象的出现,使得集体救济更多的体现社会价值,而避免成为牟利的手段。

(4)禁止惩罚性赔偿(Prohibition of punitive damages)。根据《欧盟集体救济建议》第31条,对于集体救济中作为原告的自然人和法人的赔偿,不能超过原告在可能的个别诉讼中所获得的数额。在诉讼中尤其是注意不得寻求超过原告损失的惩罚性赔偿。在《欧盟集体救济建议》中可以看到,原告一般都不会得到惩罚性损害赔偿金,法官倾向于裁定数额适中的损害赔偿金,一般不超过原告在可能的个别诉讼中所获得的数额。

(5)赔偿性集体救济判决的胜诉金不得直接支付给支持诉讼的出资方(Funding of compensatory collective redress)。根据《欧盟集体救济建议》32条,除非在公共部门的监管下,在确保当事人利益的前提下,才可将赔偿性判决的部分金额支付给诉讼支持出资方。

(6)集体救济与公共监管程序的关系(Collective follow-on actions)。

根据《欧盟集体救济建议》第33~34条,在集体救济诉讼开始之前,成员国应当保证有公共监管机构率先对违法行为进行审查并作出裁决。如果在集体诉讼开始之后公共监管机构才开始审查,法院所作出的判决应尽量避免与监管机构裁决相冲突。在消费者权益保护法律的施上,由代表消费者的社会组织提起诉讼的私力执行,需要同监管机构的公力执行相结合以发挥合力。传统的公共监管机构对

于消费者救济具备经验丰富、成本低和有效的执行力等优势。检察机关在复杂的集体诉讼中也应当发挥监督作用,在巴西,每个集团诉讼的起诉情况都需告知检察总长办公室,邀请其作为监督者加入诉讼,以确保缺席者的利益得到充分代表。①

《消费公益诉讼解释》第16条规定了消费民事公益诉讼生效裁判的既判力可以向关联私益诉讼单向扩张,在案件主要的争议焦点问题上,消费民事公益诉讼生效裁判作出对消费者有利的认定,私益诉讼原告可以直接主张适用;而被告则不能主张直接适用,仍需就其主张承担举证证明责任。消费民事公益案件中往往存在公益和私益的交叉,明确既判力的单向扩张有利于避免司法资源浪费、提高诉讼效率和消费者权益的切实保护。如前文所述,在私益案件中仍难以进行集体诉讼,有必要推进以私益保护为主的损害赔偿诉讼,衔接现有的不作为之诉。欧盟集体救济的探索,目前虽然没有达到发布具有目标拘束力的指令(

---

① 参见[巴西]Antonio Gidi,《巴西集团诉讼:一个大陆法系国家的范本》,李智、陈荣译,《厦门大学法律评论》2014年11月版,第237页。

derivative）或全面拘束力的条例（regulation）的程度，但以建议（recommendation）的形式更适合目前对集体诉讼持保守态度并且成员国立法差异较大的现状。在目标上，《欧盟集体救济建议》旨在建立欧盟境内统一有效的集体救济机制，将会对成员国的集体诉讼规则产生重要影响，中资企业在欧盟进行投资贸易需要未雨绸缪。在内容上，《欧盟集体救济建议》在业已在欧盟地区形成指令的禁止之诉的基础上，着重强调了群体损害赔偿之诉，顺应了主要国家国内法的发展趋势。在体例上，《欧盟集体救济建议》将禁止之诉和损害赔偿之诉共同纳入，在列举均可适用的一般规则的同时，也列举了两种诉讼的特别规则，并规定了两种诉讼的衔接机制。欧盟集体救济立法进程建立在禁止之诉的基础之上，受到公共监管传统的影响，以推进损害赔偿之诉、跨境诉讼、公益与私益诉讼衔接为重点，这对于具有相似处境而在谨慎探索中的中国消费集体诉讼实践具有借鉴意义。

三、我国消费集体诉讼发展现状与《欧盟集体救济建议》的借鉴

（一）我国消费集体诉讼立法与司法实践背景

消费纠纷具有数量较大、争议同质、数额较小等特征，完善的集体诉讼机制应当是消费纠纷的有效解决渠道。我国一直以来对于集体诉讼持谨慎态度，立法中明确的个别诉讼与共同诉讼，以及人数确定的代表人诉讼并不适用于大规模消费侵权案件，而人数不确定的代表人诉讼出于维稳的考虑，在实践中举步维艰，难以起到应有的作用。2010—2013 年全国地方法院共受理各类消费者维权一审案 482545 件，[1]同期全国地方法院共受理民商事一审案件 28785173 件，消费者维权案件仅占 1.68%。与此同时，2010—2013 年全国各级消协组织受理消费者投诉多达 2519340 件，法院受理消费者维权一审案件仅占其 19.15%。[2] 随着中国社会经济的发展和民众法律意识的觉醒，尤其是在党中央关于"全面推进依法治国"的基本方略之下，以消费问题引发的群体性诉讼将不可回避。

在 2015 年的中国，重量级的群体性诉讼话题迭发，包括被称为"中国公益诉讼第一案"的浙江省消费者权益保护委员会（以下简称"浙江省消保委"）诉上海

---

[1] 参见最高人民法院发布的《2010—2013 年人民法院维护消费者权益状况》白皮书，资料来源于"中国法院网"http://www.chinacourt.org/article/detail/2014/03/id/1228910.shtml，2017 年 11 月 12 日访问。

[2] 66 参见黄忠顺：《消费者集体性损害赔偿诉讼的二阶构造》，载《环球法律评论》2014 年第 4 期，第 65 页。

铁路局案从起诉,到不予受理、上诉、申请立案监督等回合不断。而上海市消费者权益保护委员会(以下简称"上海市消保委")诉天津三星和广东欧珀案则从实质上改变了行业行为。而在大洋彼岸,在纽约证券交易所上市的阿里巴巴公司面临集团诉讼,被指控发布误导性声明并隐瞒受到监管调查的情况。受当地投资者的委托,美国律所 Robbins Geller Rudman & Dowd LLP 等七家律所以涉嫌违反美国 1934 年证券法为由将阿里巴巴及其部分高管告上纽约联邦法院。查询这几家律所代理过的案件发现,近年来,他们都有对中概股公司发起集团诉讼的记录,涉及中石油、新东方、分众传媒、兰亭集势、世纪互联、聚美优品、安博教育、龙威石油等。这些案件的最终结果,多以和解与尚不明确告终。

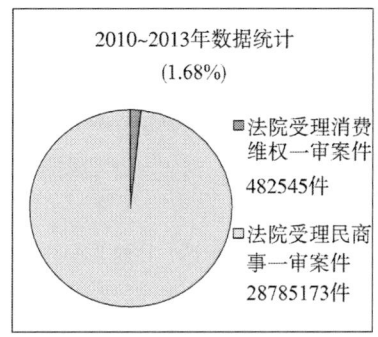
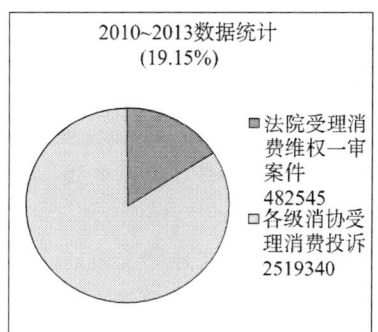

2015 年 2 月 4 日施行的《最高人民法院关于适用＜中华人民共和国民事诉讼法＞的解释》(以下简称《民诉法解释》)①以专章的形式对《中华人民共和国民事诉讼法》(以下简称《民诉法》)中的公益诉讼条款进行了阐释。对于公益诉讼与集体诉讼之间的关系,作者赞同由于消费者集体诉讼的特殊性,某些诉讼类型可达致公益性的效果的观点。② 在立法推进的背景下,消费公益诉讼实践也开始展现影响力,自 2014 年年底开始,浙江省消费者权益保护委员会(以下简称

---

① 法释［2015］5 号

② 首先,不作为之诉具有明显的公益性。团体提起的不作为之诉具有传统私益诉讼所不具有的优势,如请求法院判令撤销违法的格式条款等。如果依照传统私权诉讼,判决效力的范围仅限于原被告之间,不能阻止企业针对其他消费者继续使用该格式条款。而团体提起的不作为之诉则具有明显的预防性,以后的消费者均可以援引该判决,以保护不确定的消费者利益。其次,小额分散性案件的损害赔偿之诉客观上具有公益性。大规模侵害之诉重在救济个人利益,仍属于私益诉讼的范畴。而对于小额分散性权利之救济,客观上已经超出了对个人利益的保护,具有明显的公益性。需要强调的是,该公益性绝非有意为之,实为客观情势所致。正是由于客观上存在的技术性难题——赔偿数额无法与个别受害人的损失一一对应,胜诉所得亦难以向受害人分配——从而迫使该诉讼远离了损失填补功能,而在客观上担负起制止不法侵害、保护一般权益的功能。参见熊跃敏:《消费者群体性损害赔偿诉讼的类型化分析》,载《中国法学》2014 年第 1 期,第 208 页。

"浙江省消保委")诉上海铁路局案从起诉,到不予受理、上诉、申请立案监督等回合不断。而 2015 年上海市消费者权益保护委员会(以下简称"上海市消保委")诉天津三星和广东欧珀案则从实质上改变了行业行为。上述两案,前者是自《民诉法解释》出台和《消保法》修订后第一起由消保组织正式提起的消费公益诉讼,而后者是第一起被法院正式立案受理的消费公益诉讼,均具有典型意义。集体诉讼问题在不断考量缺乏经验的中国法律群体,对于这个问题的研究刻不容缓,不仅是在推动公益诉讼对本国消费者的有效保护,也是为本国企业在国外遭遇集团诉讼时的有效应对提供智力支持。

(二)浙江省消保委诉上海铁路局案

2014 年 4 月,消费者陶某通过铁路客户服务中心 12306 官网购票,并通过正常检票程序进站乘车。出站检票时车票丢失,他提出凭本人身份证和 12306 网站反馈至个人邮箱的购票通知,要求车站核实后放行。然而杭州火车站坚持要求其必须全额补票才予以放行,陶某不得已全额补票。对此,陶某向浙江省消保委进行了投诉。

浙江省消保委在陆续受理若干类似投诉后,分别以电话、书面形式向上海铁路局(管辖沪、浙、苏、皖三省一市境内铁路)调查核实消费者投诉事实,并了解铁路部门要求消费者补票的依据。上海铁路局分别以电话、书面回函方式答复称,《铁路旅客运输规程》[①]第四十三条规定,旅客丢失车票应另行购票。在列车上应自丢失站起(不能判明时从列车始发站起)补收票价,核收手续费,车站工作人员要求消费者补票的做法符合《铁路旅客运输规程》的上述规定。浙江省消保委则认为,消费者的实名购票信息在铁路售票系统中完全可以核查,铁路运输部门要求消费者必须另行购票的行为侵害了消费者的合法权益。由于双方无法达成调解,浙江省消保委依据《消费者权益保护法》(以下简称《消保法》)和《民诉法》,于 2014 年 12 月 30 日代表消费者向上海铁路运输法院提起对上海铁路局的公益诉讼。

2015 年 1 月 21 日,浙江省消保委向上海铁路运输法院的上一级法院上海铁路运输中级法院致函,提出了立案监督的请求,但没有得到回应。2015 年 1 月 30 日,浙江省消保委收到上海铁路运输法院的不予受理裁定书,理由是未能提供符合法律规定的相应起诉证明材料。[②] 2015 年 1 月 30 日,浙江省消保委向上海铁路运输中级法院提起上诉。2015 年 1 月 31 日,浙江省消保委向上海市高级人民法院发出《关于请求对全国第一例消费公益诉讼进行立案监督的报

[①] 铁运 [1997] 101 号
[②] [2015]沪铁受初字第 1 号

告》。2015年11月30日,于上诉期间,上诉人浙江省消保委以相关讼争事项已与上海铁路局达成谅解,以无继续诉讼的必要为由,向上海铁路运输中级法院申请撤回上诉。

2016年12月1日,上海铁路运输中级法院经审查认为,当事人有权在法律规定的范围内处分自己的诉讼权利,上诉人浙江省消保委的撤诉申请符合有关法律规定,依法应予准许,并且裁定为终审裁定。

(三)上海市消保委诉天津三星和广东欧珀公司案

在2015年6月上海市消保委组织的调研中发现,试验的19款手机均不同程度地预装了各类软件,会给消费者带来"偷跑"流量的困扰。消费者知情权和选择权被侵犯,根据《消保法》,消费者享有知悉其购买、使用的商品真实情况的权利,也有权自主决定接受或不接受任何一项服务。一些消费者在被强制预装软件后,连卸载这些软件的选择权也被剥夺,许多手机厂商根本没有提供可卸载这些预装软件的途径。

2015年7月1日,上海市消保委就手机预装软件不明示、不可卸载将天津三星通讯技术有限公司①和广东欧珀移动通讯有限公司②诉至上海市第一中级人民法院。与浙江省消保委诉上海铁路局案未能立案相比,本案被正式立案获得法院受理,也被称为真正意义上的"中国公益诉讼第一案"。③ 在诉讼进行过程中,被告两公司主动进行了积极整改,明示了其产品预装软件的名称、类型、功能、所占内存,并提供预装软件可卸载途经。由于诉讼请求已经实现,经上海市消保委提出请求,上海市第一中级人民法院于同年11月13日作出了准予撤诉的裁定。虽然最后以撤诉告终,但本案在短短的数月中引发了系列效应:作为被告的三星、欧珀向公众承诺并积极落实整改,而并非被告的苹果、华为等厂商也声明将开始或已经开始改变其预装软件政策,主管部门工信部也就新规征求意见,拟实现预装应用软件可卸载等,基本涵盖上海消保委诉讼时提出的所有诉讼请求。

---

① [2015]沪一中民一(民)初字第10号
② [2015]沪一中民一(民)初字第9号
③ 该案已被最高人民法院评为2015年度"推动中国法制建设十大案例"之一。全国人大常委会执法检查组于上海检查《消保法》贯彻执行情况时,亦对此给予高度评价,并将此次公益诉讼列为"国内消费公益诉讼第一案"。参见:《全国人民代表大会常务委员会执法检查组关于检查＜中华人民共和国消费者权益保护法＞实施情况的报告》,http://www.npc.gov.cn/npc/xinwen/2015－11/03/content_1949930.htm,载中国人大网,访问时间:2016年4月18日。

(四)中国消费公益诉讼完善的比较路径

传统上中国对于消费者权益保护主要是由监管部门实施公力救济,2015年由社会组织发起的公益诉讼体现了法律私力实施的要求,社会舆论上一边倒地支持浙江省消保委和上海市消保委,也体现了民间对铁路部门的霸王条款和大型企业的行规积怨已久。

浙江省消保委诉上海铁路局一案打开了中国消费公益诉讼的局面,而上海市消保委诉天津三星和广东欧珀案更是促使行业进行了整改。但在强调了公益诉讼规则的《民诉法》《民诉法解释》《消保法》修订一两年后,消费公益诉讼仅上述两例。随着诉讼的进行和对案情、规则的分析,配套的法律法规仍不完整的情况限制了诉讼发挥更大的社会功能。为了使消费公益诉讼成为可持续化的消费者保护法律私力实施的有效手段,有必要对诉讼程序法律问题进行分析和完善。对通过集体诉讼进行消费者救济同样持谨慎态度,并受类似大陆法系传统影响的欧盟,在近20年里在推进立法的进程中遇到了一些与中国相类似的问题,如对美国式集团诉讼制度的排斥、公共监管与私益诉讼的界限、诉讼主体的界定等。我们结合欧盟集体救济(collective redress)法律机制的探索经验,尤其是在欧盟委员会2013年6月正式发布的《欧盟集体救济建议》,以上述消费公益诉讼案例作为引子,结合分析《民诉法解释》等关于"公益诉讼"的细则,探讨中国消费公益诉讼可进行参考的内容。

作为集体诉讼的表现形式,消费公益诉讼虽然已经进入中国立法,并通过司法解释的方式予以详细规定,但在实践中还缺乏有效案例与经验,包括在消费者集体私益赔偿诉讼与公益诉讼的关系等方面还需要进一步明确。美式集团诉讼较为成熟,并更具影响力,但与中国法律传统和社会政治、经济、文化背景相去较远。具有与中国类似背景的欧盟层面消费者集体救济立法进程,尤其是欧盟委员会在进行充分公众咨询和研究之后,发布的《欧盟集体救济建议》中列举的在成员国间具有普遍性并供采纳的原则性规定更具有现实参考价值。《民诉法解释》对于公益诉讼进行了详细规定,体现了先进的立法意识,但仍需要进一步具体化,以便于实施。基于相似的大陆法系传统的影响,中国可以在动态的欧盟集体救济立法探索中吸取有效经验,完善消费公益诉讼机制。

(五)消费公益诉讼案例分析与欧盟经验之参考

1. 法律依据的细化和可操作性

浙江省消保委于2014年12月30日代表消费者向上海铁路运输法院提起对上海铁路局的公益诉讼时,《民诉法解释》尚未施行,当时的法律依据主要为现行的经修改的《民诉法》第五十五条公益诉讼的规定①和《消保法》第四十七条所规定的消费者协会的原告主体资格。② 在具体起诉过程中,法律依据缺失、现有法律规则适用不明,以及铁路法院在中国春运这个特殊时期对消费者集体诉讼这个特殊问题所持的谨慎甚至回避的态度,使浙江省消保委的起诉更多意义上成为一种尝试。在浙江省消保委于 2015 年 1 月 30 日向上海铁路运输中级法院提起对上海铁路运输法院不予受理裁定提起上诉当天,最高人民法院发布了《民诉法解释》,并于 2015 年 2 月 4 日正式施行。而上海市消保委起诉天津三星和广东欧珀时则有了更明确有力的法律依据。《民诉法解释》通过八条细则将公益诉讼的条款大大明确化,包括:(1)细化受理条件;(2)提高管辖法院的审级;(3)法院向相关行政主管机关的告知程序;(4)共同原告的加入程序;(5)同一侵权行为的公益诉讼对私益诉讼不具有排他性;(6)诉讼中的和解与调解程序;(7)判决作出后原告申请撤诉的否定性规定;(8)公益诉讼裁判对其他公益诉讼的排他性效力。同时立案审查制向立案登记制的过渡,便利了民间组织及社会组织作为起诉主体进行社会敏感度较大的消费公益诉讼,更好地保护了消费者群体的诉权。

2. 消费者协会的原告资格与诉讼利益

由立法授予特别机构代表消费者提起集体诉讼的法定权限是大多数国家通行的做法,③《消保法》第 47 条规定了中国消费者协会以及在省、自治区、直辖市设立的消费者协会可以针对侵害众多消费者权益的行为提起诉讼,《消费公益诉讼解释》进一步规定了"法律规定或者全国人大及其常委会授权的机关和社会组织"可以提起消费公益诉讼,但没有进一步规定促使消费者协会适当行使诉权的制约机制。因此,省级以上的消费者协会得基于《消保法》第四十七条的规定取得公益诉讼实施权而提起旨在保护不特定消费者的集体诉讼,与此同时,消费者协会还可以受让消费者私益性损害赔偿请求权,并据以提起旨在保护特定消费者的民事诉讼。换言之,消费者集体诉讼存在着公益诉讼和私益诉讼之分,消费

---

① 2013 年 1 月 1 日起施行的《全国人民代表大会常务委员会关于修改〈中华人民共和国民事诉讼法〉的决定》第五十五条:"对污染环境、侵害众多消费者合法权益等损害社会公共利益的行为,法律规定的机关和有关组织可以向人民法院提起诉讼。"

② 2014 年 3 月 15 日施行的《全国人民代表大会常务委员会关于修改〈中华人民共和国消费者权益保护法〉的决定》第四十七条:"对侵害众多消费者合法权益的行为,中国消费者协会以及在省、自治区、直辖市设立的消费者协会,可以向人民法院提起诉讼。"

③ 日本《消费者合同法》2006 年修改时明确了消费者团体须经过法定的认定程序以取得诉讼主体资格,法律并且规定了一系列的制约机制以促使消费者团体适当行使停止请求权。参见刘学在:《日本消费者团体诉讼制度介评》,《法学评论》2013 年第 6 期,第 146~157 页。

者协会享有法定公益性诉讼实施权,提起消费公益诉讼无须消费者具体授权,并得受让消费者的私益性损害赔偿请求权而提起私益性民事诉讼。①

上海市铁路局"强制实名购票乘车后遗失车票的消费者另行购票"的行为对象并非个别消费者,而是不特定多数消费者。该行为不仅已经侵害了实名购票乘车后因遗失车票被强制另行购票的消费者的合法权益,而且若该行为不停止,每一个实名购票乘车后丢失车票的消费者都将成为该行为的受害者。虽然由于铁路部门的规定和做法针对的是所有旅客,每一个实名购票乘车后丢失车票的消费者都将成为该行为的受害者,但浙江省消保委在诉状中罗列的只有三位消费者的投诉信息和被强制购票的记录,虽然具有代表性,但不能满足消费公益诉讼所要求的普遍性特征。根据《民诉法解释》,同一侵权行为的公益诉讼对私益诉讼不具有排他性,本案的诉讼请求不包含上海铁路局对消费者火车票费用的返还,消费者可以另行提起个人诉讼或集体诉讼要求返还。

在上海市消保委诉天津三星和广东欧珀案中,上海市消保委起诉所维护的利益也是不特定的广泛消费者的权益,即体现为消费者知情权和选择权的公益,符合《民诉法解释》中的原告资格。《民诉法解释》中,允许依法可以提起诉讼的其他机关和有关组织,可以在开庭前向人民法院申请参加诉讼,表明个人是不可以提起公益诉讼。如果提起要求被告对消费者的损失进行赔偿的集体诉讼,那么未进行投诉的其他消费者将难以获得赔偿,建议借鉴《欧盟集体救济建议》中的"加入制",通过有效渠道向消费者通知诉讼信息,在加入诉讼的消费者数量达到一定标准时,依据《消费者权益保护法》由消费者协会发起诉讼。在诉讼信息的通知方面,诉讼判决的效力只限及于那些明确表示加入集团的成员,或那些签署文件明确授权团体在法庭代表他们利益的集团成员。

3.公益诉讼的被告主体定位

公益诉讼的被告主体,一般是具有垄断地位的企业或行业机构。上海市消保委诉天津三星和广东欧珀案中的被告均是在中国注册成立的法人,成为公益诉讼的被告符合《民诉法解释》的规定。在浙江省消保委诉上海铁路局案的被告方面,浙江省消保委诉上海铁路局的被告主体是上海铁路局,系在上海市工商行政管理局登记注册的全民所有制企业。从《消保法》的角度看,铁路局属于经营者,乘客属于消费者,双方之间是平等的民事法律关系,消费者购票就等于和经营者签订了运输合同。铁路局作为受托经营管理人,是铁路客运合同的实际承

---

① 参见黄忠顺:《消费者集体性损害赔偿诉讼的二阶构造》,载《环球法律评论》2014年第4期,第66页。

运人,即合同缔结者。从合同相对性的角度讲,由其作为被告,于法有据。① 现在上海铁路局管辖上海市、江苏省、安徽省和浙江省境内的铁路事务,本案为浙江省消保委代表在杭州车站受侵害的消费者提起诉讼,被告明确。

4. 针对消费者权益的诉讼请求

在诉讼请求方面,当前的消费公益诉讼主要针对不合理的行业规定,通过不作为之诉来禁止垄断行业侵害消费者权益的行为,包括判令行业改变不合理的行为。浙江省消保委请求判令上海铁路局立即停止"强制实名制购票乘车后遗失车票的消费者另行购票"的规定,该规定在实名制购票时代已经落伍,也早有判例判决消费者胜诉,但是这一规定仍被执行。个人消费者胜诉只能维护个人利益,而就此不合理规定提起公益诉讼,则可以通过法院判决倒逼带有公权力色彩的行业改变不合理规定,对消费维权事业来说具有重要的意义。

上海市消保委于 2015 年 7 月 1 日将预装应用软件不可卸载数量最多的两家企业广东欧珀移动通信有限公司和天津三星通信技术有限公司分别起诉至上海市第一中级人民法院,请求法院判令:(一)被告在其所销售智能手机外包装或说明书中明示手机内预装软件的名称、类型、功能、所占内存;(二)被告为其所销售智能手机内预装应用软件提供可直接卸载的途径。上海市第一中级人民法院当场予以立案。在上海市消保委虽然没有提出通常消费者争议中的财产权和人身权请求,但实际上更追求的是公益保护,即消费者整体的知情权和选择权,而这也是在《消保法》中被明确规定的,商家同样要承担责任。

5. 公益诉讼立案与证据责任分配

《民诉法》第六十五条规定了当事人对自己提出的主张应当及时提供证据。浙江省消保委在 2014 年 12 月 30 日起诉时向上海铁路运输法院不仅递交了三位消费者的投诉记录和补票凭证,也提供了上海铁路局给浙江省消保委的回复函。上海铁路局的回复函就足以证明本案符合公益诉讼的条件。在上海铁路法院不予受理裁定中,认为原告未能提供符合法律规定的相应起诉证明材料,故该起诉不符合公益诉讼的起诉条件。此裁定值得商榷,没有明确"符合法律规定的相应起诉证明材料"的范围,提高立案的门槛。《民诉法解释》中从立案审查制到立案登记制的改革,目的也正是为了便于当事人的立案。

同时,《欧盟集体救济建议》中所确立的法院初步审查制仅要求法院对于集体诉讼是否符合法定条件进行审查,通过审查的即可进入诉讼程序。在立案阶段并没有对证据提交等有较高的要求,旨在降低立案门槛,保护当事人诉权的

---

① 参见北京铁路运输中级法院:《铁路法院专属管辖规定的理解与适用》,载中国法院网 http://www.chinacourt.org/article/detail/2013/11/id/1146878.shtml,访问时间:2017 年 11 月 12 日。

实现。

  相对于个体的消费者来说,消费者保护组织具备更强的证据收集能力。上海市消保委在新修订的《消费者权益保护法》刚一公布,便就消费公益诉讼展开调研,曾经多次召集高校教授、执业律师等法律理论和实践的专家开展座谈会,并与华东政法大学共同组成课题组,并最终形成了3万多字的《消费公益诉讼程序启动之专项研究报告》。在课题报告的基础上,上海市消保委于2014年底召开座谈会,邀请了上海市人大法工委、财经委、市府法制办、市高院和知名律所,针对公益诉讼的可行性进行研究讨论,提出了可能在适用公益诉讼上有所突破的几个重点领域,在会上还同时发布了《上海市消费者权益保护委员会消费公益诉讼工作规范(试行)》。① 在此基础上,上海市消保委又对手机行业进行了广泛的调研,之后将准备充分的诉状和证据材料递交到上海市第一中级人民法院,正式起诉天津三星和广东欧珀,并取得了良好的效果。但就庞大的消费群体和复杂的社会影响来说,完全由作为民间组织的原告承担举证责任,在长远上将受到资金、人力等方面压力。美国集团诉讼行之有效的重要基础在于证据开示制度,尤其是在消费者团体诉讼中,有利于平衡消费者与被告之间差异较大的取证能力。证据开示制度,是指诉讼当事人或诉讼外第三人所掌握的事实材料,只要与案件有关,除享有秘密特权保护的以外均应向对方当事人披露,任一方当事人均享有要求对方当事人及诉讼外第三人披露上述事项的权利,目前已经有中国法院对其进行了一些有益的尝试。《欧盟集体救济建议》中对于证据开示制度持保守的态度,以避免造成对于被告的歧视。此外,在消费领域中举证责任倒置主要适用于侵权案件,在新《消保法》第二十三条特别规定了在特定消费争议中经营者的举证责任倒置。而公益诉讼是典型的侵权诉讼,不仅公民、法人等不特定主体的合法权益受到侵害,更重要的是社会公共利益也受到侵害,有必要确立举证责任倒置以减轻原告的举证压力,促进公益诉讼。②

---

① http://www.shanghai.gov.cn/nw2/nw2314/nw2315/nw5827/u21aw1112411.html,载中国上海网上政务大厅,访问时间:2016年4月18日。
② 参见颜运秋、周晓明:《公益诉讼制度比较研究——兼论我国公益诉讼制度的建立》,载《法治研究》2011年第11期,第60页。

6. 公益诉讼资金支持的规则缺失[①]

在上述两案公开的资料中没有提到诉讼资金来源,如果来源于浙江省消保委和上海市铁路局的自有资金,在符合法律规定的同时,需要考虑此种诉讼资金模式是否可以长久持续,社会组织自身的资金是否可以支持长期的公益诉讼,以及社会组织自身的资金是否可以支持公益诉讼是否合法等问题。提起消费公益诉讼并非消保委的法定职责,目前立法也尚未明确接受被代表群体的委托提起损害赔偿诉讼是否可以收取费用。诉讼程序、律师聘请、证据收集等一系列工作都需要有资金支持,依靠消保委本身的资金难以长期维系,而且提起诉讼对于消保委的评定等方面缺乏配套激励监督措施。同时公益诉讼也有败诉的风险,在受修法影响而产生诉讼热度过后,必然出现缺乏诉讼动力的情形。可借鉴"非限定还原"理论,将赔偿金进行区分,用于赔偿消费者的损失,以及支付律师和诉讼费用,余下份额转入专门的诉讼基金。20世纪80—90年代,英国发生了多起针对医药公司提起的集体诉讼,绝大多数是由诉讼资金赞助进行。但自20世纪90年代中期之后,英国关于诉讼资金支持的规则发生变化,成本大大削减,集体诉讼的数量随之下跌。[②] 2003年欧盟曾出台指令,要求成员国设立公共基金为"小额诉讼"提供资金支持,并特别简化了小额诉讼的法院程序。[③] 但在2008年金融危机之后,成员国政府纷纷削减公共开支,此种形式未能持续发挥作用。在《欧盟集体救济建议》中,对第三方的诉讼资金支持规定了严格的限制性条件,提供资金的第三方与原告方不得有利益冲突,需证明资金足够支持诉讼程序,且不得影响诉讼的独立性。同时,鉴于之前并不算成功的经验,公共诉讼资金支持并没有被列入建议之中。中国立法需要对公益诉讼的资金支持进行明确规定,以助公益诉讼可持续和独立有效地进行。

诉讼程序、律师聘请、证据收集等一系列工作都需要有资金支持,依靠消保

---

① 1985年,巴西《公共民事诉讼法》创设了"保护混同权利的特别基金账户",是集团诉讼判决的损害赔偿金的累积,若因难以确定受害者身份而无法将赔偿金分发给缺席的集团成员,法官会计算出所有成员遭受的整体损失,并将因此获得的总额存入这个账户。该账户隶属于司法部,由一个政府官员和民众组成的委员会进行管理,用来资助还原因被告行为而被侵害的权利。当不能还原时,这些基金将会被灵活而创造性地运用于此集团诉讼所保护的相似的群体权利,如赞助研究和教育工程,实际上引入了某些美国集团诉讼法学家赞同的"非限定还原"理论。参见[巴西] Antonio Gidi,《巴西集团诉讼:一个大陆法系国家的范。

② See Christopher Hodges, Multi—Party Actions, Oxford University Press, 2001, pp. 30—52.

③ Directive 2003/8/EC to Improve Access to Justice in Cross — border Disputes by Establishing Minimum Common Rules Relating to Legal Aid for such Disputes.

委本身的资金难以长期维系，而且提起诉讼对于消保委的评定等方面缺乏配套激励监督措施。同时代表诉讼也有败诉的风险，在受修法影响而产生诉讼热度过后，必然出现缺乏诉讼动力的情形。可借鉴"非限定还原"理论，①将赔偿金进行区分，用于赔偿消费者的损失，以及支付律师和诉讼费用，余下份额转入专门的诉讼基金。

7. 激励公益诉讼与防止滥诉的平衡

在大陆法系，尤其是在《欧盟集体救济建议》中可以看到，原告一般都不会得到惩罚性损害赔偿金。出于保守的职业性，法官倾向于裁定数额适中的损害赔偿金，一般不超过原告在可能的个别诉讼中所获得的数额。同时欧盟层面立法也本》，李智、陈荣译，《厦门大学法律评论》2014年11月版，第212页。

也对胜诉酬金制进行了严格限制，只有在确保原告方获得充分赔偿的前提下，成员国才可以规定律师胜诉酬金的例外条款，且需要有相应的监管规则进行规范。以上规定，尤其是胜诉酬金制的目的在于防止激励律师过于积极的促成集体诉讼，避免滥诉现象的出现，使得公益诉讼更多的体现社会价值，而避免成为牟利的手段。胜诉酬金与我国法律中出现的"风险代理"的含义是类似的，即指代理律师事先与当事人约定，当事人无需事先支付律师费用，案件审判结束后，如果当事人胜诉，则从胜诉执行所得中按约定支付代理费用；如果当事人败诉或者最后没有财物所得，则代理费用由律师自己承担。② 但是，2006年12月1日起实施的《律师服务收费管理办法》第十二条③明确规定，我国禁止群体性诉讼实行风险代理收费。《民诉法解释》出台后，并无特别法律法规表明公益诉讼是否可以实行风险代理收费，2006年《律师服务收费管理办法》仍适用，风险代理和胜诉酬金制不得适用于消费公益诉讼。

---

① 1985年，巴西《公共民事诉讼法》创设了"保护混同权利的特别基金账户"，是集团诉讼判决的损害赔偿金的累积，若因难以确定受害者身份而无法将赔偿金分发给缺席的集团成员，法官会计算出所有成员遭受的整体损害，并将因此获得的总额存入这个账户。该账户隶属于司法部，由一个政府官员和民众组成的委员会进行管理，用来资助还原因被告行为而被侵害的权利。当不能还原时，这些基金将会被灵活而创造性地运用于此集团诉讼所保护的相类似的群体权利，如赞助研究和教育工程，实际上引入了某些美国集团诉讼法学家赞同的"非限定还原"理论。参见[巴西]Antonio Gidi，《巴西集团诉讼：一个大陆法系国家的范本》，李智、陈荣译，《厦门大学法律评论》2014年11月版，第212页。
② 参见王月、季兴猛：《消费者团体诉讼胜诉酬金制度研究》，载《中国青年政治学院学报》2012年第3期，第120页。
③ 《国家发展改革委、司法部关于印发＜律师服务收费管理办法＞的通知》，发改价格[2006]611号。

8.司法与行政机关的协调与告知程序

出于公益诉讼较大的社会影响,需要司法机关与行政机关进行协调的考虑,《民诉法解释》规定了公益诉讼中法院向相关行政主管机关的告知程序。在《欧盟集体救济建议》中有更详细和严格的要求,在集体救济诉讼开始之前,成员国应当保证有公共监管机构率先对违法行为进行审查并作出裁决。如果在集体诉讼开始之后公共监管机构才开始审查,法院所作出的判决应尽量避免与监管机构裁决相冲突。在消费者权益保护法律的施行上,由代表消费者的社会组织提起诉讼的私力执行,需要同监管机构的公力执行相结合以发挥合力。传统的公共监管机构对于消费者救济具备经验丰富、成本低、有效的执行力等优势。检察机关在复杂的集体诉讼中也应当发挥监督作用,在巴西,每个集团诉讼的起诉情况都需告知检察总长办公室,邀请其作为监督者加入诉讼,以确保缺席者的利益得到充分代表。① 建议在中国立法中进一步明确公益诉讼中法院与其他部门的互动程序,司法与行政、非诉讼救济措施相结合,建立系统有效的全国性消费者保护机制。建议在立法中进一步明确集体诉讼中法院与其他部门的衔接程序,促进司法与行政、非诉讼救济措施相结合,建立系统有效的全国性消费者保护机制。这在上海市消保委诉天津三星、广州欧珀案中已经进行了尝试,上海市第一中级人民法院向工业和信息化部提出司法建议书,② 随后工业和信息化部起草了《移动智能终端应用软件(APP)预置和分发管理暂行规定》(征求意见稿)。

---

① 参见[巴西] Antonio Gidi,《巴西集团诉讼:一个大陆法系国家的范本》,李智、陈荣译,载《厦门大学法律评论》2014年11月版,第237页。

② 沪一中法建[2015]25号。内容包括:(1)加强对手机预装软件的事前监管,建议研究制定智能手机系统软件和应用软件的区分标准,在生产企业向工业和信息化部办理进网报备手续时,宜要求其明确所预装软件的性质,并重点加强对预装应用软件的监管;(2)加强对手机预装软件的事后监管,建议工业和信息化部定期或不定期对市场上在售手机预装软件的安全性、合法性进行抽查,责令不符合要求的生产企业进行整改,对消费者投诉较多的智能手机生产企业开展有针对性的执法检查,并建立检查和处理结果的警示通报机制;(3)建立智能手机预装软件管理标准,消费者对于智能手机预装软件的类型、用途、所占内存、消费者能否卸载等信息享有知情权,建议工业和信息化部制定此类信息的强制披露制度,以保障消费者的知情权。同时,要求生产企业对预装的应用软件提供有效且安全的卸载方法,并将卸载方法明确告知消费者,以保障消费者的选择权。建议工业和信息化部研究出台移动智能终端安全能力技术规范的有关强制性国家标准,以维护消费者的个人信息安全和合法权益。

四、跨境集体诉讼判决承认与执行问题研究

(一)欧盟集体诉讼统一立法推进与国际私法规则的复杂性

目前大多数欧盟成员国虽已建立了集体诉讼制度,但基本上是局限于国内群体性纠纷,其中很大的原因是:由公共机构代表受损害群体进行诉讼或提供资金支持,这些机构的公共和政府属性使其难以代表国外受损害群体成员进行诉讼。但在欧盟领域内经济市场一体化推进到金融和零售等领域的大背景下,投资者和消费者越出国境在不同成员国零售市场上进行投资和消费行为等现象已经司空见惯。2013年6月11日,经过长时间的工作和慎重的考虑,欧盟委员会认识到发布一个强制性的欧盟层面集体诉讼指令难度较大,转而以更柔软的方式发布了。

《欧盟集体救济建议》,列举了在消费者、反垄断、环境保护、金融服务等集体诉讼机制构建中所应遵循的一系列具有普遍价值的原则性规定(certain non-binding common principles),构建了区域内集体诉讼立法的框架,同时也规定了时间表。成员国需在2015年7月26日前将《欧盟集体救济建议》内容纳入内国法,收集法庭内外的集体诉讼程序信息并形成第一次年度报告,呈报欧盟委员会。于2017年底,欧盟委员会将对成员国的实施情况进行最终评估,以确定推进欧盟层面立法工作的下一步方针。欧盟集体诉讼的探索,目前虽然没有达到发布具有目标拘束力的指令(derivative)或全面拘束力的条例(regulation)的程度,但以建议(recommendation)的形式更适合目前对集体诉讼持谨慎态度且成员国立法差异较大的现状。《欧盟集体救济建议》强调,如果一个集体诉讼案件涉及欧盟境内不同成员国的多个自然人或法人,那么在一个成员国法院所提起的诉讼不得因该成员国关于诉讼群体或代表组织的法律规定与其他成员国不同而受到限制(cross-border cases)。[①] 依据某一个成员国法律有权提起集体诉讼的组织,可以在具有管辖权的另外一个成员国提起诉讼。集体救济的溢出国界使得国际私法问题曾成为争议的焦点,但在《欧盟集体救济建议》2013年文件中没有列入,这被欧盟经济和社会委员会在咨询文件中所质疑。[②]规则迟迟没有出台,反映了该问题的复杂性,也被作为下一阶段工作所要解决的重点目标。国

---

① Articles 17-18 of the EU Collective Redress Recommendation.
② Opinion of the European Economic and Social Committee on the Communication from the Commission to the European Parliament, the Council, the European Economic and Social Committee and the Committee of the Regions Towards a European Horizontal Framework for Collective Redress COM(2013) 401 final 2014/C 170/11.

际私法问题一直以来都是欧盟推进区域集体诉讼机制一体化中的重要议题,欧盟委员会在2008年《绿皮书》中首先强调了国际私法问题研究在消费者集体救济领域的重要性,①并建议在代表诉讼中适用《布鲁塞尔条例Ⅰ》第5条第1款以确立管辖权。目前欧盟虽然已经建设了以《布鲁塞尔条例Ⅰ》等为代表的统一国际私法体系,并加入了《海牙选择法院协议公约》,但在具有特殊性的集体诉讼方面尚未加以专门规定。依据"退出制"组成原告群体的跨国集体诉讼对于传统国际私法规则来说是一个全新的领域,并随着跨国贸易的发展而具有越来越大的影响力,传统规则在集体诉讼问题中遇到了新的挑战。②

首先,《布鲁塞尔条例Ⅰ》中所规定的"公平审理和听证"(fair trial and hearing)权利可以用来作为公共秩序审查,即在退出制集体诉讼中的未明示参与的当事人。其次,在集体诉讼中,被告基于尽量减少赔偿数额和诉讼成本的考虑,常会同原告进行和解。问题在于,和解判决是否能够适用《布鲁塞尔条例Ⅰ》中承认与执行的有关规定。③ 第三,集体诉讼判决承认与执行的过程中,如果发生相同侵权行为、相同被告,但是由不同成员国原告群体当事人所提起的集体诉讼判决,是否适用《布鲁塞尔条例Ⅰ》中有关"矛盾判决"(irreconcilable)的规定。送达问题在采取"退出制"的集体诉讼中体现的尤为明显,而在《欧洲人权公约》(ECHR)第6条中所规定的"公平审理和听证"(fair trial and hearing)如何能够得以体现也是极为关键,如若违反,则有可能招致《布鲁塞尔条例Ⅰ》第XX条公共秩序保留以拒绝判决的承认与执行。在欧盟范围内,送达是否有效需依据《关于民商事案件司法文书和司法外文书送达的条例》(以下简称《送达条例》)。④ 基于群体性争议的特性,原告数额巨大,难以查明每个原告的送达地址,尤其是在退出制集体诉讼中,这样的情况更加明显。《送达条例》仅在衡量已查明送达地址的当事人(identified parties)

---

① Commission Green Paper on Consumer Collective Redress, COM (2008) 794 final (Nov. 27, 2008), para 58—60.
② See F. Perez-Correa, 'Enforcement and Recognition of Foreign Judgments and Arbitral Awards inMexico' (2010)77Defence Counsel Journal 384, 384.
③ Eg King v Australia Holdings Ltd [2003] FCA 980 (Federal Court of Australia); The Consumers Association v FFB Sports (case no1078/7/9/07); C Hodges, The Reform of Class and Representative Actions in European Legal Systems (Oxford, Hart Publishing, 2008), 24—26.
④ Regulation (EC) No 1393/2007 of the European Parliament and of the Council of 13 November 2007 on the service in the Member States of judicial and extrajudicial documents in civil or commercial matters (service of documents), and repealing Council Regulation (EC) No 1348/2000.

送达时可以发挥作用,但在衡量通过公共传播方式通知可查明送达地址的当事人(identifiable parties)是否有效时则困难重重。《送达条例》第1条第2款明确规定了被送达当事人的姓名和地址应当是明确的,而并不适用于明确通过公共传播方式向可查明地址的当事人的送达是否有效。欧盟成员国使用的官方语言有23种,那么什么情况下的公共传播方式才是能够达到要求的仍未确定,欧洲学界认为《送达条例》有必要针对这种情况进行修订。① 《布鲁塞尔条例 I》中,并没有对判决的排除效力(preclusive effect)问题做出规定,而是交由各成员国国内法来决定,但是各国对于判决的请求排除效力(preclusive effect of claim)与争点排除效力(preclusive effect of issue)的规定的差异较大,这样有可能带来的问题是使得对于一国法院所做出的业已生效的判决,当事人有可能为求得更好的结果而在另一国重新提起诉讼。②

(二)一般国际私法规则在集体诉讼中面临的正当程序挑战

根据《欧盟集体救济建议》第17~18条"跨境案件"(Cross—border cases),如果一个案件涉及欧盟境内不同成员国的多位自然人或法人,那么在一个成员国法院所提起的集体诉讼不得因该成员国关于诉讼群体或代表组织的法律规定与其他成员国不同而受到限制。依据某一个成员国法律有权提起集体诉讼的组织,可以在具有管辖权的另外一个成员国提起诉讼。集体救济的溢出国界使得国际私法问题曾成为争议的焦点,但在《欧盟集体救济建议》2013年文件中没有列入,这被欧盟经济和社会委员会在咨询文件中所质疑。③ 规则迟迟没有出台,反映了该问题的复杂性,也将成为下一阶段工作所要解决的重点。

国际私法问题一直以来都是欧盟推进区域集体诉讼机制一体化中的重要议题,欧盟委员会在2008年《绿皮书》中首先强调了国际私法问题在消费者集体诉讼领域的重要性,④并建议在代表诉讼中适用《布鲁塞尔条例 I》第5条第1款以确立管辖权。目前欧盟虽然已经建设了以《布鲁塞尔条例 I》等为代表的统一国

---

① TheBrussels I Regulation: Cross—Border Collective Redress Proceedings and Judgments, 21.

② See Peter Barnett, The Prevention of Abusive Cross—Border Re—Litigation, 51 INT'L &. COMP. L. Q. 945 (2002); Rhonda Wasserman, Transnational Class Actions and Interjurisdictional preclusion, 86 NOTRE DAME L. REV. 344 (2010).

③ Opinion of the European Economic and Social Committee on the Communication from the Commission to the European Parliament, the Council, the European Economic and Social Committee and the Committee of the Regions Towards a European Horizontal Framework for Collective Redress COM(2013) 401 final 2014/C 170/11.

④ Commission Green Paper on Consumer Collective Redress, COM (2008) 794 final (Nov. 27, 2008), para 58—60.

际私法体系,并加入了《协议选择法院公约》,但在具有特殊性的集体诉讼方面尚未加以规定。《布鲁塞尔条例 I》和海牙《选择法院协议公约》等一般性规则适用于具有特殊性的集体诉讼时会出现新问题,欧盟以"加入制"为主的集体诉讼与美国的"退出制"集团诉讼法律冲突的焦点在于正当程序,主要包括三方面的问题。第一,在代表机构是公共部门的情况下,其依法参与法律程序并为被代表群体提供司法救济,案件就应当被视为是私权的实施,这得到欧盟委员会和欧盟法院的确认。第二,对于那些并没有得到诉讼信息的合理通知,或没有明示同意退出集体诉讼的受损害群体,约束其不得再另外提起诉讼实际上是剥夺了《欧洲人权公约》强调的"公平和公开听审"(fair trial and public hearing)的权利。判决的效力应只限于明确表示加入集体诉讼的成员。第三,在与其他诉讼制度相配套的情况下,美国"退出制"集团诉讼的既判力制度才能够经受美国宪法规定的"正当程序"的考验,而不会损害到缺席成员的权利,而这也正是欧盟所担忧而排斥"退出制"群体诉讼的重要原因。

(三)一般管辖权规则对于代表诉讼的适用

跨境集体诉讼案件中,在代表机构是公共部门的情况下,是否可以适用《布鲁塞尔条例 I》和海牙《选择法院协议公约》? 在 *Frahuil SA v Assitalia SpA* 案中,欧盟法院认为,当代表机构依法参与法律程序并为被代表群体提供司法救济,案件就应当被视为是私权的实施,并得以适用《布鲁塞尔条例 I》。[①] 这一点同样得到欧盟委员会在绿皮书中的确认。[②] 海牙《选择法院协议公约》排除了当事人一方为消费者的情形,[③] 消费争议团体诉讼和示范诉讼将无法适用公约。而对于海牙《选择法院协议公约》在代表诉讼中的适用问题,目前欧盟尚没有给出官方回应。可以明确的是,代表机构不会因其公共和政府性质而被排除在公约的适用范围之外。[④]

(四)跨境集体诉讼中惩罚性赔偿判决的公共秩序考量

以国际私法的角度来看,某一立法未承认惩罚性赔偿的国家涉及惩罚性赔偿问题主要有三种情况:(1)在外国进行的涉及惩罚性赔偿的诉讼程序对该国进行送达;(2)该国法院所适用的外国法中包含有惩罚性赔偿的内容;(3)具有惩罚性赔偿内容的外国法院判决在该国法院申请承认与执行。同胜诉酬金(contingency fees)和第三方诉讼资助(funding of third parties)相似,惩罚性赔

---

① Case C—265/02 Frahuil SA v Assitalia SpA [2004] ECR I—1543, para 20.
② Green Paper on Collective Redress, para 58.
③ Article 2(1)(a) of the Hague Convention on Choice of Court Convention.
④ Article 3(5) of the Hague Convention on Choice of Court Convention.

偿被视为是美式集团诉讼成功的重要因素，但在欧盟地区对此则持有不同的态度。不作为之诉带有较强的公益性，而惩罚性赔偿之诉则更多的牵涉到私益问题。① 在大陆法系国家法律传统中，原告难以在集体诉讼中得到惩罚性损害赔偿金。

  出于保守的职业性，法官倾向于裁定数额适中的损害赔偿金，一般不超过原告在可能的个别诉讼中所获得的数额。通常认为巨额的补偿性质的损害赔偿足以实现威慑目的，即使实施惩罚性赔偿也认为应当设定最高限额，而这实际上在社会范围内实现了补偿性赔偿。而且惩罚性赔偿一般以被告存在故意或重大过失为要件，群体性受害人较难以提供证明。② 在目前的欧盟成员国所承认与执行的惩罚性赔偿判决中，判决来源地都是美国，还没有一个欧盟成员国对另一个成员国请求对授予惩罚性赔偿金的判决进行承认的案例。③ 惩罚性赔偿目前在欧盟仍然存在争议，尤其是在是否可以据以认定判决违反成员国公共秩序方面。④ 欧盟层面并没有对消费纠纷中的过度损害（excessive damage）赔偿标准做出明确规定，而对过度损害赔偿的性质与程度，是否与公共秩序相抵触等问题也未达成有拘束力的欧盟法规，仍由成员国国内法决定，在实践中出现了法院结论不一致的情形。法国法院曾经于1995年驳回了被告以违反公共秩序保留为由要求法院拒绝承认与执行域外包含过度赔偿和损害赔偿判决的主张。⑤ 但在2010年的一个判决中，法国最高法院认为欧盟以外国家法院含有惩罚性赔偿的判决是可以被执行的，前提是数额不与违约损失相差过大，否则有违反公共秩序的可能。⑥ 欧盟的实业界对此持积极支持的态度，要求欧盟立法机构将外国法院的惩罚性赔偿判决认定为违反公共秩序或强制性规则而拒绝在欧盟地区承认

---

① 参见吴光荣、赵刚：《消费者团体提起公益诉讼基本问题研究》，《法律适用》2015年第5期，第11页。

② 参见张平华：《揭开集合侵权的面纱——从术语翻译到制度建构的追问》，《法律科学》2013年第6期，第110页。

③ 参见［西］马尔塔·雷克霍·伊西德罗：《国际私法视野下的惩罚性赔偿金》，［奥］赫尔穆特·考茨欧等主编，窦海阳译：《惩罚性赔偿金：普通法与大陆法的视角》，中国法制出版社2012年第1版，第308页、315页。

④ Federation European Direct Selling Association (FEDSA), 'Re European Commission Green Paper on consumer collective redress COM (2008) 794 final of 27 November2008', 4.

⑤ CA Paris, 21 September 1995, *Recueil Dalloz—Sirey* 1996, somm. 168.

⑥ No 109,0 1 December 2010（09－13.303）- Cour de cassation - Première chambre civile.

与执行。① 依据英国 1980 年《贸易利益保护法案》(Protection of Trading Interests Act)5 条,外国法院的双倍损害赔偿判决将得不到英国法院的承认与执行。但在反垄断法以外的领域,英国对于通过惩罚性赔偿以遏制不法行为表现出包容的态度。但在 1978 年 SA Consortium General Texiles v Sun & Sand Agencies Ltd. 案中,丹宁法官提出过高的惩罚性赔偿金额将可能会被认定为违反了公共秩序。② 在 2004 年的 Lewis v Eliades 案③中,英国法院认为美国法院的三倍赔偿判决可以根据"分割法"而在英国得以执行,简而言之就是拒绝判决中的双倍惩罚性的部分,而只承认和执行判决中的赔偿部分。④

考虑成员国已经出现对惩罚性赔偿制度不同程度的认可,欧洲议会和欧盟理事会在制定《非合同之债法律适用条例》(以下简称《罗马条例 II》)的过程中做出了柔性化的处理,强调在适用外国法时,基于案件情形及法院所在地国法治秩序,该外国法中有关惩罚性赔偿的内容有"可能"会被认为违反法院地国的公共秩序,而不是当然的拒绝。⑤通过这种方式,使得成员国由于冲突规则的指引而适用外国法时,弱化了该外国法所包含的惩罚性赔偿内容在公共秩序中的考量。⑥ 虽然《罗马条例 II》规定的是法律适用,而不是判决的承认与执行问题,但仍反映了欧盟对该问题的态度转变。⑦ 在海牙《选择法院协议公约》的谈判过程中,对于惩罚性赔偿是否纳入公共秩序的范围也产生了争论。部分代表认为,通过公共秩序保留可以解决惩罚性赔偿判决在承认与执行中的难题,但也有代表认为本国狭窄的公共秩序内涵难以完成这个任务。最终达成一致意见,将惩罚性赔偿作为拒绝承认与执行的一个附加(additional)条件,但对其的解释应当在

---

① FEDSA,5.
② SA Consortium General Texiles v Sun & Sand Agencies Ltd.,(1978) Queen's Bench (Q. B.) 279,300.
③ Lewis v Eliades,(2004) All English Law Reports (All E. R.) 1196.
④ E Kellman, Enforcement of Judgments on Blocking Statutes, Lewis v Eliades (2004) 53 International and Comparative Law Quarterly 1025.
⑤ See Regulation(EC) No 864/2007 of the European Parliament and the Council of 11 July 2007on the law applicable to non-contractual obligations(Rome II),Official Journal of the European Union ,2007.7.31,L 199/40—49. 转引自:许凯:《论涉外惩罚性赔偿的法律选择模式》,《华东政法大学学报》2014 年第 2 期,第 125 页。
⑥ 参见[西]马尔塔. 雷克霍. 伊西德罗:《国际私法视野下的惩罚性赔偿金》,[奥]赫尔穆特. 考茨欧等主编,窦海阳译:《惩罚性赔偿金:普通法与大陆法的视角》,中国法制出版社 2012 年第 1 版,第 309 页。
⑦ M. Danov, Awarding Exemplary (or Punitive) Antitrust Damages in EC Competition Cases, ECLR 2008,434.

一个尽量限制的范围内(as restrictive a way as possible)。① 实际上海牙《选择法院协议公约》对此规定了比较灵活的机制,被请求国法院在可比的范围内可以拒绝承认与执行超过实际损失的部分;并且法院应考虑赔偿中包含诉讼费用的可能性与程度。② 在欧盟集体救济领域,则对此仍持保守的立场。《欧盟集体救济建议》第31条明确禁止了跨国集体诉讼中的惩罚性赔偿判决(Prohibition of punitive damages),③欧盟委员会认为:应当由公共监管机构来针对市场中的不法行为执行惩罚和威慑职能,而没有必要通过私力执行来实现,在欧盟集体救济体系中不应当承认惩罚性赔偿。④

当前,若判决来自于一个成员国,则被请求承认与执行的欧盟成员国法院将适用《布鲁塞尔条例 I》及《关于为无争议债权实行欧洲执行令的第805/2004号条例》⑤来做出决定;若判决来自于欧盟以外国家,则被请求的成员国法院将适用参加的国际条约或国内法来做出决定。《欧盟集体救济建议》不仅是规定了成员国之间互相承担的义务,同时也要求成员国修订国内法以符合其要求,虽然并没有将惩罚性赔偿明确列入公共秩序的考虑范围,但在集体诉讼中的惩罚性赔偿判决在欧盟的承认与执行可预期将受到较大的阻力。⑥

(五)跨国集体诉讼判决的承认与执行的审查条件

1. 跨国集体诉讼判决承认与执行的特殊性

集体诉讼作为解决消费者、环境、金融等集体纠纷的有效方式,最近几年在欧盟通过《欧盟集体救济建议》的形式进入了统一立法程序。随着消费、环境、金融服务、商事等领域的深入国际化发展,跨国集体诉讼牵涉到更多的国际私法问题。在判决的跨境承认与执行方面,集体诉讼判决与一般性的民商事判决相比具有特殊性,这也使得现行的欧盟判决承认与执行体系遇到了一些新问题,受

---

① Trevor Hartley & Masato Dogauchi, Explanatory Report on Convention of 30 June 2005 on Choice of Court Agreements, Permanent Bureau of the Hague Conference on Private International Law, Point 205(b).

② 参见何其生:《比较法视野下的国际民事诉讼》,高等教育出版社2015年第1版,第329页。

③ Article 31 of the EU Collective Redress Recommendation.

④ Point 3.1 of Towards a European Horizontal Framework for Collective Redress.

⑤ Regulation (EC) No 805/2004 of the European Parliament and of the Council of 21 April 2004 creating a European Enforcement Order for uncontested claims.

⑥ Commission Recommendation of 11 June 2013 on common principles for injunctive and compensatory collective redress mechanisms in the Member States concerning violations of rights granted under Union Law (2013/396/EU)(以下简称"EU Collective Redress Recommendation")。

到欧盟立法界和学界的关注。[①] 针对判决承认与执行的法律适用主要是指被请求法院地法的适用,解决两个问题:一是依据本地程序法来考查外国司法权力作用于私权利纷争的过程是否合乎正当程序;二是承认或执行外国判决在后果上是否会违反本国的公共政策。公共政策具有极强的属地主义倾向,而随着经济全球化的展开,国家主权的因素在国际交往中已经被越来越多的非主权因素所取代,在国家间判决承认与执行的问题上,出现了弱化公共政策功能的趋势,[②]正当程序成为当前审查判决承认与执行程序中的基本要求,并集中于法律文书是否适当送达和当事人是否享有完整的被听审机会两个方面。[③]

随着《海牙选择法院协议公约》[④]对欧盟的生效,后者判决承认与执行的法律适用将分为三个层次:(1)欧盟成员国之间仍负有适用《布鲁塞尔条例 I》[⑤]的

[①] 欧盟委员会已将国际私法问题列为建立统一集体救济机制的重要议题,在欧盟官方文件里屡次提到,包括(1) The Green Paper – Damages actions for breach of the EC antitrust rules, presented by the European Commission, Brussels, 19 December 2005 COM (2005) 672 final {SEC(2005) 1732};(2) Communication from the c—commission to the Council, the European Parliament and the European Economic and Social Committee, "EUConsumer Policy strategy 2007 – 2013 Empowering consumers, enhancing their welfare, effectively protecting them", COM (2007) 99 final, {SEC(2007)321}, {SEC (2007)322},{SEC(2007)323}, 13.03.2007;(3) The White Paper on Damages actions for breach of the EC antitrust rules, Brussels, 2 April 2008 COM (2008) 165 final {SEC (2008) 404} {SEC (2008)405} {SEC (2008)406};(4) Towards a coherent European approach to collective redress European Parliament resolution of 2 February 2012 on 'Towards a Coherent European Approach to Collective Redress' (2011/2089(INI));(5) Opinion of the European Economic and Social Committee on the Communication from the Commission to the European Parliament, the Council, the European Economic and Social Committee and the Committee of the Regions Towards a European Horizontal Framework for Collective Redress. COM (2013) 401 final (2014/C 170/11).

[②] 参见宣增益:《国家间判决承认与执行问题研究》,中国政法大学出版社 2009 年版,第 43~48 页。

[③] 参见乔雄兵:《外国法院判决承认与执行中的正当程序考量》,载《武汉大学学报(哲学社会科学版)》2016 年第 5 期,第 98—99 页;王克玉:《"布鲁塞尔体系"和"海牙公约体系"下的正当程序比较研究——基于外国判决承认与执行的目的》,载《比较法研究》2009 年第 3 期,第 114 页。

[④] Hague Convention of 30 June 2005 on Choice of Court Agreements.

[⑤] Regulation (EU) No 1215/2012 of the European Parliament and of the Council of 12 December 2012 on jurisdiction and the recognition and enforcement of judgments in civil and commercial matters.

义务;(2)欧盟成员国与欧盟之外《海牙选择法院协议公约》的成员国之间负有适用该公约的义务;(3)欧盟成员国与欧盟之外非《海牙选择法院协议公约》的成员国之间,适用国内法。具有大陆法系传统,并以"加入制"集体诉讼为主流的欧盟成员国,与采取"退出制"的美国在集体诉讼判决的承认与执行上具有潜在的歧义与冲突,而欧盟成员国内部也有实施"退出制"集团诉讼的少数国家。两种制度的差异,集中体现在对"正当程序"的理解与界定之上,部分问题更因集体诉讼的特殊性和影响力而涉及宪法的基本原则和整体法律框架,在某些国家上升到对公共政策的考量。① 在"一带一路"倡议建设背景下,我国企业对外投资贸易和消费者参与国际市场的程度不断提高,影响到中资企业的集体诉讼层出不穷。美国特有的法律机制促进了"退出制"集团诉讼的发展,而制度差异使得适用"加入制"的欧盟大多数成员国对美国式"退出制"集团诉讼判决承认与执行的审查具有较为严格的要求,值得我国进行参考。受到作为欧盟集体诉讼最新成果的《欧盟集体救济建议》的影响,欧盟集体诉讼的统一化和跨国连通进程不断加快,在欧盟投资贸易的中资企业不可避免的将受其影响。同时,中国正在考虑加入《海牙选择法院协议公约》,有必要对集体诉讼判决的承认与执行问题进行研究,在谈判过程中未雨绸缪,提前进行应对。

本文作为系列研究"集体诉讼的国际私法问题"的阶段性成果,以正当程序为立足点,从集体诉讼代表机构的民商事判决承认与执行规则的可适用性、诉讼信息的送达、跨国群体性争议中的平行诉讼引起的既判力问题三个方面着手,研究欧盟层面立法中集体诉讼判决的承认与执行条件问题,以作为我国立法与司法实践的参考。②

4. 诉讼代表机构的公共性质与国际私法规则的可适用性

在《海牙选择法院协议公约》和 2015 年初生效的《布鲁塞尔条例 I》修订版中,均未针对集体诉讼问题进行单独规定,意味着当前集体诉讼判决在欧盟成员国法院的承认与执行仍需依据现有的一般性欧盟层面规则,结合适用成员国国内法。目前有十三个欧盟成员国建立了集体诉讼机制,类型主要包括代表诉讼

---

① 参见何其生:《中国加入海牙＜选择法院协议公约＞的规则差异与考量》,载《武汉大学学报(哲学社会科学版)》2016 年第 4 期,第 84 页。

② 2015 年,在纽约证券交易所上市的阿里巴巴公司面临多起集团诉讼,被指控发布误导性声明并隐瞒受到监管调查的情况。受当地投资者的委托,美国律所 Robbins Geller Rudman & Dowd LLP 等七家律所以涉嫌违反美国 1934 年证券法为由将阿里巴巴及其部分高管告上纽约联邦法院。查询这几家律所代理过的案件发现,近年来,他们都有对中概股公司发起集团诉讼的记录,涉及中石油、新东方、分众传媒、兰亭集势、世纪互联、聚美优品、安博教育、龙威石油等。http://finance.qq.com/a/20150203/004979.htm?pgv_ref=aio2015&ptlang=2052,2016 年 9 月 20 日访问。

(representative action)、团体诉讼(group action)和示范诉讼(model case)。《绿皮书》要求不同成员国的集体诉讼程序互相开放,以建立泛欧盟的合作机制。第一,代表诉讼应可以代表来自不同成员国的消费者,并且应允许在被告所在地之外的其他成员国启动针对该被告的代表诉讼。第二,团体诉讼应当允许来自不同成员国的消费者加入。第三,示范诉讼的效力应当及于涉及案件的不同成员国当事人。① 集体诉讼的类型区分,对《布鲁塞尔条例 I》的可适用性也直接产生影响。以消费纠纷为例,如果个别的适格消费者与经营者之间发生纠纷,适用《布鲁塞尔条例 I》中有关消费者保护管辖权的内容。但如果是群体性的消费者与经营者间发生纠纷,进入法定的集体诉讼程序,将根据情况有所不同。在团体诉讼与示范诉讼中,每一位消费者都是诉讼一方当事人,这两种方式仅仅是将众多涉及 2015 年,在纽约证券交易所上市的阿里巴巴公司面临多起集团诉讼,被指控发布误导性声明并隐瞒受到监管调查的情况。受当地投资者的委托,美国律所 Robbins Geller Rudman & Dowd LLP 等七家律所以涉嫌违反美国 1934 年证券法为由将阿里巴巴及其部分高管告上纽约联邦法院。查询这几家律所代理过的案件发现,近年来,他们都有对中概股公司发起集团诉讼的记录,涉及中石油、新东方、分众传媒、兰亭集势、世纪互联、聚美优品、安博教育、龙威石油等。http://finance.qq.com/a/20150203/004979.htm?pgv_ref＝aio2015&ptlang＝2052,2016 年 9 月 20 日访问。

争议的消费者合并为一个群体进行诉讼,而并没有产生新的诉讼主体和诉讼关系,或改变纠纷的性质。但是在代表诉讼方面,诉讼主体实际上是代表机构与经营者,虽然前者代表的是消费者群体的利益,但诉讼的性质则发生了改变。②《欧盟集体救济建议》Standing to bring a representative action ③求,有权提起代表诉讼的原告主体应是由成员国官方指定具有代表权限的非营利性机构,与提起诉讼的主要受损群体应具有直接的关系,并且应具有必要的经济实力、人力资源、法律经验。在作为例外或备选的情况下,成员国也可以授权公共部门以提起代表诉讼。在代表机构是公共部门的情况下,是否与《布鲁塞尔条例 I》和《海牙选择法院协议公约》针对民商事纠纷的适用范围相背离? 在 *Frahuil SA v. Assitalia SpA* 案中,欧盟法院认为,当代表机构依法参与诉讼程序并为被代表群体寻求司法救济,案件就应当被视为是私权的实施,并得以适用《布鲁

---

① Green Paper on Collective Redress, Option 2, para 24.
② Green Paper on Collective Redress, Section A.
③ Para 4-7 of the EU Collective Redress Recommendation.

塞尔条例 I》。① 这一点同样得到欧盟委员会在《绿皮书》中的确认。②

虽然消费者与经营者之间具有合同关系,但在诉讼过程中,作为原告的代表机构与作为被告的经营者之间并不存在合同关系。《布鲁塞尔条例 I》第 5 条第 1 款并没有明确要求在诉讼双方之间存在合同关系,而欧盟法院在判例中所做的解释也未对此问题作出回应,如在 *Handte v. Traitements* 案③中,欧盟法院认为当事人一方单方面不承担义务的情形不属于《布鲁塞尔条例 I》第 5 条第 1 款中"与合同有关的事项"(matters relating to a contract),但没有明确如果独立第三方代表合同一方提起诉讼的话,原合同关系是否存续,以及诉讼是否是基于原合同关系。

在 *Verein für Konsumenteninformation v. Karl Heinz Henkel* 案④中,奥地利消费者保护组织 VKI 起诉德国经销商 Henkel 在奥地利同当地消费者之间签订的合同违反了欧盟《不公平合同条款指令》(Unfair Contract Terms Directive),⑤但诉由是违反了奥地利的公共利益,而不是弥补合同给消费者带来的损害。欧盟法院认为本案并不是合同纠纷,因为 VKI 不是消费者合同一方,而且本案所保护的法益是阻止不公平交易行为所带来的对社会公共利益的损害。在本案中,欧盟法院再一次强调了援引《布鲁塞尔条例 I》第 5 条第 1 款的诉讼双方之间必须具有直接的合同关系。

一个集体诉讼案件是否可以被定性为合同纠纷案件,在欧盟法院通过不同的方式认定的情况下有不同的结果。如果通过"事项标准"(subject matter)来衡量,法院将仅仅考虑争议的实质,因而不会否认集体诉讼所解决争议的合同性质。而如果通过"程序标准"(procedural qualification)来衡量的话,法院很难将集体诉讼案件定性为合同纠纷,因为参与诉讼程序的一方并不是合同纠纷的一方主体。在《绿皮书》中,欧盟委员会建议采取"事项标准"来使得《布鲁塞尔条例 I》第 5 条第 1 款适用于代表机构参与的集体诉讼。⑥《海牙选择法院协议公约》排除了当事人一方为消费者的情形,⑦消费争议团体诉讼和示范诉讼将无法适用公约。而对于《海牙选择法院协议公约》在代表诉讼中的适用问题,目前尚没

---

① Case C—265/02 Frahuil SA v Assitalia SpA [2004] ECR I—1543, para 20.
② Green Paper on Collective Redress, para 58.
③ Case C—26/91 Handte v Traitements [1992] ECR—I—3967.
④ Case C—167/00 Verein für Konsumenteninformation v Karl Heinz Henkel [2002] ECR I—8111.
⑤ Council Directive 93/13/EEC of 5 April 1993 on unfair terms in consumer contracts.
⑥ Subsection C(1)(c).
⑦ Article 2(1)(a) of the Hague Convention on Choice of Court Convention.

有给出官方回应。基于《海牙选择法院协议公约》第二条第五款,政府、政府办事处或任何代表国家的个人作为当事人的事实并不使诉讼排除于本公约范围之外。① 可以明确的是,代表机构不会因其公共和政府性质而被排除在公约的适用范围之外。②

3. 诉讼信息送达在"退出制"集体诉讼中的困境

"未对被告进行有效送达而造成的缺席判决"是《布鲁塞尔条例Ⅰ》和《海牙选择法院协议公约》所规定的拒绝承认域外判决的一般性条件之一。③ 在承认与执行外国法院判决的案件中所要考虑的诉讼程序的公正性,主要体现在败诉一方当事人的诉讼权利是否得到了保障。败诉方诉讼权利的损害包括:(1)未得到合法传唤从而未能出庭陈述,或者虽经传唤,但未得到合理时间进行准备;(2)无诉讼行为能力时未得到适当代理。④ 而在域外集体诉讼判决的承认方面,"未对受损害群体进行有效送达"则是重要的正当程序考虑因素。因未得到有效送达而对受损害群体成员诉权的减损,已上升到公共政策的考量。诉讼信息送达的法律冲突在采取"加入制"和"退出制"的集体诉讼之间体现的尤为明显。有意见认为,对于那些并没有得知诉讼信息,或没有明示同意退出集体诉讼的受损害群体,"退出制"集体诉讼约束其不得再另外提起诉讼的做法实际上是剥夺了他们在《欧洲人权公约》第六条中强调的应获得的公平和公开听审(fair trial and public hearing)的权利。⑤ 这包含两方面的问题,一是对于跨国受损害群体成员的合理送达;二是判决的既判力(res judicata)对未明示退出集体诉讼的受损害群体成员的诉讼权利的阻却,判决对于没有收到合理送达的当事人是否具有拘束力也将存疑。诉的合并所形成的成本与效率优势,是"退出制"集体诉讼在群体性争议解决中的重要优势。在适用混合制的丹麦,以"加入制"为默认机制,同时"退出制"作为辅助机制。丹麦诉讼法常务委员会在向欧盟委员会提交的报告中提出,少数受损害群体成员可能无法得到通知而做出退出集体诉讼程序的决定,但这通常不会引发正当程序问题。因为虽然未能明示表达意见而被动的参

---

① 参见叶斌、李良林:《2005年海牙<选择法院协议公约>适用范围之评析》,载《华中农业大学学报(社会科学版)》2006年第2期,第90页。
② Article 2(5) of the Hague Convention on Choice of Court Convention.
③ Article 34(2) of theBrussels Ⅰ Regulation and Article 9(c) of the Hague Convention on Choice of Court Convention.
④ 参见何其生:《比较法视野下的国际民事诉讼》,高等教育出版社2015年第1版,第330—331页。
⑤ See S. I. Strong, Cross—border Collective Redress in the European Union: Constitutional Rights in the Face of the Brussels Regulation, 45 *Arizona State Law Journal* 233, 2013.

加诉讼,但对潜在的集团成员而言,其并不承担任何经济风险。① 因为作为辅助机制的"退出制"主要针对市场误导性合同、不公平合同条款等不作为诉讼,而非损害赔偿诉讼,并且设置了不产生不合理费用下的优先个别通知、费用担保等机制。目前丹麦在新制度下,只发生过一起由银行小股东群体发起的"加入制"集体诉讼案件,尚无"退出制"集体诉讼案件,②后者能否达到在复杂机制保障下的美国退出制集团诉讼的效果,尚未得到实践的检验。但在跨国语境下的集体诉讼中,"退出制"有其难以克服的局限,存在着损害缺席群体成员独立诉讼权利的可能性,有学者甚至认为其违反了宪法理论涉及正当程序的基本原则。③ 德国学者认为,如果以集体诉讼判决拘束那些对诉讼毫不知情的受害者,显然与德国的私法体系和宪法不相容。④ 瑞典学者 P. H. Lindblom 教授所主张的通过改善送达制度确保以最合理的方式使群体成员获取诉讼信息的方法,在跨国语境下面临重重困难。⑤ 在现实中查清跨国群体性纠纷中的每个受害人,并且评判其请求权而决定是否进行通知是十分困难的,这对于司法机关来说也无疑是一个巨大的负担。⑥

4.《欧盟集体救济建议》解决集体诉讼送达问题的对策

"退出制"集体诉讼制度在 28 个欧盟成员国中仅仅是个例外,目前,只有丹麦、荷兰、葡萄牙三个国家实施有限的"退出制"集体诉讼。⑦《欧盟集体救济建议》明确了被代表群体应基于"加入制"(Constitution of the claimant party by "opt－in" principle)进行组织,被代表群体应当由宣告受到损害的自然人或法人以明示同意加入,任何例外均需有法院所认定的合理原因。⑧ "加入制"不得

---

① 参见陈贤贵、周一颜:《新生的"异类":欧盟成员国退出制群体诉讼发展述评》,载《东南学术》2014 年第 4 期,第 182 页。

② Civic Consulting, Country ReportDenmark 12 (2008). http://ec. europa. eu/consumers/redress_cons/da－country－report－final. pdf. Visited at 26 September 2016.

③ See Tanya J. Monestier, *Transnational Class Actions and the Illusory Search for Res Judicata*, 86 Tulane Law Review 1, 38－39 (2011).

④ 参见张大海:《德国群体诉讼制度研究》,复旦大学 2008 年博士学位论文,第 38 页。

⑤ See Robert Gaudet, *Turning a Blind Eye: The Commission's Rejection of Opt－out Class Actions Overlook Swedish, Norwegian, Danish and Dutch Experiences*, European Competition Law Review, 2009, 30(3):111.

⑥ 参见[德] 布里吉特. 居普里斯:《程序法视野下的消费者权益保护——德国团体诉讼的成功经验和集体权利实现的未来》,范颖颖译,《中德法学论坛》2009 年第 1 期,第 50 页。

⑦ 参见陈贤贵、周一颜:《新生的"异类":欧盟成员国退出制群体诉讼发展述评》,载《东南学术》2014 年第 4 期,第 182 页。

⑧ Para 21－24 of the EU Collective Redress Recommendation.

剥夺被代表群体成员以其他形式实现诉求的权利，成员有权在法院判决作出或案件实质解决前任意时间退出，并以同样的诉求提起个人诉讼。在同一群体性事件中受损的自然人或法人，有权在最终判决作出或案件得以实质解决前任意时间加入诉讼。对于欧盟成员国来说，诉讼信息的送达是否有效可以参考《关于向国外送达民事或商事司法文书及司法外文书域外送达公约》（以下简称《海牙送达公约》）和《关于民商事案件司法文书和司法外文书送达的条例》（以下简称《欧盟送达条例》）来进行衡量。① 虽然上述规则适用于送达，具体规定了对被告权利的保护，但仍可作为对集体诉讼成员信息通知的参考。基于群体性争议的特性，受损害群体数目巨大，难以查明每个受损害个体的地址以进行点对点通知，而更多的通过公告送达的方式，例如丹麦就明确规定了优先进行个别送达的前提是在不产生不合理费用的情况下。在跨国集体诉讼中，情况更加复杂。《欧盟送达条例》仅适用于姓名和送达地址明确的收件人（identified parties），但不适用于姓名和送达地址不明的收件人的情形，即使地址是有可能查明的（identifiable parties），而且通过公告送达的方式对后者进行通知的效力也没有进行规定。欧盟成员国使用的官方语言有 23 种，对于如何通过有效公共传播方式确保受损害群体得到诉讼信息的送达仍未确定和统一，在这种情况下《欧盟送达条例》难以发挥作用。欧盟学界提出《欧盟送达条例》有必要针对这种情况进行修订，而对送达的方式进行从宽解释（liberal interpretation）则成为主流意见。② 《欧盟集体救济建议》明确了集体诉讼的登记制度（Registry of collective redress actions），③成员国应当建立全国性的集体诉讼登记制度，内容包括法庭内外牵涉到的诉讼程序，信息需客观和详细，向公众免费公开，并应当在欧盟委员会的协助下保证一致性和进行网络互联。

对于代表机构或原告团体传播诉讼信息以组建被代表群体的情况，《欧盟集体救济建议》规定上述机构应有权在合法范围内通知诉讼信息（Information on

---

① Regulation (EC) No 1393/2007 of the European Parliament and of the Council of 13 November 2007 on the service in the Member States of judicial and extrajudicial documents in civil or commercial matters (service of documents), and repealing Council Regulation (EC) No 1348/2000. 根据 1965 年《海牙送达公约》第 25 条之规定，在欧盟成员国之间，1997 年欧盟送达公约及条例的效力优先于《海牙送达公约》。参见何其生：《比较法视野下的国际民事诉讼》，高等教育出版社 2015 年第 1 版，第 214 页。

② See Mihail Danov, TheBrussels I Regulation: Cross — Border Collective Redress Proceedings and Judgments, Vol. 6(2) Journal of Private International Law, 2010, p. 379—380.

③ Para 35—37 of the EU Collective Redress Recommendation.

a collective redress action),①使得受到损害的自然人或法人得知集体诉讼程序,以考虑是否决定加入。但信息传播不得损害诉讼的正常进行、言论自由权、知情权、被告的名誉、被告的商业秘密等。在诉讼信息的通知方面,诉讼判决的效力只限于明确表示加入集体诉讼的成员,或签署文件明确授权某团体在法庭代表他们利益的成员。法国法律明确禁止通过个人信件、广告、散发手册或电视电台广告来"怂恿"缺席者同意,代表人只能使用书面媒体印刷物作为通知。②日本《民事程序法典》第三十条中创制了有限的代表人诉讼,在条文草案拟定之时,日本立法机构拒绝了一项要求法院在报纸上刊登团体通告的议案,原因是认为法庭不应当显得赞同这个诉讼的合理性。③

(六)集体纠纷和解判决的域外效力承认:以荷兰为例

1. 荷兰集体纠纷和解判决程序

2005年7月27日,荷兰《大规模损害集体和解法案》(The 2005 Collective Settlement of Mass Damage Act, Wet Collectieve A fhandeling Massaschade,简称"《荷兰集体和解法案》")生效,一个及以上的受损害群体代表机构与一个及以上的损害责任人之间基于大规模损害所达成的和解协议可以向阿姆斯特丹上诉法院(Amsterdam Court of Appeal)提出申请,由法院决定是否做出其具有拘束力的宣告(binding declaration)。若阿姆斯特丹上诉法院同意该申请,则和解协议将对代表机构所代表的所有受损害群体当事人产生拘束力,但在法定期间内声明退出(opt out)和解程序的当事人除外,后者保有向法院提起针对损害责任方的个人诉讼的权利。在拘束力宣告程序审议期间,任何其他有关和解协议中涉及的赔偿性程序须暂停。拘束力宣告是否对外国当事人产生拘束力,以及可否在国外得到承认与执行便成为值得关注的问题。

首先,集体诉讼代表机构的性质。根据《荷兰民法典》第三条,集体诉讼的代表机构可以同诉求没有直接关联的利益,而其与诉求的关联性仅需包括依据其章程提起集体诉讼。代表机构在集体诉讼中仅需扮演代表当事人进行诉讼的角色,而不需有切身关联的利益。代表机构须为独立的非营利性组织,但可以接受第三方的合法资助。

其次,对涉及外国的当事人和损害事实的管辖权问题。基于《布鲁塞尔条例1例I》,阿姆斯特丹上诉法院对位于外国的当事人和损害事实并不具有当然的

---

① Para 10—12 of the EU Collective Redress Recommendation.
② See Raymond Martin, L'Action en Représentation Conjointe des Consommateurs, JCP 1994 I 3756.
③ See Yasuhei Taniguchi, The 1996 Code of Civil Procedure of Japan: A Procedure for the Coming Century? 45 *American Journal of Comparative Law* (1997), p. 767.

管辖权,但是在和解协议中加入选择阿姆斯特丹上诉法院的条款可以妥适的解决管辖权问题。

再次,基于和解协议做出的判决在外国的承认与执行问题。基于集体损害纠纷当事人间达成的和解协议,阿姆斯特丹上诉法院适用《荷兰集体和解法案》所做出的拘束力宣告对外国当事人是否具有拘束力实质上牵涉判决在国外的承认与执行问题。目前欧盟法律中并没有对法院基于和解协议所做出的拘束力宣告究竟是判决还是庭外和解进行定性。如果将拘束力宣告认定为判决的话,依据《布鲁塞尔条例Ⅰ》将可直接在欧盟其他成员国直接得以承认和执行,并可避免基于相同诉求的重复诉讼。当然拘束力宣告程序若符合《布鲁塞尔条例Ⅰ》中所规定四种拒绝承认与执行的条件的情况下,被请求承认与执行地法院也有权拒绝。

2.荷兰和解协议判决域外效力案例分析

阿姆斯特丹上诉法院业已适用《荷兰集体和解法案》宣告了六起和解协议的拘束力,包括 DES 案,①Dexia 案,②Vie d'Or 案,③Shell 案,④Vedior 案⑤和 Converium 案。⑥ Shell 案牵涉到世界范围内的和解,超过 100 个国家和地区的投资人获得了赔偿,但其中不包括经常居所地为美国的投资人,因其已经在美国的集团诉讼中得到赔偿。作为和解协议赔偿责任人其中之一的壳牌运输与贸易公司(Shell Transport and Trading Company Ltd)的经常居所地位于英国。

在1在 Vedior 案中,投资人与被告达成了总额为 4,250,000 欧元的和解协议,以赔偿受到 Vedior 与 Randstad 合并的谣言影响而出售 Vedior 股票并受损的投资者。股东联合会(Association of Shareholders)认为 Vedior 公司没有及时澄清该传闻,致使因合并谣言而抛售股票的投资者遭受损失。和解协议包括了经常居所地位于荷兰、美国等诸多国家的投资者。

在2在 Vie d'Or 案中,和解协议涉及的 10,000 名左右的当事人中有 500 名左右的经常居所地位于荷兰之外。在 Dexia 案中,约有 4,000 名经常居所地绝大多数位于比利时的当事人被排除出了和解协议。在 Converium 案中,和解协议由两家瑞士公司,Scor Holding AG 和 Zürich Financial Services Ltd,同两

---

① Amsterdam Court of Appeals, June 1, 2006, LJN: AX6440.
② Amsterdam Court of Appeals, January 25, 2007, LJN: AZ7033.
③ Amsterdam Court of Appeals, April 29, 2009, LJN: BI2717.
④ Amsterdam Court of Appeals, May 29, 2009, LJN: BI5744.
⑤ Amsterdam Court of Appeals, July 15, 2009, LJN: BJ2691.
⑥ Amsterdam Court of Appeals, November 12, 2010, LJN: BO2908 (interim judgment), and Amsterdam Court of Appeals, January 17, 2012 (final judgment).

家位于荷兰的代表机构达成,纠纷源于上述两家瑞士公司对其财务状况的不实陈述。代表机构代表了 12,000 名左右经常居所地在美国之外的当事人,包括 200 名左右经常居所地在荷兰的当事人,8,500 名经常居所地在瑞士的当事人,以及 1,500 名经常居所地在英国的当事人。

阿姆斯特丹上诉法院在 Shell 案和 Converium 案的判决中对其是否具有域外管辖权的问题进行了详细说明。在 Shell 案中,六家 Shell 集团旗下的公司申请启动了和解协议拘束力宣告程序。依据《布鲁塞尔条例 I》第二条,法院将住所地在荷兰的 751 名当事人认定为"申请人",并据此取得管辖权。依据《布鲁塞尔条例 I》第六条第一款,法院对于 120,000 名居住在荷兰之外的其他欧盟国家的当事人取得管辖权。同时,法院将上述两类当事人的诉求认定为具有紧密联系(closely connected)和相似性(similar claims),因而对和解协议中统一宣告拘束力。

对于居住在欧盟、冰岛、挪威和瑞士之外的当事人,法院依据《荷兰民事诉讼法典》(Dutch Code of Civil Procedure)第三条确立了其管辖权。该法典第三条中规定了法院基于起诉状发起的诉讼而取得管辖权的一般规则,如果起诉人的经常居所地或部分集体诉讼当事人位于荷兰。基于 Shell 案中的六个起诉人中有五个的住所地位于荷兰,法院据此取得管辖权。

各方当事人对 Shell 案的结果并无异议,但在学术界却招致了很多批评,主要针对法院依据布鲁塞尔条例 I 第二条和第六条第一款取得管辖权的合理性。批评意见认为,Shell 案实质上是当事人各方达成一致和解协议,并共同要求阿姆斯特丹上诉法院对此做出拘束力宣告的程序。因而 Shell 案实质上不能认定为是

受损害群体向法院起诉责任群体的程序,责任群体难以被认定为被告,因而本案缺乏具体的诉因。

在 Converium 案中,阿姆斯特丹上诉法院更进一步。在法院于 2010 年 11 月 12 日作出的临时判决(interim judgment)中,以《布鲁塞尔条例 I》第五条第一款作为管辖权的补充基础(alternative basis)。[①] 法院认为基于《荷兰集体和解法案》所达成的和解协议是基于荷兰法而缔结的,因而必须在荷兰履行,包括赔偿金的给付等,因而法院可以依据《布鲁塞尔条例 I》而取得管辖权。

法院清晰的表达了其积极寻找依据以确立管辖权的态度。美国法院拒绝对于"三重涉外"(foreign-cubed)案件行使管辖权,并且美国法院对对和解协议的

---

① "A person domiciled in aMember State may, in another Member State, be sued in matters relating to a contract, in the courts for the place of performance of the obligation in question."

承认仅包括与美国有充分联系(sufficient link)的部分。阿姆斯特丹上诉法院意图弥补美国法院判决在集体诉讼方面缺乏美国之外地区拘束力的缺憾。① 阿姆斯特丹上诉法院基于《布鲁塞尔条例 I》第五条第一款的分析而确立的 ② Converium 管辖权同样受到荷兰学术界的批评。在案中,各方当事人一致认为,只有在法院明确宣告之后,和解协议才产生拘束力。批评意见中尤为强调了阿姆斯特丹上诉法院的做法与欧盟法院(Court of Justice of the European Union)的判例所蕴含的意图之间有不符之处,后者要求对《布鲁塞尔条例 I》第五条第一款进行更为限缩严格的解释,并且不允许将该条款适用于合同缔约前环节。③ 阿姆斯特丹上诉法院的做法在理论上允许依据《荷兰和解法案》而达成的和解协议对在荷兰没有经常居所地的当事人也产生拘束力。在 Converium 案中,阿姆斯特丹上诉法院确立管辖权的依据之一,就是强调案件关涉到经常居所地在荷兰的当事人,并延伸统一管辖案件所涉及的经常居所地在荷兰之外的当事人。目前阿姆斯特丹上诉法院尚未收到完全不包括经常居所地在荷兰的当事人的案件,其对此类案件的态度还不得而知。Converium 案的判决同样引起了荷兰实业界的密切关注,荷兰工业联合机构 VNO/NCW 召开了新闻发布会,并宣称该案将在荷兰打开集体诉讼"洪水的闸门"(open the floodgates),并要求政府做出必要的政策以限制过于强势的集体诉讼代表机构。④ 鉴于 Shell 案和 Converium 案均是由法院基于当事人共同同意的和解协议做出的约束力宣告,两案均未受到当事人的质疑,也未发生当事人向荷兰最高法院上诉的情况。

在由荷兰司法部发起的研究报告《荷兰集体和解法案中的国际私法问题》(The Dutch Settlement Act and Private International Law)⑤中,对 Converium 案进行了正反两方面的评价。首先,报告认为,阿姆斯特丹上诉法院适用《布鲁

---

①

② See J. S. Kortmann: Jurisprudentie Ondernemingsrecht 2010, no. 46, at page 460; B. de Jong, "Een nieuw exportproduct", Ondernemingsrecht 2010/17, pages 141—142.

③ CaseC—189/08 Zuid—Chemie BV v Philippo's Mineralfabriek NV/SA, ECR I—6917; and Case C—334/00 Fonderie Officine Meccaniche Tucconi SpA v Heinrich Wagner Sinto Machinerfabrik GmbH (HWS) [2000] ECR I—7357.

④ www. vnoncw. nl/Publicaties/Nieuws/Pages/Justitie_moet_in_actie_komen_tegen_agressieve_claimvehikels_21 61. aspx? source=%2fPages%2fDefault. aspx

⑤ 该报告由荷兰司法部委托,荷兰伊拉姆斯大学法学院 Dr. Hélène van Lith 博士主要负责撰写。报告英文摘要:http://wodc.nl/onderzoeksdatabase/internationaal—privaatrechtelijke—aspecten—van—de—wetcollectieve—afandeling—massaschade—wcam. aspx? cp=44&cs=6837. 全文录于欧盟官方网站:http://ec.europa.eu/competition/consultations/2011_collective_redress/saw_annex_en. pdf.

塞尔条例 I》的条款和内涵进行和解协议拘束力宣告案件的管辖权确定的做法是值得推敲和仍然存疑的。而对于经常居所地在欧盟之外的当事人的管辖权，报告认为法院适用《荷兰民诉法典》第三条的规定是合理的。

对于在法院适用《荷兰集体和解法案》程序中的对国外当事人的通知问题，研究报告认为适用于荷兰的有关国际条约和欧盟法律并无阻却跨国通知当事人其具有退出和解程序的权利的规定，但是缺陷在于，若无法确认当事人的确切地址，则无法达成有效通知。研究报告提出应当更好的应用网络技术进行通知。布鲁塞尔/洛迦诺体系和《海牙选择法院公约》均对和解判决的排除效力持消极态度。《布鲁塞尔条例 I》中并没有对和解判决作出规定，而欧盟法院的判决中则明确了和解协议实质上仍然是私人合同关系的体现，而非公权力的法院判决，即①使和解程序是在法院达成并得到法院的认可。因而和解协议并不能够适用布鲁塞尔条例 I 关于判决承认与执行的规定，不属于条例第三十二和三十四条中所定义的"判决"，更不用说具有判决的排除效力。因此一个外国法院做出的集体诉讼判决不应当因与执行地法院和解判决中具有相同的争议和相同的当事人而被视为矛盾判决(irreconcilable)而被拒绝承认和执行。② 有学者认为，法院认可的和解协议可以适用布鲁塞尔条例 I 第五十八条的规定，在法院地国可以视为类似于公证证书的权证(authentic instrument)而具有强制执行的效力。③《海牙选择法院公约》第十二条规定了法院做出的司法和解(judicial settlements)判决在缔约国之间具有同法院判决同等的执行效力，但只规定了对司法和解的执行，而没有规定承认其具有排除的效力。这一点与普通法中的"同意令"(consent order)具有极大差异，后者由法院根据当事人双方的共识做出判决，而非和解协议，因而具有判决排除的效力。④

五、跨国集体诉讼判决的既判力与平行诉讼问题

根据《布鲁塞尔条例 I》第三十四、三十五条，成员国法院的判决应当在另一成员国得以执行，除非违反了拒绝承认与执行的情形，而这些情形是限制在极小的范围内，包括：如果公共秩序保留的认定具有模糊性的话，由其扩展到现实性

---

① See Adrian Briggs & Peter Rees, Civil Jurisdiction and Judgments 521 (4th ed. 2005); Case C—414/92 Solo Kleinmotoren v Boch [1994] ECR I—2237 [17], [18]; Landhurst Leasing Marcq [1998] ILPr 822 [33] (CA).
② TheBrussels I Regulation: Cross—Border Collective Redress Proceedings and Judgments
③ European Commentaries on Private International Law: Brussels I Regulation 692 (Ulrich Magnus & Peter Mansowski eds., 2007).
④ Explan Report, para. 209.

的因素如未能尽合理通知程序等则在布鲁塞尔条例Ⅰ中得以明确规定。① 第三十四条规定了另外两种拒绝承认与执行的情形,均与申请承认与执行的判决与被请求国法院或其他成员国法院判决相抵触(irreconcilable)有关。但是,这两条规定均要求相冲突的判决需要包括"相同的当事人"(the same parties)。若在一成员国退出或没有加入集体诉讼的当事人希望单独提出对同一被告的诉讼的话,可否被认为是在集体诉讼中的相同当事人呢? 在《集体救济决议》中,对于个人主体参与诉讼的权利进行了强调,要求法院不得认定两起诉讼中的当事人相同,除非第二起诉讼中包含有同一个个人当事人提起的诉求(individual claim)。② 这样如果针对同一被告基于相同的集体损害或违约事由提起的集体诉讼,如果由不同原告群体提起,则不能够适用《布鲁塞尔条例Ⅰ》第三十四条第三款和第四款来认定属于"不一致"(inconsistent)甚至"抵触(irreconcilable)"判决。

《布鲁塞尔条例Ⅰ》中,并没有对判决的排除效力(preclusive effect)问题做出规定,而是交由各成员国国内法来决定,但是各国规定的差异较大,这样有可能带来的问题是使得对于一国法院所做出的业已生效的判决,当事人有可能为求得更好的结果而在另一国重新提起诉讼。③ 而在实行"退出制"的国家,原告没有明示退出集体诉讼的情况下,就意味着加入了诉讼,并受判决约束,在另一成员国即不可重新提起诉讼。欧盟大多数国家对于判决的排除效力做了限制性规定,但是对于"当事人"的界定存在一些差异,差别主要在于对在诉讼中利益被代表,但未亲自参与诉讼的当事人,而这一点在集体诉讼中显得尤为重要。④ 如果一个集体诉讼判决不产生域外排除效力,那么位于外国的当事人可以在判决作出后重新在另一国法院提起诉讼,而不用担心在先判决地排除效力和程序冲突。但这样的话被告就将承担更多的诉讼压力,而对于诉讼经济与效率的影响是否可以上升到公共政策的高度也是需要考虑的。⑤ 集体诉讼判决的既判效力直接影响到被告的权利。如果集体纠纷的部分受损方当事人采取退出或不参与集体

---

① See Article 34(2) of theBrussels I Regulation.
② European Parliament, Resolution of 2 February 2012 on "Towards a Coherent European Approach to Collective Redress," P7_TA(2012)0021, para. 27.
③ See Peter Barnett, The Prevention of Abusive Cross—Border Re—Litigation, 51 INT'L & COMP. L. Q, 945 (2002); Rhonda Wasserman, Transnational Class Actions and Interjurisdictional preclusion, 86 NOTRE DAME L. REV. 344 (2010).
④ Rhonda Wasserman, Transnational Class Actions and Interjurisdictional preclusion, 86 NOTRE DAME L. REV. 345(2010).
⑤ See Andrew Le Sueur, Access to Justice Rights in theUnited Kingdom, 5 EUR. HUM. RTS. L. REV. 473 (2000).

诉讼,而进行观望的策略,那么首先就违背了集体诉讼制度求得单一而终局判决的意旨。而选择退出或不参与在先集体诉讼的当事人也会被视作具有"搭便车"(free riders)的倾向,因其可以利用在先判决的结果而设计自己的诉讼策略,这种现象在采用"败诉方付费"(loser—pays)规则的国家体现的较为明显。[1] 但集体诉讼判决既判力的效果也使得"败诉方付费"规则造成很多受害方当事人基于败诉付费的风险不愿意参加集体诉讼,而是等待集体诉讼的判决出来,胜诉则可共享有利结果,败诉则不必承担付费义务。同时,"胜诉酬金制"(contingent fee)也使得在先判决对原告不利的情况下,未加入诉讼的原告及律师对于再次提起诉讼也会更加谨慎。这一点也是欧盟委员会在推进欧盟集体救济的进程中较为关注的问题。[2] 如果在先判决对后续判决产生既判力或者先例影响,那么对于原告来说更好的选择或许是积极参与在先的集体诉讼判决,以求得在诉讼过程中表达自己的意愿,并积极参与以影响判决的结果,而不是被动接受在先集体诉讼判决的既判力影响。但若原告选择不参与集体诉讼而提起个人诉讼,其权利应当得到保障。实证研究表明,欧盟和美国的集体纠纷受损一方当事人更倾向于提起个人诉讼,而非参与集体诉讼。[3]

BIICL 的研究报告[4]认为,首先应当明确成员国国内的判决的排除效力,包括在布鲁塞尔/洛迦诺体系其他成员国是否有排除效力,以及在布鲁塞尔/洛迦诺体系以外国家是否有排除效力。

(一) 跨国集体诉讼判决既判力的争议

对于诉讼信息的送达方式进行从宽解释,有利于将跨国语境下更广范围内的受损害群体纳入到判决作出地法院的集体诉讼程序中,使其与被告受到同一个判决的约束。涉及来自其他法域的当事人的集体诉讼,将引起一些相关联的问题,包括挑选法院、平行诉讼、判决既判力对外法域缺席成员的影响等。一方面,在欧盟《布鲁塞尔条例 I》和《海牙选择法院协议公约》中,并没有对判决的既判力或排除效力(preclusive effect)问题做出规定,而是交由各成员国国内法来决定,但国内法的差异较大,这样带来的问题是使得对于一国法院所做出的已生

---

[1] See S. I. Strong, Cross—Border Collective Redress and Individual Participatory Rights: Quo Vadis?, 32 CIV. JUST. Q. (2013).
[2] SeeResolution, para. 20.
[3] See Thomas E. Willging et al., Empirical Study of Class Actions in Four Federal District Courts: Final Report to the Advisory Committee on Civil Rules 79 (1996), at 55—59.
[4] British Institute of International & Comparative Law, The Effect in the European Community of Judgments in Civil and Commercial Matters: Recognitions, Res Judicata and Abuse of Process (2008).

效集体诉讼判决，当事人有可能为求得更好的结果而在另一国法院重新提起诉讼。① 另一方面，位于在先集体诉讼法院地国之外的受损害群体则有可能受制于未决诉讼原则（lis pendens），无法在其本国法院基于相同损害事由提起针对相同被告的诉讼，或在后集体诉讼判决无法在在先判决作出地得以承认和执行。在完成合理送达程序的前提下，在一国法院中进行的跨境集体诉讼程序是否用尽了受损害群体成员基于相同诉由和针对相同被告在其他国家法院提起集体诉讼的诉权？以及集体诉讼判决作出后是否对个人产生既判力，而使得受损害群体无法提出个人诉讼的问题，在实践中产生了争议。与立法与司法部门对外国集体诉讼判决在本国的既判力持谨慎和保守态度相反，在实践中，仍有相当数量的当事人抱有支持态度。加拿大安大略上诉法院在 Currie v. McDonald's Restaurants of Canada Ltd 案②中认为，集体诉讼判决在域外得以承认与执行有其积极意义，被告可以一揽子解决原告分散在不同国家的群体性争议，原告可以不付出参与诉讼的成本就可以共享外国判决的成果。③

（二）集体诉讼判决在判决作出地国既判力的片面扩张

判决对于未加入诉讼的受损害群体成员是否应当具有拘束力，以及缺席的成员是否可以以代表不充分为由提出新的诉讼等问题，在美国集团诉讼领域曾有过长时间的争议。支持的意见认为成员提出新的诉讼是宪法所保障的权利，判决只有满足了正当程序的要求才能被接受为最终判决。而反对意见认为判决的既判力应当遮断了后诉，若每个群体成员都可以对集体诉讼判决提出挑战而提起新诉，就不存在判决的终局性了。④

1966年修订的美国《联邦民事诉讼程序规则》规定集团诉讼判决对于所有成员都具有既判力，无论是否实际参与诉讼。这是判决仅仅对参与诉讼的当事人才有拘束力规则的突破，是立法为了司法系统避免多数人诉讼的过分迟延和高昂费用而采取的措施。但要强调的是，美国采用的既判力规则是和其他诉讼制度相配套的，包括法定的通知制度、证据开示制度、提起集团诉讼的司法审查

---

① See Peter Barnett, *The Prevention of Abusive Cross-Border Re-Litigation*, 51 International Law & Comparative Law Quarter, 945 (2002); Rhonda Wasserman, *Transnational Class Actions and Interjurisdictional Preclusion*, 86

② (2005) 74 OR (3d) 321 (Ont CA) [27].

③ See Rachael Mulheron, *The Recognition, and Res Judicata Effect, of a United States Class Actions Judgment in England: A Rebuttal of Vivendi*, 75 Modern Law Review, 210 (2012).

④ 参见王福华：《集团诉讼代表人资格研究——基于普通法国家的比较分析》，载《中外法学》2009年第2期，第278～279页。

制度、法官在集团诉讼中广泛的案件管理权等，都从一定程度上保障了没有参与诉讼的群体成员的权利，因此美国"退出制"集团诉讼的既判力制度才能够经受美国宪法规定的"正当程序"的考验，而"正当程序"规则构成了"退出制"集团诉讼的核心。[①] 但若缺席成员的权利得不到其他配套制度安排强有力的保障，那么集团诉讼，尤其是"退出制"集团诉讼的既判力规则很可能会损害到缺席成员的权利，[②] 而这也正是大陆法系国家和地区诉讼法学界所普遍担忧的一个问题。普通法系传统中的既判力原则一般包括争议排除和请求权排除，大陆法系国家立法主要只包括请求权排除。而诉讼请求排除的宽泛规则，实际上是美国法律制度的一个特征。个人诉讼中传统的既判力原则，形成了将集团诉讼移植到大陆法系的严重阻碍。[③] 作为大陆法系国家中移植美式集团诉讼的成功典范，巴西集体诉讼探索了独特而有效的路径，尤其是在既判力规则方面。在以《巴西消费者权利防御法》第103条为核心的一系列民事诉讼立法中，规定了若集体诉讼判决对集体成员有利，所有缺席的成员都可以从该判决受益。判决具有禁止任何人代表该集体针对相同纠纷再次提起诉讼的效力，集体提起诉讼的权利耗尽。但成员个人却不必受该判决约束，而仍然可以为自己的个人权利提起个人诉讼。亦即只有胜诉的集体诉讼判决或命令可以及于没有参加诉讼的利益主体，败诉的判决对于他们的个人权利没有约束力。大陆法系学者称这种形式为集体诉讼判决效力的"片面扩张"，或"有利延伸"，因为这种效力扩张或延伸仅仅发生在集体诉讼胜诉的情况下。[④]

三、欧盟对抵触判决中"相同当事人"的认定

除未进行有效送达外，《布鲁塞尔条例Ⅰ》第34条规定了另外两种拒绝承认与执行的情形，均与申请承认与执行的判决与被请求国法院或其他成员国法院判决相抵触（irreconcilable）有关，这也体现在《海牙选择法院协议公约》第9条中。这些规定均要求相抵触的判决需要包括"相同的当事人"（the same

---

① See TobiasBarrington Wolff, Federal Jurisdiction and Due Process in the Era of the Nationwide Class Action, 156U. PA. L. REV. 2035, 2076–80, 2116 (2008); Phillips Petroleum Co. v. Shutts, 472U. S. 797, 823 (1985).
② 参见肖建华、杨恩乾：《论集团诉讼中的既判力问题——美国和巴西立法经验的分析及借鉴》，载《政法论丛》2011年第1期，第113页。
③ 参见[巴西] Antonio Gidi：《巴西集团诉讼：一个大陆法系国家的范本》，李智、陈荣编译，《厦门大学法律评论》2014年11月版，第251~252页。
④ 参见肖建华、杨恩乾：《论集团诉讼中的既判力问题——美国和巴西立法经验的分析及借鉴》，载《政法论丛》2011年第1期，第114页。

parties)。因而即使针对同一被告基于相同的事由提起的集体诉讼,如果由不同受损害群体提起,则不应适用上述条款来认定属于"不一致"(inconsistent)甚至"抵触"(irreconcilable)判决。对于不同受损害群体的认定牵涉到诉讼信息送达的有效性。在"退出制"集体诉讼中,认定收到诉讼信息而未退出集体诉讼的受损害群体直接被动的受到判决约束;而在"加入制"集体诉讼中,诉讼信息的有效送达更多地在判决的承认与执行过程中进行正当程序审查,特定受损害群体不主动加入诉讼则不受到判决约束,而可以另行提起集体诉讼。若没有加入集体诉讼,或在判决作出之后,受损害群体中的单个当事人单独提出对同一被告的个人诉讼的话,可否被认定为是在集体诉讼中的相同当事人? 在 2012 年欧盟发布的《建立欧盟统一集体救济体系的决议》(Towards a Coherent European Approach to Collective Redress)①中,强调在后的个人提起的诉讼(individual claim)与在先的群体提起的集体诉讼不应当视为是具有相同当事人的程序,群体提起诉讼的权利用尽并不影响个人提起诉讼的权利。

(四)"诉讼期权"问题对被告权利的影响与欧盟的解决路径

据上文所述,集体诉讼判决难以产生域外排除效力。位于判决作出国外的当事人可以在等待判决作出后,视结果而决定是否重新在另一国法院提起诉讼,而不用担心在先判决的既判力。这样的话被告就将承担更多的诉讼压力,而对于诉讼经济与效率的影响是否可以上升到公共政策的高度也是需要考虑的。② 集体诉讼判决的既判效力直接影响到被告的权利。如果部分被代表群体成员采取退出或不加入集体诉讼,而进行观望以利用在先判决结果而设计自己的诉讼策略,那么首先就违背了集体诉讼制度求得单一而终局判决的意旨,会被视作具有"搭便车"(free riders)的倾向。这种现象在采用"败诉方付费"(loser-pays)规则的国家体现的较为明显。③ 但既判力的效果也使得"败诉方付费"规则造成很多受损害群体当事人基于败诉付费的风险不愿意参加集体诉讼,而是等待判决出来,胜诉则可共享有利结果,败诉则不必承担付费义务。这种现象,被形象

---

① European Parliament, Resolution of 2 February 2012 on "Towards a Coherent European Approach to Collective Redress", P7_TA(2012)0021, para. 27.
② See Andrew Le Sueur, *Access to Justice Rights in the United Kingdom*, 5 European Human Rights Law Review 473(2000).
③ See S. I. Strong, *Cross—Border Collective Redress and Individual Participatory Rights: Quo Vadis?* 32 Civil Justice Quarter (2013).

的称为"诉讼期权"(litigation option)。①

同时,"胜诉酬金制"(contingent fee)也使得在先判决对原告不利的情况下,未加入诉讼的原告及律师对于再次提起诉讼也会更加谨慎,这也是欧盟委员会在推进欧盟集体救济的进程中较为关注的问题。② 在《欧盟集体救济建议》中,分别对上述问题进行了规定。首先,针对败诉方付费规则(Reimbursement of legal costs of the winning party),③败诉一方当事方应当承担胜诉一方预交的诉讼费用,具体规定根据各成员国国内法的不同可以有所调整。其次,针对律师代理与费用(Legal representation and lawyers' fees),④成员国应当确保律师费用不会成为律师积极促成集体诉讼的动机,尤其是不允许收取胜诉酬金(contingency fees)。只有在确保原告方获得充分赔偿的前提下,成员国才可以规定胜诉酬金的例外条款,并需有相应的监管规则进行规范。与《欧盟集体救济建议》限制惩罚性损害赔偿金的目的相同,限制胜诉酬金制的目的在于防止激励原告与律师过于积极的促成诉讼,避免滥诉现象的出现,使得诉讼更多的体现社会价值,而避免成为牟利的手段。如果在先判决对在后判决产生既判力或者先例影响,那么对于受损害群体来说更好的选择应当是积极参与在先的集体诉讼程序,以求得有效表达自己的意愿与诉求,通过积极参与以影响判决的结果,而非被动接受。但若原告选择不参与集体诉讼而提起个人诉讼,其权利应当得到保障。

(五)"退出制"的法律冲突困境与美国法院"Bersch-Vivendi"标准

"退出制"集体诉讼的重要特点之一是存在着大量在诉讼中利益被代表,但未明示参与诉讼的原告方当事人,在没有明示退出时,就被视为自动参与集体诉讼程序。⑤ 对于被告来说,"退出制"便于一揽子解决争议,避免重复诉讼的困

---

① See Zachary D. Clopton, Transnational Class Actions in the Shadow of Preclusion, 90Ind. L. J. 1387 (2015); Richard A. Nagareda, The Preexistence Principle and the Structure of the Class Action, 103 COLUM. L. REV. 149, 164(2003); Richard A. Nagareda, Autonomy, Peace, and Put Options in the Mass Tort Class Action, 115 HARV. L. REV. 747 (2002). 在证券业中的买方期权,或称看涨期权(call option)意味着:合约持有者(即买方)享有按照约定的价格从对手手中购买特定数量之特定交易标的物的权利,而不论特定交易标的物的实际价格,这样买方占有优势地位。

② See European Parliament Resolution of 2 February 2012 "Towards a Coherent European Approach to Collective Redress", para. 20.

③ Article 13 of the EU Collective Redress Recommendation.

④ Articles 29−30 of the EU Collective Redress Recommendation.

⑤ See Rhonda Wasserman, *Transnational Class Actions and Interjurisdictional Preclusion*, 86 Notre Dame Law Review 345 (2010).

扰;对于原告来说,"退出制"便于省去参加诉讼的繁琐,不需要做前期工作就可以共享有利结果。但是,这也受到以认可"加入制"为主流的欧盟学者的质疑,认为对于未有明示证据表明受损者愿意加入集体诉讼的情况下,"退出制"集体诉讼对个人权利所产生的拘束力有违宪的嫌疑。① 尤为突出的是,在同一群体争议涉及位于不同国家的受损害群体时,"退出制"遇到现实中的法律冲突困境。一方面,在另一国法院针对相同被告基于相同损害事实提起的诉讼判决,可能会被在先进行集体诉讼程序的法院地国以抵触为由拒绝承认与执行。另一方面,若在后法院认为原告的个人权利在在先法院进行的"退出制"集体诉讼程序中没有得到保障,则有可能拒绝承认在先判决的既判力,并启动新的诉讼程序。② "退出制"与"加入制"之间的法律冲突在既判力问题上尤为明显,前者在跨国集体诉讼程序中遇到的阻力较大,被视为是在国际法律体系中最难兼容的一点。③ 而国际私法规则与"退出制"集体诉讼之间的关系成为国际民事诉讼领域当前最为复杂的议题。④

美国法院拒绝将外国原告通过"退出制"纳入集团诉讼的常见理由有:(1)基于不方便法院原则;(2)在 *Morrison v. National Australia Bank Ltd* 案中所体现的证券法域外效力的收缩而缺乏事项管辖权(subject—matter jurisdiction);以及(3)判决预期无法在该国法院得以承认和执行。

在美国第二巡回上诉法庭所审理的 *Bersch v. Drexel Firestone, Inc.* 案⑤中,潜在的集体争议原告人分布在加拿大、澳大利亚、英格兰、法国、德国、瑞士以及亚洲、非洲、拉丁美洲的国家。本案 Henry Friendly 法官认为美国集团诉讼的判决在很多国家难以被承认和执行是"几乎确定无疑的"(near certainty),因而他将所有国外群体成员排除,避免使得这些外国原告在分享在美国法院针对相同被告基于相同事由判决的同时,拥有自主决定是否在外国重新提起诉讼的不对称权利。

---

① See Rachael Mulheron, *The Recognition, and Res Judicata Effect, of a United States Class Actions Judgment in England: A Rebuttal of Vivendi*, 75 Modern Law Review, 181—182 (2012).

② See Tanya J. Monestier, *Transnational Class Actions and the Illusory Search for Res Judicata*, 86 Tulane Law Review 1, 10—13 (2011).

③ See Andrea Pinna, *Recognition and Res Judicata of US Class Action Judgments in European Legal Systems*, Erasmus Law Review, Vol 1(2) (2008) 31, p. 60.

④ See Rachael Mulheron, *The Recognition, and Res Judicata Effect, of a United States Class Actions Judgment in England: A Rebuttal of Vivendi*, 75 Modern Law Review, 180 (2012).

⑤ 519 F. 2d 974 (2d Cir. 1975).

在纽约地方法院所审理的 In re Vivendi Universal SA Securities Litigation[①]一案中,在法国上市的著名跨国集团公司 Vivendi 受到美国、英国、荷兰和法国等国投资者的集团诉讼,原告指控 Vivendi 公司因虚假陈述和过失导致他们遭受损失,违反了美国《证券交易法》第 10(b)条和第 20(a)条。纽约南区地方法院判决美国《证券交易法》第 10(b)条不适用于域外,仅认定 Vivendi 公司违反了第 20(a)条。[②] 与 Bersch 案中认为美国法院集团诉讼判决"几乎确定无疑"(near certainty)不能在外国承认与执行相比,Vivendi 案中 Holwell 法官采取了相对缓和的"较有可能性"(more likely than not)的认定标准。Holwell 法官认为法国、英格兰和荷兰的法院较有可能去承认和执行美国法院集团诉讼判决以约束在这些国家的原告群体,而法官同时认为德国和奥地利法院不会承认和执行美国集团诉讼判决。最终,Vivendi 案法庭经过诉前审核程序,将法国、英格兰和荷兰的原告群体基于"退出制"而纳入诉讼,而将德国和奥地利的原告群体排除。

上述两案建立的判例在美国产生了深远影响,被称为"Bersch－Vivendi"标准,即在诉前审查程序时,法院在核准(certificate)某一国家未退出诉讼的群体成员加入集团诉讼时的一项先决条件是:任何有可能作出的判决,确实有机会在该国得到承认。美国学术界对此有不同的意见,Rhonda Wasserman 教授认为美国"退出制"集团诉讼不适用于位于外国的原告群体,应全部排除。[③] Tanya Monestier 教授认为美国法院并没有能力去提前明确判决是否能够在国外被承认和执行,更有效的办法是在以"退出制"适用于美国国内原告群体,针对国外的原告群体采取"加入制"进行单独程序审理。[④] Linda Simard 和 Jay Tidmarsh 教授主张采取一系列的规则安排进行审查,包括:(1)确定哪些国家的原告群体是有可能在其本国提起重复诉讼的,将其排除出美国法院的集团诉讼;(2)确定哪些国家的原告群体是不会在其本国提起重复诉讼的,将纳入美国法院的集团诉讼;(3)被排除出美国法院集团诉讼的外国原告可以通过"加入制"明示加入美国法院的诉讼程序。[⑤] 虽然 Vivendi 案美国法院基于"较有可能性"标准将英国原

---

① 242 FRD 76 (SDNY 2007), p. 91.

② 参见杜涛:《美国证券法域外管辖权:终结还是复活——评美国联邦最高法院 Morrison 案及<多德－弗兰克法>第 929P(b)条》,载《国际经济法学刊》2012 年第 4 期,第 209 页。

③ See Rhonda Wasserman, Transnational Class Actions and Interjurisdictional Preclusion, 86 Notre Dame L. REV. 316 (2011).

④ See Tanya J. Monestier, Transnational Class Actions and the Illusory Search for Res Judicata, 86 TUL. L. REV. 1, 5-6, 8-14 (2011).

⑤ See Linda Sandstrom Simard & Jay Tidmarsh, Foreign Citizens in Transnational Class Actions, 97 CORNELL L. REV. 87 (2011).

告群体纳入,但实际上 Vivendi 案判决在英国法院的承认和执行前景并不乐观。首先,Holwell 官审理时便对于"并无涉及已判事项法则对美国集团诉讼判决在英格兰影响的权威案例,"感到困扰。其次,英国与美国虽同属普通法系,但在集体诉讼上英国却采取了"加入制"。① 在美国法院进行的跨国集团诉讼中,有相当数量涉及位于英国的投资人和消费者。② 英国法律界对美国"退出制"集团诉讼普遍持有疑虑,使得英国受损害群体加入美国法院集团诉讼或分享有利判决的尝试大多数未能成功。虽然在 2012 年,牵涉到 British Airways plc(BA)和 Virgin AtlanticAirways 的和解案 In re International Air Transportation Surcharge Antitrust Litigation(the Fuel Surcharge Cartel Settlement)中,加州北部地区法院开了先河,允许英国原告加入美国法院的集团诉讼,使得英国法院开始面临承认和执行美国法院的集团诉讼判决与和解裁决的实际考虑。但是,当英国法院权衡承认"退出制"集团诉讼判决和缺席原告在英国重新提起的诉讼时,更有可能支持英国缺席原告的主张,除非英国缺席原告采取了积极措施(taken a proactive step)加入到美国法院集团诉讼中。

六、结论与对我国的启示

(一)应完善私益诉讼以衔接公益诉讼促进多元化群体争议解决

随着我国公益诉讼立法的发展,对公益诉讼的关注焦点逐渐从立法向司法层面转移,如何在实践中将公益诉讼与私益诉讼衔接起来,需要考量公益诉讼生效判决的既判力问题。虽然现行规定明确私益诉讼可搭公益诉讼的便车,但是在司法实践中,仍存在着实现公益诉讼与私益诉讼衔接的阻碍,例如原告提出损害赔偿请求干涉私益诉讼原告的选择权、公益诉讼中如何确定损害赔偿的对象与具体数额等。将损害赔偿给付之诉划分为二阶型的诉讼结构有助于将损害赔偿请求权拟制给公益诉讼原告,尊重具体受害人的程序选择权。并且避免在公益诉讼阶段确定受害人范围与具体的损害数额,减轻了公益诉讼原告的负担,便于公益诉讼中损害赔偿诉求的提起与实现。而将退出制与加入制分别适用在二阶层的不同阶段是基于最大化地保障受害人权益的考虑。

作为在消费诉讼领域对无法发挥应有作用的代表人诉讼的替代。消费集体

---

① 参见陈贤贵、周一颜:《新生的"异类":欧盟成员国退出制群体诉讼发展述评》,载《东南学术》2014 年第 4 期,第 187 页。
② See In re Parmalat Securities Litig497 F Supp 2d 526 (SDNY 2007); Kruman v. Christie's Intl plc 284 F 3d 384 (2d Cir 2003); Gullone v. Bayer Corp408 F Supp 2d 569 (ND Ill 2006), aff'd, 484 F 3d 951 (7th Cir 2007).

诉讼是针对特定多数的被代表群体,应采取"加入制"的被代表群体组织形式,并借鉴我国公益诉讼和国外的有效经验,以特定消费者组织为代表提起损害赔偿诉讼。与主要是禁止之诉的公益诉讼不同,集体损害赔偿诉讼的判决内容以损害赔偿为主,可能牵涉到判决在海外的承认与执行,需要根据国内现实情况和国际最新立法进行完善。在禁止之诉的基础上完善损害赔偿诉讼,也是近年来以《欧盟集体救济建议》为代表成果的欧盟集体诉讼发展的趋势。而随着中国消费集体损害赔偿诉讼的完善,外国法院集体诉讼判决在中国的承认与执行也就有了参照的法律依据,更有利于推进司法协助和提高司法效率。

我国一直以来主要通过行政监管方式来惩罚与遏制损害消费者权益的违法经营行为,[①]而对通过实施司法权进行集体诉讼持谨慎态度。在我国立法中并无"集体诉讼""集团诉讼"等表述,立法中明确的个别诉讼与共同诉讼,以及人数确定的代表人诉讼并不适用于不特定群体损害案件,而人数不确定的代表人诉讼出于维稳等因素考虑,在实践中尚难以起到应有的作用。[②] 立法者在代表人诉讼制度设计中既力图吸取美国集团诉讼的积极理念,又试图克服其中缺陷,但其追求诉讼经济而作出的简单化设计脱离了制度产生的社会历史背景,最终在实践中陷入法律移植困境。[③] 近年来我国消费公益诉讼的立法供给得以完善,[④]主要为针对公共利益的不作为诉讼,这也是各国广为承认的可以对违法格式条款等提出禁止之诉的制度。[⑤] 但消费公益诉讼没有完全解决因个体争议数额小、诉讼成本高而实际上阻碍了通过诉讼解决消费群体纠纷的问题,功能主要在于预防、威慑和矫正违法行为或者形成新的行为准则。私益诉讼的功能主要

---

① 参见李友根:《惩罚性赔偿制度的中国模式研究》,《法制与社会发展》2015 年第 6 期,第 115 页。

② 参见黄忠顺:《消费者集体性损害赔偿诉讼的二阶构造》,《环球法律评论》2014 年第 4 期,第 65 页。黄忠顺:《论公益诉讼与私益诉讼的融合——兼论中国特色团体诉讼制度的构建》,《法学家》2015 年第 1 期,第 28 页;张炜达、王世苗:《食品大规模侵权损害多元化救济制度论析》,《西北大学学报(哲学社会科学版)》2016 年第 46 卷第 1 期,第 87~88 页;潘申朋:《比较法视野下的民事公益诉讼》,法律出版社 2011 年版,第 272 页。

③ 参见雷桂森:《试论我国证券侵权救济的群体诉讼模式选择》,《暨南学报(哲学社会科学版)》2015 年第 11 期,第 83 页;章武生、杨严炎:《我国群体性诉讼的立法与司法实践》,《法学研究》2007 年第 2 期。

④ 2014 年修订生效的《中华人民共和国消费者权益保护法》对公益诉讼进行强调,2015 年 2 月施行的《最高人民法院关于适用<中华人民共和国民事诉讼法>的解释以专章的形式对《中华人民共和国民事诉讼法》中的公益诉讼条款进行了阐释。2016 年 5 月,最高人民法院发布《关于审理消费民事公益诉讼案件适用法律若干问题的解释》。

⑤ 参见刘学在:《消费者团体诉讼的当事人适格问题之再探讨》,《武汉大学学报(哲学社会科学版)》2015 年总第 68 卷第 4 期,第 78 页。

在于赔偿,同时具备一定程度的威慑。① 如果经营者虽然损害了众多消费者的合法权益,但损害体现在消费者个体损害上,并不必然侵害社会公共利益,则不具备提起公益诉讼的必要条件,而仍需通过提起私益诉讼寻求救济。②《消费公益诉讼解释》第 16 条规定了消费民事公益诉讼生效裁判的既判力可以向关联私益诉讼单向扩张,在案件主要的争议焦点问题上,消费公益诉讼生效裁判作出对消费者有利的认定,私益诉讼原告可以主张直接适用;而被告则不能主张直接适用,仍需就其主张承担举证证明责任。群体性的消费民事诉讼案件中往往存在公益和私益的交叉,明确既判力的单向扩张有利于避免司法资源浪费、提高诉讼效率和消费者权益的切实保护。当前在私益诉讼案件中仍难以进行集体诉讼,有必要推进以私益保护为主的损害赔偿诉讼,衔接现有的以公益诉讼为主的不作为之诉。

近年来随着消费公益诉讼的立法完善,环境公益诉讼的示范效应及对单一救济模式局限性的反思,③国内学界对消费群体的损害赔偿诉讼开始关注。公共利益和私人利益在一定条件下是可以转化的,不应将二者强行拆分,僵化的以公益诉讼和私益诉讼分别解决。④ 在 2016 年 5 月最高人民法院发布的《关于审理消费民事公益诉讼案件适用法律若干问题的解释》(以下简称《消费公益诉讼解释》)中,明确了公益诉讼和私益诉讼的衔接问题。⑤ 损害赔偿诉讼较之不作为诉讼更为复杂,且有着后者所无法代替的作用。确有必要研究和推动消费集体损害赔偿诉讼,衔接消费公益诉讼,共同构建消费者司法救济机制。此外,出于公益诉讼较大的社会影响,《民事诉讼法解释》规定了公益诉讼中法院向相关行政主管机关的告知程序。建议在立法中进一步明确集体诉讼中法院与其他部门的衔接程序,促进司法与行政、非诉讼救济措施相结合,建立系统有效的多元化消费者保护机制。这在上海市消费者保护委员会(以下简称"消保委")诉天津

---

① 参见刘学在:《请求损害赔偿之团体诉讼制度研究》,《法学家》2011 年第 6 期,第 137~156 页。
② 参见王政勇:《消费公益诉讼的司法理念及特殊审判规则的构建》,《法律适用》2014 年第 11 期,第 86~91 页。
③ 环境公益诉讼领域的学者已提出了环境损害救济方式应以禁止令为主,损害赔偿为辅的模式。参见杜群、梁春燕:《我国环境公益诉讼单一模式及比较视域下的反思》,《法学论坛》2016 年第 1 期,第 54 页。
④ 参见罗豪才、宋功德:《行政法的治理逻辑》,《中国法学》2011 年第 2 期,第 9 页;韩大元:《宪法文本中"公共利益"的规范分析》,《法学论坛》2005 年第 1 期,第 8 页。
⑤ 《消费公益诉讼解释》第十六条规定:"已为消费民事公益诉讼生效裁判认定的事实,因同一侵权行为受到损害的消费者根据民事诉讼法第一百一十九条规定提起的诉讼,原告、被告均无需举证证明,但当事人对该事实有异议并有相反证据足以推翻的除外。"

三星、广州欧珀案中已经进行了尝试,上海市第一中级人民法院向工业和信息化部提出司法建议书,①随后工业和信息化部起草了《移动智能终端应用软件(APP)预置和分发管理暂行规定》(征求意见稿)。

(二)对于域外集体诉讼判决的承认和执行问题应尽快加以研究应对

在香港法律改革委员会集体诉讼小组委员会于2012年发布的报告书《集体诉讼》的第7章"处理涉及来自其他司法管辖区的当事人的集体诉讼"中,专门对"内地法院对香港集体诉讼判决的认可和执行"进行了研究。在报告书中,明确体现了在《关于内地与香港特别行政区法院相互认可和执行当事人协议管辖的民商事案件判决的安排》范围尚无法涵盖集体诉讼的情况下,对以"加入制"为主的内地与采取"退出制"的香港及部分普通法系国家和地区集体诉讼机制法律冲突的担忧,甚至上升到基本法律原则冲突的考虑。②

---

① 沪一中法建[2015]25号。内容包括:(1)加强对手机预装软件的事前监管,建议研究制定智能手机系统软件和应用软件的区分标准,在生产企业向工业和信息化部办理进网报备手续时,宜要求其明确所预装软件的性质,并重点加强对预装应用软件的监管;(2)加强对手机预装软件的事后监管,建议工业和信息化部定期或不定期对市场上在售手机预装软件的安全性、合法性进行抽查,责令不符合要求的生产企业进行整改,对消费者投诉较多的智能手机生产企业开展有针对性的执法检查,并建立检查和处理结果的警示通报机制;(3)建立智能手机预装软件管理标准,消费者对于智能手机预装软件的类型、用途、所占内存、消费者能否卸载等信息享有知情权,建议工业和信息化部制定此类信息的强制披露制度,以保障消费者的知情权。同时,要求生产企业对预装的应用软件提供有效且安全的卸载方法,并将卸载方法明确告知消费者,以保障消费者的选择权。建议工业和信息化部研究出台移动智能终端安全能力技术规范的有关强制性国家标准,以维护消费者的个人信息安全和合法权益。

② 香港法律改革委员会集体诉讼小组委员会2012年报告书《集体诉讼》的第7章"处理涉及来自其他司法管辖区的当事人的集体诉讼",第2项"内地法院对香港集体诉讼判决的认可和执行":(1)内地法院对于承认或执行由香港及其他普通法系国家和地区(并采用选择退出制集体诉讼机制)法院所作出的判决,是否会有法律上的保留;(2)可否扩大相互司法协助的范围,以包括集体诉讼的判决在内,以便达致内地与香港的集体诉讼判决能相互认可及交互执行;(3)如香港地区采用选择退出制的集体诉讼机制,则在中国内地的法律中,是否有任何其他条文可对内地与香港特区之间集体诉讼判决的相互承认和执行有所冲击;如果有的话,是否有任何程序上的保障措施,可处理中国内地法律中的有关异议情况。在内地执行香港集体诉讼判决不在《关于内地与香港特别行政区法院相互认可和执行当事人协议管辖的民商事案件判决的安排》范围内,而目前该《安排》是否会扩大至包括集体诉讼判决在内,也存有疑问。此外,内地法院可能会认定败诉方付律师费的集体诉讼判决违反了法律所规定诉讼人应负担自己的律师费这项基本原则,因而完全拒绝认可及执行有关判决。香港法律改革委员会官方网站:http://www.hkreform.gov.hk/chs/publications/rclassactions.htm,2016年9月26日浏览。

(三)跨国集体诉讼中正当程序具体规则的考量

集体诉讼程序较之一般性民商事诉讼程序有其特殊性,主要集中于正当程序的考量之中,包括:(1)代表机构的公共性质。对于这个问题,《布鲁塞尔条例I》对于以政府或公共性质的代表机构的适用代表了国际发展的潮流,依法通过特定消费者保护组织等提起的群体代表诉讼不应成为判决承认与执行审查时的阻碍。(2)诉讼信息的送达。与一般性的民商事诉讼不同,集体诉讼牵涉到不特定多数或特定多数的被代表群体,并通常具有分散性,在客观上难以将诉讼信息确定送达到每个受损害个体。可参考《欧盟集体救济建议》建设电子信息平台,以承载有效的公告送达机制。我国香港特区"法律改革委员会"计划,为协助在其他法域的潜在原告群体考虑是否加入在香港展开的集体诉讼程序,在香港特区建设专门网站以公布有关诉讼程序的信息。

随着"一带一路"倡议的建设和中国企业"走出去"的深化发展,中国法院将不可避免的面临着外国法院作出的集体诉讼判决在中国的承认和执行问题。现行《中华人民共和国民事诉讼法》(以下简称《民事诉讼法》)第281条规定可以由外国法院依照该国与我国缔结或参加的国际条约的规定,或者按照互惠原则,请求我国法院承认和执行;也可以由当事人直接向我国有管辖权的法院申请承和执行。我国并未加入海牙《国际民商事案件中外国判决的承认和执行公约》等多边条约,而对外签订的双边条约数量也很有限,包含承认与执行民事裁判内容的双边司法协助条约只有30多项,[1]而包含承认与执行商事裁判内容的司法协助条约仅10多项。而且,我国与美国、日本、韩国、新加坡等国尚未签订内容包括法院判决的承认与执行双边协定。[2]《民事诉讼法》第282条从原则性的,更近乎是从公共秩序保留的方式来对外国判决的承认与执行进行"防御"。在中国现行法律规定中,并未明确排除承认和执行外国集体诉讼判决,因此,不应以中国法律体系中尚未全面确立集体诉讼制度或外国集体诉讼判决违反中国法律的基本原则或公共秩序为理由拒绝承认和执行。[3] 在互惠方面,最高人民法院的积

---

[1] 参见何其生:《比较法视野下的国际民事诉讼》,高等教育出版社2015年版,第13—15页。

[2] 参见王承志:《承认与执行外国法院判决中的国际礼让》,载《武大国际法评论》2015年第2期,第106页。

[3] 参见李广辉:《外国惩罚性损害赔偿判决的承认与执行研究》,载《比较法研究》2005年第2期,第83页。

极态度,代表了化解目前的互惠僵局,并促进司法协助的取向。① 有必要借鉴欧盟一般性国际私法规则在应对集体诉讼判决承认与执行时的正当程序考量,明确具体规则,有利于完善《民事诉讼法》关于外国判决承认与执行的规定,有利于深入参与《海牙选择法院协议公约》等国际规则的制定,有利于提高司法合作效率和推进国际司法合作的有效开展。

(四)区分国内外集体诉讼判决的既判力

在跨国集体诉讼方面,如果有外国法院作出的集体诉讼判决涉及我国当事人,通过我国法院正当程序的审查,应当予以承认和执行。但如果外国法院判决是基于"退出制"集体诉讼程序作出的,与我国以"加入制"为主的诉讼法规相悖,原则上不应予以承认。但若中国原告人以合法程序主动加入外国法院集体诉讼程序,基于尊重当事人意思自治和司法协助互惠原则,应当予以承认。我国香港特区已经先行进行了探索,受普通法系传统影响,我国香港特区消费者集体诉讼以"退出制"为主,但在涉外集体诉讼方面,香港"法律改革委员会"仍考虑以"加入制"来作为外法域原告参与香港集体诉讼的默认模式。在加入时,外国原告必须作出声明和承诺,确认集体诉讼判决或和解对其申索构成最终并属定局的解决。但香港法庭有酌情决定权,可应申请并按照每宗个案的特别情况,容许整个外国原告人集体或其中经界定的组别(两者均可能有独立代表)采用"退出制"程序。同时,法庭可适用"不方便法院"规则,搁置涉及外国原告人或被告人的集体诉讼程序。② 在国内集体诉讼方面,为了统一裁判尺度,避免司法资源的浪费和提高诉讼效率,《最高人民法院关于审理消费民事公益诉讼案件适用法律若干问题的解释》(以下简称《消费公益诉讼解释》)③第 16 条规定了消费民事公益诉讼生效裁判的既判力向关联私益诉讼扩张。消费民事公益诉讼生效裁判认定的事实,对于关联私益诉讼的原告和被告均具有免予举证的预决效力,而且其就诉讼标的以及主要争议焦点的判决理由对私益诉讼也产生拘束力。在案件主要争议焦点问题上,公益诉讼生效裁判作出对消费者有利的认定,私益诉讼原告可以直

---

① 2015 年《最高人民法院关于人民法院为"一带一路"建设提供司法服务和保障的若干意见》(法发〔2015〕9 号)第 6 段中指出:"要在沿线一些国家尚未与我国缔结司法协助协定的情况下,根据国际司法合作交流意向、对方国家承诺将给予我国司法互惠等情况,可以考虑由我国法院先行给予对方国家当事人司法协助,积极促成形成互惠关系,积极倡导并逐步扩大国际司法协助范围。"

② 香港法律改革委员会集体诉讼小组委员会 2012 年报告书《集体诉讼》的第 7 章"处理涉及来自其他司法管辖区的当事人的集体诉讼",香港法律改革委员会官方网站:http://www.hkreform.gov.hk/chs/publications/rclassactions.htm,2016 年 9 月 26 日浏览。

③ 法释〔2016〕10 。

接主张适用;而被告则不能主张直接适用,仍需就其主张承担举证证明责任。①主要为禁止之诉的消费公益诉讼明确了私益诉讼与公益诉讼的衔接,有效经验在将来完善集体私益损害赔偿诉讼的过程中应加以吸取。一方面,集体损害赔偿诉讼作出对消费者有利的认定,个人消费者诉讼原告可以直接主张适用;另一方面,个人消费者没有在有效期间内加入集体诉讼,则丧失另行提起相同被告和诉由集体诉讼的权利,但可以提起相同被告和诉由的个人诉讼。

(五)完善具体规则促进集体诉讼判决的承认与执行

随着"一带一路"倡议建设和我国企业"走出去"的深化发展,我国法院将不可避免的面临着外国法院作出的集体诉讼判决在我国的承认和执行问题。在当前我国所加入的判决承认与执行国际公约和双边条约数量有限的情形下,《民事诉讼法》第282条从原则性的,更近乎是从公共秩序保留的方式来对外国判决的承认与执行进行"防御"。② 在我国现行法律规定中,并未明确排除承认和执行外国集体诉讼判决,因此,不宜以法律体系中尚未全面确立集体诉讼制度,或以外国集体诉讼判决违反我国法律的基本原则或公共秩序为由拒绝承认和执行。③ 在互惠方面,最高人民法院的积极态度,代表了化解目前的互惠僵局,并促进司④法协助的取向。有必要借鉴欧盟一般性国际私法规则在应对集体诉讼判决承认与执行时的正当程序考量,明确集体诉讼的特有送达机制和成员加入

---

① 参见程新文等:《我国消费民事公益诉讼制度的新发展——<最高人民法院关于审理消费民事公益诉讼案件适用法律若干问题的解释>的理解与适用》,载《法律适用》2016年第7期,第21页。

② 现行《中华人民共和国民事诉讼法》(以下简称《民事诉讼法》)第281条规定可以由外国法院依照该国与我国缔结或参加的国际条约的规定,或者按照互惠原则,请求我国法院承认和执行;也可以由当事人直接向我国有管辖权的法院申请承认和执行。我国并未加入海牙《国际民商事案件中外国判决的承认和执行公约》等多边条约,而对外签订的双边条约数量也很有限,包含承认与执行民事裁判内容的双边司法协助条约只有30多项,包含承认与执行商事裁判内容的司法协助条约仅10多项。而且,我国与美国、日本、韩国、新加坡等国尚未签订内容包括法院判决的承认与执行双边协定。参见何其生:《比较法视野下的国际民事诉讼》,高等教育出版社2015年版,第13~15页;王承志:《承认与执行外国法院判决中的国际礼让》,载《武大国际法评论》2015年第2期,第106页。

③ 参见李广辉:《外国惩罚性损害赔偿判决的承认与执行研究》,载《比较法研究》2005年第2期,第83页。

④ 2015年《最高人民法院关于人民法院为"一带一路"建设提供司法服务和保障的若干意见》(法发[2015]9号)第6段中指出:"要在沿线一些国家尚未与我国缔结司法协助协定的情况下,根据国际司法合作交流意向、对方国家承诺将给予我国司法互惠等情况,可以考虑由我国法院先行给予对方国家当事人司法协助,积极促成形成互惠关系,积极倡导并逐步扩大国际司法协助范围。"

机制,完善民事诉讼法》关于外国判决承认与执行的规定。对于跨境消费集体诉讼,主要是损害赔偿诉讼是否可以适用海牙《选择法院协议公约》和《外国法院判决承认与执行公约》,建议纳入批准公约时的考虑和国内修法中共同予以关注的范围,以利于提高司法合作效率和推进国际司法合作的有效开展。消费公益诉讼虽然已经进入中国立法,并通过司法解释的方式予以详细规定,但在实践中还缺乏有效案例与经验,包括在消费者集体私益赔偿诉讼与公益诉讼的关系等方面还需要进一步明确。本文参考具有类似谨慎鼓励消费者集体救济倾向的欧盟层面立法,尤其是欧盟委员会在进行充分公众咨询和研究之后,所发布的《欧盟集体救济建议》中列举的在成员国间具有普遍性并供采纳的规则。欧盟委员会在 2015 年起将陆续展开对该建议在成员国间施行的效果,并研究下一步工作。《民诉法解释》对于公益诉讼进行了详细规定,其中部分内容同上述规则不谋而合,体现了先进的立法意识,但仍有需借鉴以完善之处。基于相似的大陆法系传统,中国可以在动态的欧盟集体救济诉讼立法工作中吸取有效经验,完善消费公益诉讼机制。

外国人眼中的安徽旅游

——对在皖外籍人士的调查与分析

徐 刚[①]

一、概述

我省旅游资源丰富,现有4座国家级历史文化名城,6个国家级自然保护区,28个国家级森林公园,36处国家重点文物保护单位;旅游产品分布比较均匀,从北至南可划分为皖北旅游区、合肥经济圈旅游区、皖江城市带旅游区、皖南国际旅游文化示范区。皖南以自然资源取胜,皖中人文自然资源兼备,皖北以人文旅游资源见长。但是长期以来,安徽省旅游产业呈现出"南强北弱"的局面,知名度、美誉度则以拥有黄山、西递、宏村等世界知名景区景点的皖南胜之,皖北地区一直是安徽旅游产业发展的短板。

2009年7月,皖南国际旅游文化示范区经安徽省政府批准正式设立。其整合安徽省高品位的旅游资源,打破了传统的行政区划概念。示范区的设立,既是安徽省积极参与泛长三角区域发展与分工合作的体现,也是继合芜蚌自主创新综合改革配套试验区和皖江城市带承接产业转移示范区之后,安徽省又一推动区域经济协调发展的力举。2014年2月,国家发展和改革委员会批复《皖南国际文化旅游示范区建设发展规划纲要》,区域范围包括黄山、池州、芜湖、安庆、宣城、马鞍山及铜陵七市,国土面积为5.1万平方公里。

据相关报告,"十二五"以来,安徽省旅游总收入由1150.6亿元增加到4120亿元,完成了从旅游资源大省到旅游大省的跨越。从2010年到2015年,全省接待入境游客由198.4万人次增加到425.3万人次,国内游客由1.53亿人次增加到4.33亿人次,旅游总收入由1150.6亿元增加到4120亿元,年均分别增长17.5%、23.7%和29.1%,三项指标分列全国第9、10、11位,较2010年分别提

[①] 徐刚,安徽大学社会与政治学院讲师。

升3个、2个和3个位次。2015年,安徽省共接待入境游客444.6万人次,同比增长9.77％;皖南国际旅游文化示范区接待入境游客、国内游客和旅游总收入分别占全省总量的81.3％、51.1％和53.4％。其中,台湾游客达99.5万人次,占总入境游客数的22.37％,成为安徽入境旅游最大客源地。

新常态下,旅游业是稳增长的重要引擎、调结构的重要突破口、惠民生的重要抓手、生态文明建设的重要支撑、繁荣文化的重要载体、对外交往的重要桥梁,在国民经济和社会发展中的重要战略地位更加凸显。2015年4月,安徽省委省政府隆重召开全省旅游业改革发展暨皖南国际文化旅游示范区建设推进会,明确提出到2020年基本建成旅游强省。《安徽省国民经济和社会发展第十三个五年规划纲要》中提出旅游经济主要指标进入全国第一方阵和国内国际知名度、美誉度显著提升的目标。

为完成这些目标,同时借助国家"一带一路"战略,深入实施"走出去"战略,成为安徽经济开放突围的重要契机,所以本课题通过对在皖的外籍人士开展调查,以了解他们对安徽文化的知晓状况,尤其是旅游文化,以便协助相关部门制定或调整相应的规划,服务于安徽经济社会发展的总体布局。

二、问卷调查情况汇总

本次问卷调查的开展目的主要是在对在皖外籍人士对我省的旅游文化的认知情况调研的基础上,以期为提高我省旅游服务质量、服务水平进行前期实证调研。本次问卷调查受安徽大学欧盟研究中心委托,由社会与政治学院部分师生具体开展问卷调查工作及后期的分析报告撰写。

本次调查采取当面发放问卷和电子邮件的方式相结合具体开展调查工作。问卷调查过程中,回收问卷248分,其中有效问卷238份,问卷回收有效率达到96.47％。从问卷有效回收率来看,调查组在对问卷审核中,本着实事求是的原则,对于部分漏填或明显存在逻辑错误的问卷进行了剔选,尽量保证调查问卷的有效真实。因为从总体规模和样本规模的比例来看,已符合抽样调查的样本数。

本次问卷分析主要采用SPSS分析软件进行基本的数据描述统计,初步了解了调查对象的基本构成年龄结构、国籍、职业、收入等,接着询问了他们对我省旅游景点、历史人物、传统文化的了解状况及其在我省旅游时,如何选择景点、出行方式、住宿地点等相关问题,并征集了汇总了他们对旅游景区服务满意程度状况,及所存在的问题。

三、被调查者的基本信息状况

问卷第一部分是被调查者的相关基本信息,共有11小题,分别从性别、年龄、婚姻状况、文化程度、国籍、现居住地、职业状况等方面反映出在皖外籍人士的基本情况。

(一) 被调查者中女性多于男性,以中青年为主,21～35 岁青年比例过半

在本次样本调查的 238 个样本数据中,被调查对象的性别结构以女性为多数,占到 60.9%,男性比例为 39.1%。从居民的年龄结构看,样本数据显示属于年轻型,21～35 周岁年龄段占到 53.8%,20 周岁以下的年龄段占到 30.3%,36—50 周岁年龄段的占 11.8%。

被调查者的性别结构您的性别是?

		次数	百分比	有效的百分比	累积百分比
有效	男	93	39.1	39.1	39.1
	女	145	60.9	60.9	100.0
	总计	238	100.0	100.0	

被调查者的年龄结构您的年龄

		次数	百分比	有效的百分比	累积百分比
有效	17	3	1.3	1.3	1.3
	18	20	8.4	8.6	9.9
	19	29	12.2	12.4	22.3
	20	20	8.4	8.6	30.9
	21	23	9.7	9.9	40.8
	22	21	8.8	9.0	49.8
	23	12	5.0	5.2	54.9
	24	10	4.2	4.3	59.2
	25	14	5.9	6.0	65.2
	26	5	2.1	2.1	67.4
	27	4	1.7	1.7	69.1
	28	5	2.1	2.1	71.2
	29	5	2.1	2.1	73.4
	30	5	2.1	2.1	75.5
	31	6	2.5	2.6	78.1
	32	7	2.9	3.0	81.1
	33	3	1.3	1.3	82.4
	34	1	0.4	0.4	82.8

续表

	次数	百分比	有效的百分比	累积百分比
35	7	2.9	3.0	85.8
36	6	2.5	2.6	88.4
38	1	0.4	0.4	88.8
39	1	0.4	0.4	89.3
40	1	0.4	0.4	89.7
41	2	.8	.9	90.6
42	3	1.3	1.3	91.8
43	1	0.4	0.4	92.3
44	1	0.4	0.4	92.7
45	3	1.3	1.3	94.0
46	2	0.8	0.9	94.8
47	3	1.3	1.3	96.1
48	2	0.8	0.9	97.0
49	2	0.8	0.9	97.9
51	1	0.4	0.4	98.3
55	2	0.8	0.9	99.1
64	1	0.4	0.4	99.6
65	1	0.4	0.4	100.0
總計	233	97.9	100.0	
遺漏 系统	5	2.1		
总计	238	100.0		

(二)被调查对象的婚姻状况以未婚为主,女性未婚比例过半

从本次调查的婚姻状况来看,未婚在所调查的对象中占比例较高,达到 74.8%,男性未婚占 23.5%,女性未婚占 51.3%;已婚对象达 22.3%,其中已婚男性和女性分别占 14.3%、8%。

被调查者的婚姻状况您的婚姻状况？

		次数	百分比	有效的百分比	累积百分比
有效	未婚	178	74.8	75.1	75.1
	已婚	53	22.3	22.4	97.5
	离婚	1	.4	.4	97.9
	其他	5	2.1	2.1	100.0
	总计	237	99.6	100.0	
遗漏	系统	1	.4		
	总计	238	100.0		

被调查者性别、婚姻结构 您的性别是？*您的婚姻状况？交叉列表

计数

		您的婚姻状况？				总计
		未婚	已婚	离婚	其他	
您的性别是？	男	56	34	0	2	92
	女	122	19	1	3	145
总计		178	53	1	5	237

(三)被调查对象的文化程度较高

通过本次调查,可以发现被调查对象的总体文化水平较高,本科在读的即,52.9%(126人),本科及以上学历占41.2%(98人)。本次调查对象的文化程度较高,与此次调研中被访对象中学生占据的比例很大。

被调查者文化程度状况您的学历是？

		次数	百分比	有效的百分比	累积百分比
有效	高中	12	5.0	5.1	5.1
	本科在读	126	52.9	53.4	58.5
	本科	49	20.6	20.8	79.2
	硕士在读	11	4.6	4.7	83.9
	硕士	23	9.7	9.7	93.6
	博士在读	8	3.4	3.4	97.0
	博士	7	2.9	3.0	100.0
	总计	236	99.2	100.0	
遗漏	系统	2	.8		
	总计	238	100.0		

(四)被调查对象国籍以发展中国家为主,近七成的职业为学生

此次调查中,被调查对象此次被调查者主要集中在合肥,他们的国籍主要有29个,其中排在前五位的分别是韩国、牙买加、南非、印度、印度尼西亚,他们所占据的比例依次为25.2%(60人)、22.3%(53人)、8%(19人)、7.6%(18人)、5.9%(14人)。被调查者的职业以学生为主,占69.3%,其次是教师,占12.1%;通过以上数据可以看出,目前居住我省的外籍人士主要以来自发展中国家的学生为主。

被调查者的国籍分布您的国籍

	次数	百分比	有效的百分比	累积百分比
有效	7	2.9	2.9	2.9
阿富汗	1	0.4	0.4	3.4
阿根廷	1	0.4	0.4	3.8
埃塞俄比亚	1	0.4	0.4	4.2
安哥拉	2	0.8	0.8	5.0
澳大利亚	3	1.3	1.3	6.3
巴基斯坦	4	1.7	1.7	8.0
贝宁	2	0.8	0.8	8.8
布隆迪	1	0.4	0.4	9.2
德国	3	1.3	1.3	10.5
俄罗斯	4	1.7	1.7	12.2
格鲁吉亚	1	0.4	0.4	12.6
古巴	1	0.4	0.4	13.0
韩国	60	25.2	25.2	38.2
津巴布韦	4	1.7	1.7	39.9
老挝	5	2.1	2.1	42.0
美国	13	5.5	5.5	47.5
南非	19	8.0	8.0	55.5
日本	3	1.3	1.3	56.7
泰国	2	0.8	0.8	57.6
坦桑尼亚	1	0.4	0.4	58.0
西班牙	1	0.4	0.4	58.4
牙买加	53	22.3	22.3	80.7
也门	2	0.8	0.8	81.5

续表

	次数	百分比	有效的百分比	累积百分比
伊朗	3	1.3	1.3	82.8
印度	18	7.6	7.6	90.3
印度尼西亚	14	5.9	5.9	96.2
英国	7	2.9	2.9	99.2
赞比亚	1	0.4	0.4	99.6
智利	1	0.4	0.4	100.0
总计	238	100.0	100.0	

被调查者的居住地分布您现在的居住地

	次数	百分比	有效的百分比	累积百分比
有效	6	2.5	2.5	2.5
安庆	2	0.8	0.8	3.4
蚌埠	1	0.4	0.4	3.8
合肥	221	92.9	92.9	96.6
淮南	1	0.4	0.4	97.1
黄山	1	0.4	0.4	97.5
六安	1	0.4	0.4	97.9
芜湖	5	2.1	2.1	100.0
总计	238	100.0	100.0	

被调查者地职业状况您现状的职业

	次数	百分比	有效的百分比	累积百分比
有效	12	5.0	5.0	5.0
工程师	5	2.1	2.1	7.1
公司经理	1	0.4	0.4	7.6
会计	1	0.4	0.4	8.0
家庭主妇	2	0.8	0.8	8.8
教师	29	12.1	12.1	21.0
人力资源	1	0.4	0.4	21.4
商人	6	2.5	2.5	23.9
设计师	2	0.8	0.8	24.8
外企资员	1	0.4	0.4	25.2

续表

	次数	百分比	有效的百分比	累积百分比
无职业	3	1.3	1.3	26.5
学生	165	69.3	69.3	95.8
学校	1	0.4	0.4	96.2
职员	4	1.7	1.7	97.9
专家	5	2.1	2.1	100.0
总计	238	100.0	100.0	

(五)近半的被调查者在皖居住时间在一年以内,来皖原因为求学

被调查者中在我省居住时间在一年以内的占47.1%,居住1~3年的占37%,居住4年及以上的占16%;他们到安徽来的主要原因为求学,占70.6%(168人),工作需要的占16.8%(40人),跟随家人来安徽的占7.6%(18人)。

被调查者在皖的居住时间您已经在安徽居住了多久时间?

		次数	百分比	有效的百分比	累积百分比
有效	6个月以内	84	35.3	35.3	35.3
	6个月~1年以内	28	11.8	11.8	47.1
	1~3年	88	37.0	37.0	84.0
	4~6年	30	12.6	12.6	96.6
	7~10年	8	3.4	3.4	100.0
	总计	238	100.0	100.0	

被调查者的来皖原因您当初为什么会选择来到安徽?

		次数	百分比	有效的百分比	累积百分比
有效	工作需要	40	16.8	16.8	16.8
	求学	168	70.6	70.6	87.4
	跟随家人一起	18	7.6	7.6	95.0
	寻求更好的生活	4	1.7	1.7	96.6
	感受不同的文化	5	2.1	2.1	98.7
	其他	3	1.3	1.3	100.0
	总计	238	100.0	100.0	

(六)一半以上的被调查者来中国前未学习过中文

调研结果显示,62.2%的在皖外籍人士在安徽期间与中国人的交流使用的是中文,35.3%的人使用的英语;而在来中国之前没有学过中文的占54.2%,而系统学习过的只占 10.1%,学过一点的占 35.3%。

被调查者在皖的使用语言您在安徽期间与中国人交流主要使用什么语言?

		次数	百分比	有效的百分比	累积百分比
有效	中文	148	62.2	62.4	62.4
	英语	84	35.3	35.4	97.9
	其他	5	2.1	2.1	100.0
	总计	237	99.6	100.0	
遗漏	系统	1	0.4		
	总计	238	100.0		

被调查者来中国之前有没有学过中文您在来中国之前有没有学过中文?

		次数	百分比	有效的百分比	累积百分比
有效	系统学过	24	10.1	10.1	10.1
	学过一点	84	35.3	35.4	45.6
	没有	129	54.2	54.4	100.0
	总计	237	99.6	100.0	
遗漏	系统	1	0.4		
	总计	238	100.0		

(七)被调查者以学生为主,工作水平分布在 2500 元以下较多

在收入水平方面,因被调查者的身份以学生为主,所以工资水平分布在 2500 元以下较多,占 48.3%,2501 元到 4500 元的占 12.2%,4500 元到 7500 元地占 9.6%,7500 元以上的占 14.3%,所占比例相差不大。

被调查者的收入情况您的月收入大约为?

		次数	百分比	有效的百分比	累积百分比
有效	1100 元以下	74	31.1	36.8	36.8
	1101~2500 元	41	17.2	20.4	57.2
	2501~4500 元	38	12.2	18.9	71.6
	4501~6000 元	11	4.6	5.5	77.1
	6001~7500 元	12	5.0	6.0	83.1
	7501 元或以上	34	14.3	16.9	100.0
	总计	201	84.5	100.0	
遗漏	系统	37	15.5		
	总计	238	100.0		

四、被调查者在皖的相关旅游状况

(一)选择旅游目的地时,主要考虑金钱和时间,以自然景观和历史古迹为主

被调查对象在外出旅游选择目的地时最主要考虑的因素,并列排名第一位的是金钱和旅游资源,各占24.8%,其次是地理位置、交通条件占16%,形象与口碑占15.1%,时间的因素则占13%,三者较为均衡,相差不大。而在不同景点类型的选择上,自然景观类、历史古迹类分别有128人、124人选择,依次是:民族风情类75人、主题乐园62人、现代科技类47人、农家乐21%。

被调查者外出旅游选择目的地时最主要考虑的因素
您外出旅游选择目的地时最主要考虑的因素?

		次数	百分比	有效的百分比	累积百分比
有效	时间	31	13.0	13.1	13.1
	金钱	59	24.8	25.0	38.1
	旅游资源	59	24.8	25.0	63.1
	地理位置、交通条件	38	16.0	16.1	79.2
	形象与口碑	36	15.1	15.3	94.5
	其他	13	5.5	5.5	100.0
	总计	236	99.2	100.0	
遗漏	系统	2	0.8		
	总计	238	100.0		

被调查者感兴趣的景点类型
$ s1 您比较感兴趣的景点类型 次数

		回应		观察值百分比
		N	百分比	
$ s1 您比较感兴趣的景点类型ª	自然景观类	128	26.6%	54.7%
	历史古迹类	124	25.8%	53.0%
	民族风情类	75	15.6%	32.1%
	现代科技类	47	9.8%	20.1%
	主题乐园类	62	12.9%	26.5%
	农家乐	21	4.4%	9.0%
	其他	24	5.0%	10.3%
	总计	481	100.0%	205.6%

a. 在值1处表格化的二分法群组。

(二)被调查者以结伴出行为主,常通过网络了解旅游景点信息

调查结果显示,64.3%的被调查者通过网络了解想要去的旅游景点的相关信息,朋友介绍则占18.5%,而通过旅行社和纸质媒体了解信息的则只占4.2%,这一结果与被调查群体主要以35岁以下的年龄群体为主,职业多为学生有着很多的关联。同时,他们的出行方式以家庭或亲朋结伴外出为主,占76.5%,个人旅行则占了16%。

被调查者了解旅游景点信息的渠道
您一般通过什么渠道了解您要去的旅游景点的相关信息?

		次数	百分比	有效的百分比	累积百分比
有效	旅行社	10	4.2	4.2	4.2
	电视	15	6.3	6.3	10.5
	纸媒	10	4.2	4.2	14.8
	网络	153	64.3	64.6	79.3
	朋友介绍	44	18.5	18.6	97.9
	其他	5	2.1	2.1	100.0
	总计	237	99.6	100.0	
遗漏	系统	1	0.4		
	总计	238	100.0		

被调查者的出游方式您的出游形式一般为?

		次数	百分比	有效的百分比	累积百分比
有效	个人旅行	38	16.0	16.2	16.2
	家庭或与亲朋结伴	182	76.5	77.4	93.6
	单位组织	12	5.0	5.1	98.7
	其他	3	1.3	1.3	100.0
	总计	235	98.7	100.0	
遗漏	系统	3	1.3		
	总计	238	100.0		

(三)被调查者对安徽的文化、人物、景点的了解状况差强人意

在调查中,被调查者中,仅有97人了解黄梅戏、选择徽文化有54人、了解老子庄子思想的有48人,了解桐城派和凤阳花鼓的则分别有18和11人,而都没有听过的则有69人;对安徽的历史人物的了解,依次为包拯(71人)、曹操(54

人)、老庄(48人)、李鸿章(38人)、朱元璋(24人),而对处于近现代的胡适和陈独秀的了解则分别为7人和6人。安徽省的旅游景点中,去过的最多的是黄山(89人),去过包公园、西递宏村、九华山、天柱山的依次为66人、46人、30人、23人,而去过八里河风景区和琅琊山的则只有8人和4人。这个答案中选择去过包公园的比例很高,与我们的调查对象集中在合肥有一定的相关度。

被调查者对安徽文化的了解状况
$ S1 下列安徽文化,您比较了解哪些? 次数

		回应		观察值百分比
		N	百分比	
$ S1 下列安徽文化,您比较了解哪些?ª	老子庄子思想	48	16.2%	20.6%
	桐城派	18	6.1%	7.7%
	黄梅戏	97	32.7%	41.6%
	凤阳花鼓	11	3.7%	4.7%
	徽文化	54	18.2%	23.2%
	都没听过	69	23.2%	29.6%
总计		297	100.0%	127.5%

a. 在值1处表格化的二分法群组。

被调查者对安徽历史人员的了解状况
$ S1 下列安徽的历史人物,您比较了解哪些? 次数

		回应		观察值百分比
		N	百分比	
$ s1 您比较感兴趣的景点类型ª	曹操	54	15.4%	23.5%
	老子、庄子	48	13.7%	20.9%
	包拯	71	20.2%	30.9%
	李鸿章	38	10.8%	16.5%
	陈独秀	6	1.7%	2.6%
	胡适	7	2.0%	3.0%
	朱元璋	24	6.8%	10.4%
	都没听过	103	29.3%	44.8%
总计		351	100.0%	152.6%

a. 在值1处表格化的二分法群组。

被调查者去过的安徽旅游景点状况
$ S1 您到过安徽哪些旅游景点？次数

		回应		观察值百分比
		N	百分比	
$ S1 您到过安徽哪些旅游景点？[a]	黄山	89	24.1%	40.3%
	天柱山	23	6.2%	10.4%
	西递宏村	46	12.5%	20.8%
	九华山	30	8.1%	13.6%
	包公园	66	17.9%	29.9%
	琅琊山	4	1.1%	1.8%
	八里河风景区	8	2.2%	3.6%
	其他	103	27.9%	46.6%
总计		369	100.0%	167.0%

a. 在值1处表格化的二分法群组。

(四)外出旅游的交通工具首选火车高铁动车，住宿多为普通旅店

被调查对象在安徽省内旅游首选的交通工具是火车高铁动车，占39.5%，其次是徒步，占22.3%，自驾占15.5，而骑行则占6.7%，所以景点的交通便利，尤其是高铁动车的开通，对于吸引外籍人士有很大的吸引力。而被调查者选择住宿方式时，选择住普通旅店的占将近一半，为49.2%，而选择星级酒店和青年旅社的则分别占19.7%和16%，选择住当地民居的只占4.2%。

被调查者在安徽旅游采用的交通方式
您在安徽省内旅游一般采取的交通方式为？

		次数	百分比	有效的百分比	累积百分比
有效	徒步	53	22.3	22.6	22.6
	骑行	16	6.7	6.8	29.4
	自驾	37	15.5	15.7	45.1
	火车高铁动车	94	39.5	40.0	85.1
	其他	35	14.7	14.9	100.0
	总计	235	98.7	100.0	
遗漏	系统	3	1.3		
	总计	238	100.0		

被调查者在安徽旅游选择的住宿方式
请问您安徽旅游一般选择的住宿方式是？

		次数	百分比	有效的百分比	累积百分比
有效	星级酒店	47	19.7	19.9	19.9
	普通旅馆	117	49.2	49.6	69.5
	青年旅社	38	16.0	16.1	85.6
	当地民居	10	4.2	4.2	89.8
	野营帐篷	2	.8	.8	90.7
	其他	22	9.2	9.3	100.0
	总计	236	99.2	100.0	
遗漏	系统	2	.8		
	总计	238	100.0		

（五）一半的被调查者认为景区纪念品的特色一般，三分之二的被调查者认为景区纪念品的品质基本合格

调查结果显示，52.1%的人认为景区纪念品只是一般的体现了当地特色、认为较好体现的占三分之一（33.2%），不够体现的则占13.9%；66%的人认为景区纪念品的品质基本合格，认为物美价廉和品质较差的大致相当，分别占16.4%和15.1%；在问及是否愿意在景区购买纪念品时，34.5%（82人）选择了视情况而定，而选择很愿意、较愿意和不愿意的分别占27.3%、23.1%和14.3%。

被调查者是否愿意在景区购买纪念品
您是否愿意在景区购买纪念品？

		次数	百分比	有效的百分比	累积百分比
有效	很愿意	65	27.3	27.5	27.5
	较愿意	55	23.1	23.3	50.8
	不愿意	34	14.3	14.4	65.3
	视情况而定	82	34.5	34.7	100.0
	总计	236	99.2	100.0	
遗漏	系统	2	.8		
	总计	238	100.0		

景区纪念品是否体现当地特色
您认为景区纪念品是否体现了当地特色？

		次数	百分比	有效的百分比	累积百分比
有效	较好体现	79	33.2	33.5	33.5
	一般	124	52.1	52.5	86.0
	不够明显	33	13.9	14.0	100.0
	总计	236	99.2	100.0	
遗漏	系统	2	.8		
	总计	238	100.0		

景区纪念品的品质如何
您认为景区纪念品的品质如何？

		次数	百分比	有效的百分比	累积百分比
有效	物美价廉	39	16.4	16.8	16.8
	基本合格	157	66.0	67.7	84.5
	品质较差	36	15.1	15.5	100.0
	总计	232	97.5	100.0	
遗漏	系统	6	2.5		
	总计	238	100.0		

(六)超八成的被调查者旅游时遭遇过语言不通带来的沟通问题

83.6%的被调查者称在省内的景区旅游时,曾因语言不通而带来不便,其中偶尔遇到的占63%,从未遇到的占15.5%。同时被调查者中,39.5%的人认为在安徽省内景区的旅游信息服务较为通畅清晰,但同时也有32.8%的认为不太通畅清晰,选择通常清晰的为17.2%,认为极不通畅清晰的为8%。被调查者在被问及他们去过的景区中存在的不足中,答案的分布总体相当,认为消费价格不合理的有63人,配套设施不完善的有52人,认为与当地居民的互动不足、缺乏娱乐性、交通不够便捷和文化特色不够突出的分别有46人、44人、41人、36人。

被调查者在景区内有内有没有因为语言不通带来不便
您在安徽省内的景区是否因语言不通而带来不便？

		次数	百分比	有效的百分比	累积百分比
有效	经常遇到	49	20.6	20.8	20.8
	偶尔遇到	150	63.0	63.6	84.3

续表

	次数	百分比	有效的百分比	累积百分比
从未遇到	37	15.5	15.7	100.0
总计	236	99.2	100.0	
遗漏 系统	2	.8		
总计	238	100.0		

被调查者眼中的景区内的旅游信息服务
您认为安徽省内景区的旅游信息服务如何？

	次数	百分比	有效的百分比	累积百分比
有效 信息通畅清晰	41	17.2	17.7	17.7
信息较通畅清晰	94	39.5	40.5	58.2
不太通畅清晰	78	32.8	33.6	91.8
极不通畅清晰	19	8.0	8.2	100.0
总计	232	97.5	100.0	
遗漏 系统	6	2.5		
总计	238	100.0		

被调查者认为的景区中存在的不足
$S1 您认为去过的景区中还有哪些方面不足？次数

		回应		观察值百分比
		N	百分比	
$S1 您认为去过的景区中还有哪些方面不足？ª	文化特色不够突出	36	10.6%	16.1%
	消费价格不合理	63	18.6%	28.1%
	缺乏娱乐性	44	13.0%	19.6%
	交通不够便捷	41	12.1%	18.3%
	配套设施不完善	52	15.3%	23.2%
	与当地居民的互动性不足	46	13.6%	20.5%
	其他	57	16.8%	25.4%
总计		339	100.0%	151.3%

a. 在值 1 处表格化的二分法群组。

五、被调查者对于旅游景区服务满意程度状况

为更清晰地展现被访者对旅游景区相关服务的满意程度,课题组采用李克特量表将9个类别的满意程度划分为5个层次,将其赋值,"很满意"为5,"比较满意"为4,"一般"为3,"不太满意"为2,"很不满意"为,然后计算每个变量的均值,得出的数字越大,说明越满意。

被调查者对旅游景区服务满意度状况表

项目	满意程度					得分
	很满意	比较满意	一般	不太满意	很不满意	
景区的餐饮卫生	35	68	80	41	4	3.39
景区的餐饮价格	21	81	107	19	1	3.45
景区的餐饮的服务	26	68	104	30	0	3.39
景区的住宿卫生	40	90	80	15	3	3.65
景区的住宿价格	25	95	92	14	2	3.56
景区的住宿服务	36	88	91	12	1	3.64
景区的卫生	40	67	89	30	2	3.50
景区的基础设施(包括指示牌、景点介绍等)	24	84	97	19	3	3.47
景区的服务人员的服务质量	42	87	79	19	1	3.66

被调查者对景区的服务人员的服务质量满意度分为3.66,在各项服务中平均分最高,且有42人选择了"很满意",是满意度最高的一项服务。景区的住宿卫生的分数是3.65,景区的住宿服务的分数是3.64,说明被调查者对这两项服务的满意度也非常高。景区的住宿价格的分值是3.56、景区的卫生为3.50,景区的基础设施(包括指示牌、景点介绍等)3.47、景区的餐饮价格为3.45,而景区的餐饮卫生和景区的餐饮服务的分值都为3.39,是最低分,接近"一般",所以是诸多服务中,最不满意的服务。

六、在皖外籍人士对安徽旅游管理服务的意见与建议

(一)当前安徽旅游在管理服务方面的几点问题

通过前文对在皖外籍人士对安徽旅游的相关情况以及对旅游景区服务满意程度等方面的分析,可以看出在皖外籍人士对安徽旅游文化的有一定的认知程度,旅游服务管理的整体服务持肯定态度。通过对在皖外籍人士在的意见与建

议的分析,主要集中在旅游景区物价、交通状况、卫生条件和接待人员的语言沟通等方面。具体问题有以下几个方面:

1.景区门票价格偏高,景区内物品价格高于外面很多。不少被调查者反映,景区的门票价格偏高,同时景区内物品包括饮食、纪念品价格等高于景点外很多。

2.旅游景点的很多酒店的接待人员不会说英语,导致旅游时交流受限。语言沟通问题是在皖外籍人士旅游时遇到的最大问题,很多景点的接待人员、酒店的服务人员不能简短的会话,导致交流不畅。

3.景区卫生条件有待改善,尤其是卫生间。旅游景点的卫生不能及时的清理,卫生间存在的问题尤为突出。

4.部分景区的宣传材料为单一的文字的介绍,酒店里也缺少景点介绍的宣传手册。

(二)加强旅游景点经营管理的意见与建议

从开放性问题的反馈来看,在皖外籍人士对此有以下几方面建议:

1.加强市场价格的监管与调控。相关部门进一步规范旅游景区内的商户商业行为,加强对商品市场价格的监管,并在一定范围内通过措施予以调控,使商品价格在合理的区间。

2.进一步在旅游景区内的服务人员、管理人员中加强外语培训力度,尤其是日常会话。通过集中培训和分散培训相结合,鼓励旅游景区从业人员不断提高自身外语会话能力和沟通水平。

3.加强对景区物业部门的监管,做好卫生维护及宣传工作。良好的景区卫生也是一道风景线,通过向游客不断的宣传,辅以景区物业的辛勤清扫与维护,共同保持景区整洁。

4.进一步完善景区的宣传材料,以满足游客多元化的需求,并在公共场合增加投放量。旅游景区面向的是来自世界各地以及全国各地的游客,多元化的需求促使旅游从业者在提供服务时要尊重他们的需求。

七、在皖外籍人士对安徽旅游文化发展的意见与建议

(一)以旅游资源整合为前提,实现资源有效互补,联合打造旅游精品

被调查对象在外出旅游选择目的地时最主要考虑的因素,并列排名第一位的是金钱和旅游资源,各占24.8%,其次是地理位置、交通条件占16%,形象与口碑占15.1%,时间的因素则占13%,三者较为均衡,相差不大。而在不同景点类型的选择上,自然景观类、历史古迹类分别有128人、124人选择,依次是:民族风情类75人、主题乐园62人、现代科技类47人、农家乐21%。各地旅游产品

和旅游资源具有先天的差异性,因而它们无形中就产生了很强的互补作用,有利于形成旅游市场互补效应与旅游开发的联动机制。通过旅游资源的互补与旅游开发的联动机制,打造区域品牌,树立区域独特鲜明的整体旅游形象,共同开拓国内外市场,吸引海内外游客。

(二)把握地域特色的基础上,提炼或设计个性化的文化主题,宣扬安徽旅游文化

被调查者中,仅有97人了解黄梅戏、了解徽文化有54人、了解老子庄子思想的有48人,了解桐城派和凤阳花鼓的则分别有18和11人,而都没有听过的则有69人;安徽的历史人物中,依次为包拯(71人)、曹操(54人)、老庄(48人)、李鸿章(38人)、朱元璋(24人),而处于近现代的胡适和陈独秀则分别为7人和6人。安徽省的旅游景点中,去过的最多的是黄山(89人),去过包公园、西递宏村、九华山、天柱山的,依次为66人、46人、30人、23人,而去过八里河风景区和琅琊山的则只有8人和4人。这个答案中选择去过包公园的比例很高,与我们的调查对象集中在合肥有一定的相关度。目前我省相当一批旅游"产品"还处在资源的初始开发阶段,尤其是皖北地区,大量的景区、景点尚处于自然开放阶段,其丰富的旅游价值和高品位的知识内涵尚未被触及,导致了目前生产能力的低下。相关部门应进一步整合旅游资源,提高资源开发的深度及利用效率。文化主题是旅游产品的精神支柱,无论是自然景观还是人文景观,都需要在把握其地域特色的基础上,提炼或设计个性化的文化主题。在《安徽省国民经济和社会发展第十三个五年规划纲要》中即提出"文化旅游""建设合肥环巢湖国家旅游休闲区、亳州中华药博园、颍州西湖旅游度假区、祥源颍淮生态文化旅游区、淮北隋唐运河古镇文化旅游、蚌埠星宇文化创意产业园、宿州皇藏峪生态旅游区、淮南八公山旅游、临涣古城遗址保护与开发、淮寿历史文化走廊、大别山(六安)国际旅游度假区、滁州远望东基高科技文化产业园、滁州1912文化休闲街区、芜湖方特五期和六期、铜陵滨江文化创意园、马鞍山褒禅山香泉文化旅游产业园、安庆孔雀东南飞文化产业基地、池州杏花村文化旅游区、石台仙寓山富硒养生旅游度假区、东黄山旅游度假区及国际旅游特色小镇、黄山东海景区开发、徽州文化与生态长廊、太平湖旅游度假区、宣城敬亭山旅游度假区、桃花潭·查济·黄田5A景区等项目"。

(三)加强基础设施建设,完善旅游公共服务

83.6%的被调查者称在省内的景区旅游时,曾因语言不通而带来不便,其中偶尔遇到的占63%,从未遇到的占15.5%。同时被调查者中,39.5%的人认为在安徽省内景区的旅游信息服务较为通畅清晰,但同时也有32.8%的认为不太通畅清晰,选择通常清晰的为17.2%,认为极不通畅清晰的为8%。被调查者在被问及他们去过的景区中存在的不足中,答案的分布总体相当,认为消费价格不

合理的有 63 人,配套设施不完善的有 52 人,认为与当地居民的互动不足、缺乏娱乐性、交通不够便捷和文化特色不够突出的分别有 46 人、44 人、41 人、36 人。要进一步完善旅游公共服务体系,重点是提高旅游信息、旅游交通、旅游安全保障、旅游厕所等方面的公共服务水平,促进旅游消费。要不断完善各景点的旅游信息,增强服务意识,满足不同旅游人群的多元化需求,进一步加强景区旅游从业人员的外语会话能力培训;重点旅游城市在主要交通枢纽和旅游集散地要建立市内分中心,有效增加城市间旅游客运专线。要建立覆盖全省的散客旅游票务预定、销售系统和覆盖主要旅游区的散客服务体系。

(四)做好旅游文化深度开发,拉伸旅游文化产业链条

52.1%的人认为景区纪念品只是一般的体现了当地特色、认为较好体现的占三分之一(33.2%),不够体现的则占 13.9%;66%的人认为景区纪念品的品质基本合格,认为物美价廉和品质较差的大致相当,分别占 16.4% 和 15.1%;在问及是否愿意在景区购买纪念品时,34.5%(82 人)选择了视情况而定,而选择很愿意、较愿意和不愿意的分别占 27.3%、23.1% 和 14.3%。同时被调查者认为"与当地居民的互动不足""缺乏娱乐性""交通不够便捷""文化特色不够突出"等,是景区中存在的不足,这在一定程度上影响了我省旅游资源与旅游活动的公共品牌形象的建立。相关部门可以依据"旅游主体对客体文化和介体文化的现实和潜在需求,充分发掘客体文化的内涵,并通过具体的物化产品或动态过程加以外化,同时相应提升介体文化的技术和艺术品位,以整合和加强旅游目的地的整体文化形象的构建,增强旅游文化的吸引力和辐射力,实现旅游地经济效益、社会效益和环境效益的增长"。通过对旅游文化的深度开发,拓展与旅游景区相关的产品与服务,提升产品的文化含量和文化内涵,将旅游文化产业链条进一步拉伸,促进当地经济文化的发展。

附件：课题调查问卷

"在皖外籍人士眼中的安徽旅游文化"调查问卷

Questionnaire on Anhui tourism culture from the views of the foreigners in Anhui Province

尊敬的朋友，您好！

我们是安徽大学"在皖外籍人士眼中的安徽旅游文化"课题组的调研人员。为了进一步提高安徽省旅游服务质量、服务水平，现针对在皖居住、学习的外籍人士对安徽旅游文化的了解状况开展问卷调查，您的回答将对课题研究非常重要，希望能够得到您的支持和协助。您只需根据自己的实际情况，在每个问题所给出的几个答案中选一个合适的答案打"√"，或者在中填写。本次调查是匿名的，答案无对错之分，请您不必有任何顾虑。

衷心感谢您的支持和协助！祝您生活愉快！合家安康！

安徽大学"在皖外籍人士眼中的安徽旅游文化"课题组

2016 年 11 月

Dear Sir or Madam,

We are research analysts of Anhui University, responsible for this project of *Anhui Tourism Culture from the Views of the Foreigners in Anhui Province*.

The main purpose of this questionnaire is to know the views of the foreigners living and studying in Anhui toward Anhui tourism culture and enhance the quality and standards of our tourism service. Your answer is very important for this research. This survey will be completely anonymous. We really hope to have your support and help. There is no right or wrong for the answers. Please do not have any concerns and just mark it or fill it in.

We express our sincere thanks for your support! Have a nice day!

Research Group in Anhui University

11/2016

基本信息

Your basic information

1、您的性别是？ A. 男   B. 女

1. Your gender: A. *female*   B. *male*

2、您的年龄：_____

2. Your age：_____

3.您的婚姻状况？A.未婚　B.已婚　C.离婚 D.其他

3. Your marital status：A. *single*　B. *married*　C. *divorced* D. *others*

4、您的学历是？

4. Your education level：

A.小学 B.初中 C.高中 D.本科在读 E.本科 E.硕士在读 F.硕士 G.博士在读 H.博士

A. *primary school*　B. *junior middle school*　C. *Senior high school*　D. *Studying for Bachelor's degree*　E. *Bachelor's degree*　F. *studying for Master's degree*　G. *studying for Doctoral degree* H. *Doctoral degree*

5 您的国籍为_____

5. Your nationality：_____

6.您现在的居住地为_____

6. Your current residency：_____

7、您已经在安徽居住了多久时间？

7. How long have you been in Anhui?

A.6个月以内 B.6个月～1年以内　C.1～3年　D.4～6年 E.7～10年 F.11年以上

A. *0～6 months*　B. *6 months－1 year*　C. *1－3 years*　D. *4－6 years*　E. *7－10 years*　H. *more than 11 years*

8.您当初为什么会选择来到安徽？

8. What's your reason for coming to Anhui?

A.工作需要　B.求学　C.跟随家人一起　D.寻求更好的生活　E.感受不同的文化　F.其他

A. *work*　B. *study*　C. *with family*　D. *better life*　E. *different culture*　F. *others*

9.您在安徽期间与中国人交流主要使用什么语言？

9. Which language do you speak to communicate with the Chinese in Anhui?

A.中文　B.英语　C.其他

A. *Chinese*　B. *English*　C. *others*

10.您在来中国之前有没有学过中文？

10. Have you learned Chinese before coming to China?

A. 系统学过   B. 学过一点   C. 没有

A. *systematic study*   B. *study a little*   C. *none*

11、您现状的职业_____？

11. Your current occupation：_____

12、您的月收入大约为？

12. Your monthly income：

A. 1100 元以下   B. 1101—2500 元   C. 2501—4000 元   D. 4001—4500 元   E. 4501—6000 元   F. 6001—7500 元   G. 7501 元或以上

1. *Lower than* 1100 *RMB*   B. 1101 − 2500 *RMB*   C. 2501 − 4000 *RMB*   D. 4001 − 4500 *RMB*   E. 4501 − 6000 *RMB*   F. 6001 − 7500 *RMB*   G. *above* 7500 *RMB*

在皖的旅游状况信息

Your tourism information in Anhui

1、您外出旅游选择目的地时最主要考虑的因素？

1. Which factor do you consider when choosing a destination?

A. 时间   B. 金钱   C. 旅游资源   D. 地理位置、交通条件   E. 形象与口碑   F. 其他

A. *Time*   B. *money*   C. *Tourism resources*   D. *geographic location or transportation*   E. *image and reputation*   F. *others*

2. 您比较感兴趣的景点类型？（可多选）

2. What kind of tourism resources in Anhui are you interested in?（more than one answer allowed）

A. 自然风光类   B. 历史古迹类   C. 民族风情类   D. 现代科技类   E. 主题乐园类   F. 农家乐   G. 其他

A. *Landscape*   B. *historical sites*   C. *ethnic custom*   D. *modern technology*   E. *theme park*   F. *agritainment*   G. *others*

3、您一般通过什么渠道了解您要去的旅游景点的相关信息？

3. How do you get information about your tourism destination?

A. 旅行社   B. 电视   C. 纸媒   D. 网络   E. 朋友介绍   F. 其他

A. *travel agency*   B. *TV*   C. *newspapers/magazines*   D. *internet*   E. *friends*   D. *others*

4. 您的出游形式一般为？

4. What is your travel mode?

A. 个人旅行 B. 家庭或与亲朋结伴 C. 单位组织 D. 其他

A. *Alone*   B. *With family or friends*   C. *organized by company*

D. *others*

5、下列安徽文化,您比较了解哪些?(可多选)

5. What do you know about the following cultures inAnhui? (more than one answer allowed)

A. 老子庄子思想 B. 桐城派 C. 黄梅戏 D. 凤阳花鼓 E. 徽文化 F. 都没听过

A. *thoughts of Lao Tzu and Chuang Tzu*　B. *Tongcheng School*　C. *Huangmei Opera*　D. *Fengyang Flower Drum*　E. *Huizhou Culture*　F. *none*

6、下列安徽历史人物。您比较了解哪些?(可多选)

6. Which historical figures do you know inAnhui? (more than one answer allowed)

A. 曹操　B. 老子、庄子　C. 包拯　D. 李鸿章　E. 陈独秀　F. 胡适　G. 朱元璋　H. 都没听过

A. *Cao Cao*　B. *Lao Tzu and Chuang Tzu*　C. *Bao Zheng*　D. *Li Hongzhang*　E. *Chen Duxiu*　F. *Hu Shi*　G. *Zhu Yuanzhang*　H. *none*

7、您到过安徽哪些旅游景点?(可多选)

7. Which tourist attractions inAnhui have you visited? (more than one answer allowed)

A. 黄山　B. 天柱山　C. 西递宏村　D. 九华山　E. 包公园　F. 琅琊山　G. 八里河风景区　H. 其他

A. *Mount Huang*　B. *Mount Tianzhu*　C. *Xidi and Hongcun Village*　D. *Mount Jiuhua*　E. *Memorial temple of Lord Bao*　F. *Mount Langya*　G. *Bali River Scenic Area*　H. *others*

8、您在安徽省内旅游一般采取的交通方式为?

8. What kind of transportation do you choose when traveling inAnhui?

A. 徒步　B. 骑行　C. 自驾　D. 火车高铁动车　E. 其他

A. *on foot*　B. *bike*　C. *your own car*　D. *train/ China Railway High-Speed*　E. *others*

9、请问您安徽旅游一般选择的住宿方式是?

9. What kind of accommodation do you choose when traveling inAnhui?

A. 星级酒店 B. 普通旅馆 C. 青年旅社 D. 当地民居 E. 野营帐篷 F. 其他

A. *Star-rated hotel*　B. *ordinary hotel*　C. *Youth Hostel*　D. *local dwellings*　E. *Camper/tent*　F. *others*

10、您在安徽省内的景区是否因语言不通而带来不便?

10. Have you found it inconvenient to travel inAnhui due to language barrier?

A. 经常遇到　B. 偶尔遇到　C. 从未遇到

A. *often*　B. *occasionally*　C. *none*

11、您认为安徽省内景区的旅游信息服务如何？

11, What do you think of tourism information service in Anhui?

A. 信息通畅清晰　B. 信息较通畅清晰　C. 不太通畅清晰　D. 极不通畅清晰

A. *clear information*　B. *quite clear information*　C. *Less clear information*　D. *no clear information*

12、您是否愿意在景区购买纪念品？

12. Would you like to buy some souvenirs in scenic spot?

A. 很愿意　B. 较愿意　C. 不愿意　D. 视情况而定

A. *willing to*　B. *quite willing to*　C. *not willing to*　D. *Depending on the situation*

13、您认为景区纪念品是否体现了当地特色？

13. Do you think tourist souvenirs can reflect the local characteristics?

A. 较好的体现　B. 一般　C. 不够明显

A. *good reflection*　B. *general reflection*　C. *no clear reflection*

14、您认为景区纪念品的品质如何？

14. What do you think of the quality of tourist souvenirs?

A. 物美价廉　B. 基本合格　C. 品质较差

A. *good bargain with high quality*　B. *qualified*　C. *poor quality*

15 您认为去过的景区中还有哪些方面不足？（可多选）

15. What are the problems of the scenic area that you have visited? (more than one answer allowed)

A. 文化特色不够突出　B. 消费价格不合理　C. 缺乏娱乐性　D. 交通不够便捷　E. 配套设施不完善　F. 与当地居民的互动性不足　G. 其他

A. *no distinct cultural characteristics*　B. *unreasonable consumer price*　C. *lack of entertainment*　D. *inconvenient transportation*　E. *inadequate supporting facilities*　F. *less interaction with local residents*　G. *others*

旅游景区服务满意程度

Please evaluate service quality of scenic area in Anhui.

项目	满意程度				
	很满意	比较满意	一般	不太满意	很不满意
景区的餐饮卫生					
景区的餐饮价格					
景区的餐饮的服务					
景区的住宿卫生					
景区的住宿价格					
景区的住宿服务					
景区的卫生					
景区的基础设施（包括指示牌、景点介绍等）					
景区的服务人员的服务质量					

Item	Satisfaction degree				
	Very satisfied	Fairly satisfied	Generally satisfied	dissatisfied	Very dissatisfied
Catering hygiene					
Catering price					
Catering service					
Hotel hygiene					
Hotel price					
Hotel service					
Cleanliness of scenic area					
Facilities of scenic area					
Behavior and professionalism of the staff in scenic area					

如果您对安徽省的旅游发展有什么意见或建议,欢迎写在下面！谢谢！

Please write it down below if you have any suggestions for the tourism development of Anhui. Thanks a lot !

_____

_____

再次感谢您的积极配合！

Thank you again for your cooperation!